# Initiation
## à l'économie

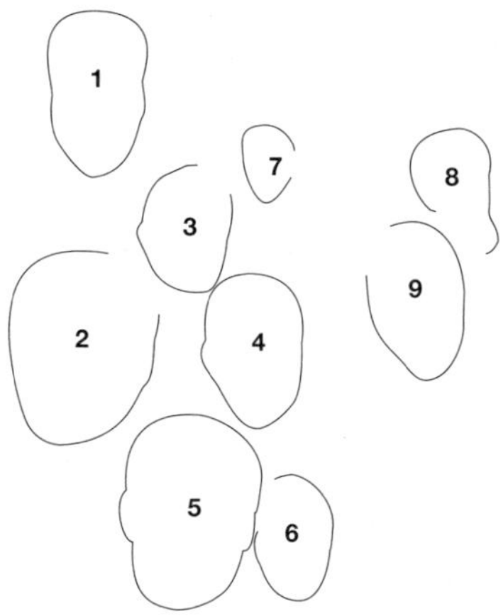


1 | **Georges AKERLOF** (1940- ). *Né dans le Connecticut, Georges Akerlof est docteur en sciences économiques du Massachusetts Institute of Technology (MIT). Professeur à Berkeley, le prix Nobel d'économie lui a été décerné en 2001, en compagnie de Joseph Stiglitz et Michael Spence pour ses travaux sur l'asymétrie d'information et la « sélection adverse ».*

2 | **Oliver E. WILLIAMSON** (1932- ). *Né dans le Wisconsin, Oliver E. Williamson est docteur de l'Université Carnegie-Mellon. Professeur à Berkeley, il est le fondateur de la « nouvelle économie institutionnelle », où un rôle central est attribué au concept de coût de transaction, développé dans un article célèbre du prix Nobel 1991, Ronald Coase.*
*Photo : © http://groups.haas.berkeley.edu/bpp/oew/*

3 | **Maurice ALLAIS** (1911- ). *Né à Paris, Maurice Allais est sorti major de l'École polytechnique en 1933. Il a obtenu le prix Nobel d'économie en 1988. Ses travaux ont eu une influence déterminante après-guerre sur les ingénieurs-économistes français (*L'Économie pure *(1943) et* Économie et intérêt *(1947)) mais une part significative de sa réputation internationale est due aussi au « paradoxe d'Allais », remise en cause de la théorie face au risque de von Neumann et Morgenstern.*

4 | **Joseph STIGLITZ** (1943- ). *Né dans l'Indiana, Joseph Stiglitz est, à 26 ans, professeur à l'Université de Yale. La thèse de cet ancien étudiant du Massachusetts Institue of Technology (MIT), portant sur le rationnement du crédit, est célèbre dans le monde universitaire. J. Stiglitz développera par la suite ses analyses sur l'imperfection de l'information et ses conséquences sur le fonctionnement des marchés. Chef de file des nouveaux keynésiens, il a obtenu le prix Nobel d'économie en 2001 (en même temps que G. Akerlof et M. Spence).*

5 | **Robert LUCAS** (1937- ). *Né dans l'État de Washington, Robert Lucas enseigne depuis 1965 à l'Université de Chicago. Principal représentant de la «nouvelle macroéconomie classique», le prix Nobel d'économie lui a été décerné en 1995 pour ses travaux sur les anticipations rationnelles et leurs conséquences quant à la stabilité des modèles économétriques* (Lucas's critique) *et aux limites des interventions publiques* (impotence result).
*Photo : © Université de Chicago*

6 | **Kenneth Joseph ARROW** (1921- ). *Né à New-York, Kenneth J. Arrow s'oriente en 1941 vers l'économie à l'Université de Columbia. Il est connu pour sa démonstration de l'existence d'un équilibre général de concurrence, ses travaux sur le risque et son « théorème d'impossibilité » (agrégation 'impossible' des préférences individuelles en une fonction satisfaisante de choix collectif). Il a obtenu le prix Nobel d'économie en 1972, avec John Hicks.*

7 | **Paul KRUGMAN** (1953- ). *Né à New-York, Paul Krugman est diplômé du Massachusetts Institue of Technology (MIT), université où il enseigne ainsi qu'à Yale, Stanford et Princeton. Ce nouveau keynésien, défenseur du libre-échange tempéré et spécialiste de l'économie internationale, s'appuie sur l'analyse de la concurrence imparfaite pour rectifier certaines des conclusions de l'analyse néoclassique.*

8 | **Milton FRIEDMAN** (1912 – 2006). *Né à Brooklyn, Milton Friedman a enseigné à l'Université de Chicago, de 1946 à 1977. Il a été le pape du retour au libre marché, de la déréglementation et de l'abandon de la politique budgétaire au profit de la politique monétaire. Chef de file d'une véritable contre-révolution keynésienne dès les années 50, il a vu ses idées triompher dans les années 70 et a reçu le prix Nobel en 1976.*

9 | **Barry EICHENGREEN** (1952- ). *Né en Californie, Barry Eichengreen a fait des études d'économie et d'histoire à l'Université de Yale et enseigne aujourd'hui à l'Université de Berkeley. Il a notamment fait des propositions pour construire une architecture financière internationale et une architecture financière européenne.*
*Photo : © 2008 Robert Houser*

*Source : « L'essentiel de l'économie », in* Alternatives économiques, *Hors série pratique n° 21, novembre 2005.*

Ouvertures Économiques

# Initiation à l'économie

Compléments en ligne : QCM - exercices

Pierre-Olivier **Beffy**

Préface de Stéphane **Gregoir**

de boeck

Crédits photos de couverture :
*Si malgré nos soins attentifs, certaines demandes n'étaient pas parvenues aux auteurs ou à leurs ayants droits, qu'ils veuillent bien nous en tenir informés.*




Éditions De Boeck Université
Rue des Minimes 39, B-1000 Bruxelles

1re édition



Imprimé en Belgique

Dépôt légal :
Bibliothèque Nationale, Paris : août 2008
Bibliothèque royale de Belgique, Bruxelles : 2008/0074/076

ISSN 2030-2061
ISBN 978-2-8041-5698-5

# REMERCIEMENTS

Je tiens à remercier chaleureusement Alain Sand-Zantman, mon prédécesseur, qui a tout mis en œuvre pour me transmettre son expérience du cours d'introduction donné à l'ENSAE. Ce manuel a en outre bénéficié du précieux travail de relecture de Jean-William Angel, Magali Beffy, Eric Dubois, Julien Ferry, Sophie Gautier-Gaillard, Christophe Giroire et Frédéric Tallet. Je leur témoigne toute ma gratitude et leur adresse mes plus chaleureux remerciements pour leurs remarques et leurs commentaires qui ont permis d'améliorer substantiellement la rédaction de ce manuel. Je remercie les Editions de Boeck pour leur sérieux et leur confiance. Enfin, je n'oublie pas le concours des élèves qui par leur exigence me permettent de l'améliorer années après années. Les erreurs qui demeurent me sont imputables. Je dédie ce manuel à mes parents.

# AVANT-PROPOS

Si notre vie quotidienne est composée d'une multitude d'actes et de faits économiques, l'économie est aussi devenue omniprésente dans l'univers médiatique et politique. Les chiffres pullulent et l'information diffusée est de plus en plus complexe : PIB, PNB, contrainte de liquidité, CA, bénéfices, profits, rentabilité financière, autofinancement, bulle spéculative, mondialisation, chômage structurel, crédibilité monétaire, productivité, déficit courant, crise du « subprime », hedge funds… autant de sigles, d'anglicisme et de notions économiques, appuyés par une multitude de chiffres, qui sont loin d'être faciles à décrypter. Face à ce foisonnement d'informations, sans un minimum de connaissances préalables, l'incompréhension peut mener au découragement – « Je n'y comprendrai jamais rien ! » – et donc au désintérêt, ou pire, à une fausse compréhension des phénomènes, et par conséquent à la perte de tout esprit critique.

L'approximation, voire l'ignorance, participent à la création des mythes économiques et ouvrent parfois la porte à l'utilisation abusive de la science économique à des fins idéologiques. Si la quantité d'informations économiques a considérablement augmenté, les préjugés et les inepties ont connu leur essor aussi ! La science économique n'associe pas à un sujet d'étude un seul modèle théorique. Comme en physique, il y a des hypothèses préalables à tout résultat. Mais tant qu'on connaît ces hypothèses, il n'y a pas d'incohérence. Pour démystifier la science économique et la mettre au service de tous, il faut avant tout la rendre accessible.

La science économique a bien sûr son propre formalisme mathématique, parfois complexe. Adam Smith ou Karl Marx ont sans nul doute été des génies capables de développer des raisonnements économiques compliqués dans des ouvrages conséquents sans avoir recours au moindre outil mathématique. Tout le monde ne peut avoir cette capacité à maîtriser la complexité du monde économique. D'ailleurs, dans leurs développements, même Adam Smith ou Karl Marx se trompaient parfois ! Si le formalisme mathématique participe à l'amélioration de la compréhension des phénomènes économiques, il est aussi le garant du caractère scientifique de l'économie. Le formalisme mathématique est à la science économique ce que la géométrie est à l'architecte : son outil indispensable de synthèse.

Si les mathématiques nous permettent de modéliser des phénomènes économiques, c'est l'observation empirique qui donne à l'outil mathématique sa raison d'être en économie. Pour l'étudiant qui désire apprendre l'économie, l'étape préalable et essentielle avant de s'investir dans le formalisme mathématique consiste d'une part à rattacher les concepts économiques à la réalité par l'illustration empirique, et d'autre part, à se construire un cadre d'analyse de l'économie permettant d'articuler tous les développements théoriques ultérieurs. L'économie ne se réduit pas à une liste de fiches à apprendre bêtement par cœur afin de régurgiter des idées préconçues. De même, à quoi bon connaître la théorie de l'hyperinflation et le modèle de Cagan sans être capable de la rattacher à une expérience historique et par conséquent à son contexte. La curiosité doit être l'exigence première d'un élève en économie. À chaque développement théorique, l'indispensable question à se poser est la suivante : « quelle situation économique suis-je amené à comprendre ? » Par la suite, se construire un cadre d'analyse assez large afin d'ordonner et de classer l'information économique fournit les moyens de maîtriser la complexité des relations économiques et d'ordonner les enseignements théoriques et empiriques.

Ce manuel s'adresse ainsi à tous ceux qui sont confrontés à ce besoin de compréhension des notions et des concepts de base de l'économie, et au souci d'organisation des connaissances. Son objectif principal est d'esquisser un premier principe de classement de l'information économique, et au-delà, de proposer une représentation de l'économie que nous appellerons *un modèle* ou, plus modestement, *une maquette*. Les principaux schémas d'analyse de base de l'économie seront développés : cet ouvrage ne prétend pas être exhaustif sur le champ de la théorie économique, mais les bases théoriques de l'économie que tout élève doit connaître seront systématiquement abordées. En outre, afin de lui faire jouer un rôle introductif, notre présentation renverra aux principales questions qui seront abordées ultérieurement dans la scolarité ou dans les manuels théoriques plus complexes. Les applications qui s'y appuient ont été choisies selon un objectif majeur : faire référence à des notions et des raisonnements essentiels en analyse économique.

Dans sa forme, il se veut de difficulté progressive : plus on avance dans le manuel, plus les liens entre les différentes parties deviennent complexes. Pour chaque chapitre, l'idée d'une progressivité des difficultés est aussi appliquée avec les développements plus mathématiques en fin de chapitre. Les sections les plus difficiles sont signalées par un asterisque. Malgré tout, cet ouvrage reste un manuel d'initiation. Le formalisme mathématique est minimal et l'accent est mis sur la compréhension des phénomènes. Les nombreux graphiques et tableaux rattachent systématiquement les notions abordées à la réalité économique.

# PRÉFACE

Le parti pris de Pierre-Olivier Beffy dans ce manuel d'introduction à la science économique est de présenter à la fois un cadre chiffré de l'économie française et les arguments usuels du raisonnement économique en s'appuyant sur des expériences historiques ou des situations contemporaines. Il propose ainsi une approche de l'économie qui marie heureusement la dimension théorique et la dimension appliquée. Par sa formation de statisticien-économiste, Pierre-Olivier Beffy sait articuler des raisonnements économiques sophistiqués en s'appuyant sur les ordres de grandeur des différents effets envisageables pour les combiner. Il se révèle ici un excellent guide qui, tout en gardant un discours simple, sait positionner les questions qu'il a fréquemment rencontrées en tant que responsable d'études structurelles ou d'analyses conjoncturelles sur l'économie à l'INSEE ou à l'OCDE. L'étudiant ou la personne curieuse de s'initier à ce domaine en apparence difficile d'accès, en particulier du fait d'un vocabulaire riche et précis, dispose ainsi d'un outil précieux, rédigé de façon directe et accessible. Il lui permet d'apprendre les principaux concepts théoriques, les mesures qui leur sont associées, les ordres de grandeur des principaux agrégats ou indicateurs publiés par les instituts de statistiques ou les banques centrales, et dont les évolutions sont commentées régulièrement dans la presse. Il lui donne les moyens de les articuler formellement ou de manière plus discursive pour construire un raisonnement économique sur les grands mécanismes possibles à l'œuvre afin d'interpréter une situation économique et d'envisager son évolution. Bref il lui permet d'entrer progressivement dans le monde des économistes confrontés à la réalité, monde qu'il faut aborder avec humilité car la réalité économique dans un monde en perpétuelle évolution est souvent très complexe.

Stéphane GREGOIR
*EDHEC Business School*

# SOMMAIRE

**Remerciements** ..... 5
**Avant-propos** ..... 7
**Préface** ..... 9
**Sommaire** ..... 11

**CHAPITRE 1** **Introduction** ..... 13

**CHAPITRE 2** **Les ménages** ..... 27

**CHAPITRE 3** **Les entreprises et la production de biens et services** ..... 71

**CHAPITRE 4** **Les administrations publiques** ..... 113

**CHAPITRE 5** **Le système monétaire et financier** ..... 131

**CHAPITRE 6** **Les échanges extérieurs** ..... 159

**CHAPITRE 7** **Conclusion : le cadre d'analyse bouclé** ..... 195

**Bibliographie** ..... 213
**Liste des tableaux** ..... 215
**Liste des figures** ..... 217
**Index** ..... 219
**Table des matières** ..... 221

# 1

# INTRODUCTION

*Notre économie change jour après jour et, en ce sens, elle est toujours « nouvelle ».* [1]
*Discours septembre 1998*

ALAN GREENSPAN

SOMMAIRE


**1.1** Qu'est-ce que l'économie ?

**1.2** Microéconomie, Macroéconomie

**1.3** Agents individuels, agents agrégés

**1.4** Principes de construction d'un cadre comptable agrégé

**1.5** Plan du manuel


1. Our economy, of course, is changing everyday, and in that sense it is always "new".

L'objectif de ce chapitre introductif est de définir ce qu'est la science économique et de préciser les deux principaux champs qui la composent. Afin de structurer les connaissances, un cadre comptable est développé à chaque chapitre. Dans ce premier chapitre, les règles de ce cadre comptable sont définies.

## 1.1 QU'EST-CE QUE L'ÉCONOMIE ?

La première question qui se pose naturellement lorsque nous abordons un champ d'étude est sa définition même. Avant de donner une définition de la science économique, il est important de souligner que l'économie est une science jeune d'à peine trois siècles. En tant que science moderne, elle est née avec Adam Smith et son ouvrage majeur *An Inquiry into the Nature of Causes of the Wealth of Nations* [2] (1776), même si dès la Grèce antique déjà, plusieurs penseurs ont tenu des réflexions sur l'économie. D'ailleurs, l'étymologie même du mot « économie » nous renvoie à cette époque et désigne l'art de bien gérer le foyer [3].

Dans l'Antiquité, certains thèmes de l'économie tels que la richesse, la propriété ou le commerce ne sont abordés que parallèlement à la philosophie ou à la politique. Dès cette époque, plusieurs notions économiques voient le jour à travers des traités de Platon, Xénophon ou Aristote notamment : dans son essai *La Politique*, Aristote identifie par exemple clairement ce que l'on nomme usuellement « les trois fonctions de la monnaie » (moyen de transaction, étalon de valeur et moyen d'épargne). D'autres notions économiques sont déjà connues comme la valeur d'échange d'un bien qui est le résultat de la confrontation entre l'offre et la demande, ou comme la valeur d'usage d'un bien qui mesure la satisfaction procurée par l'utilisation de ce bien. L'économie ne constitue néanmoins qu'un reliquat des traités philosophiques ou politiques des auteurs de l'Antiquité. À partir du *XVI*^e^ siècle, les développements économiques deviennent plus importants, notamment avec deux courants précurseurs qui prépareront les idées d'Adam Smith : le mercantilisme et la physiocratie.

Le mercantilisme s'apparente à une doctrine commerciale : les quantités d'or et d'argent étaient considérés comme des indicateurs de richesse des pays. La doctrine mercantiliste conduisait à soutenir toute politique commerciale qui permettait de vendre aux autres nations plus de biens que le pays n'en achète, par des mesures protectionnistes par exemple. Ainsi, les autres nations étaient obligées de céder leur or et leur argent et le pays s'enrichissait. L'accumulation de métal précieux devenait un but en soi…

Les physiocrates, qui se nommaient eux-mêmes « les économistes », naquirent de l'opposition à la doctrine mercantiliste. Le principal texte précédent l'œuvre d'Adam Smith fut écrit par le fondateur de la physiocratie, le français François Quesnay (1694-1774) : *Tableau économique* (1758). Même si cet ouvrage tomba un peu dans l'oubli dans les décennies qui suivirent sa finalisation et dut être redécouvert

2. *Une enquête sur la nature et les causes de la richesse des Nations.*

3. Au sens strict du terme, le mot « économie » vient du grec oikos (la maison) et nomos (l'ordre, la loi).

par Karl Marx au $XIX^e$ siècle, il s'agissait de la première tentative pour poser un cadre d'analyse aux flux économiques entre agents. Dans ce cadre d'analyse simple, la richesse est produite exclusivement par le secteur agricole (les « fermiers ») ; les autres acteurs (les « artisans » et les « propriétaires fonciers ») sont « stériles ». Le commerce ne sert qu'à redistribuer la richesse produite. Les physiocrates s'opposaient aux mercantilistes puisqu'ils étaient plutôt partisans du libre-échange.

Ces deux mouvements préparèrent la réflexion d'Adam Smith. Adam Smith reste néanmoins le père de la science économique car il s'est totalement investi dans le cadre de la démarche de la science économique : comprendre le fonctionnement d'une économie basée sur l'échange monétaire. Son œuvre est le premier texte où est menée une véritable réflexion économique théorique de la production et de la répartition des biens et services, réflexion mise ensuite en perspective avec les faits passés et déclinée enfin en termes de politique économique. Il fut le premier à saisir l'existence d'un ordre dans le monde économique et à comprendre que cet ordre n'est pas imposé, mais résulte des échanges entre une multitude d'individus.

C'est le miracle de la « main invisible » qu'il explique dans le chapitre 2 du livre IV de *The wealth of Nations*. Lorsque les individus suivent de manière égoïste leurs intérêts personnels, une main invisible transforme les intérêts individuels en intérêts collectifs et conduit à promouvoir le bien-être commun : *nous ne devons pas notre pain à la bonté du boulanger, mais au souci qu'il a de son intérêt propre*. Les intérêts égoïstes, moralement répréhensibles, peuvent engendrer un mécanisme puissant de création de richesses. La thèse sous-jacente est que si chaque homme pris individuellement maximise sa propre richesse, alors les individus dans leur ensemble maximiseront la richesse de la nation si leurs actions ne sont pas entravées. Adam Smith est donc plus proche du laisser-faire des physiocrates que du protectionnisme des mercantilistes : la concurrence parfaite – définie précisément plus loin dans ce manuel – a un pouvoir d'optimisation sur la richesse des nations pour Adam Smith.

Trois siècles plus tard, l'exigence d'Adam Smith dans la compréhension des mécanismes d'échanges, de la production à la consommation, est toujours à la base de toute réflexion économique. Edmond Malinvaud donne d'ailleurs cette définition de la science économique : *L'économie est la science qui étudie comment des ressources rares sont employées pour la satisfaction des besoins des hommes vivant en société ; elle s'intéresse d'une part aux opérations essentielles que sont la production, la distribution, et la consommation des biens, d'autre part aux institutions et aux activités ayant pour objet de faciliter ces opérations* (E.Malinvaud).

Cette première définition de l'économie pose d'abord le **principe de rareté** : si tout était disponible instantanément, si tous nos désirs pouvaient être satisfaits, alors l'économie n'existerait pas. Par exemple, l'air n'intéresse pas l'économiste (du moins tant qu'il n'est pas pollué…) puisque tout le monde peut en profiter. Son prix est en quelque sorte nul : pourquoi payer un bien que j'obtiens « naturellement ». En revanche, les désirs de plusieurs milliards d'individus ne peuvent être tous satisfaits. Parfois,

## Adam Smith en bref (1723-1790)

Adam Smith est né en Écosse à Kirkcaldy le 5 juin 1723 et est mort à Londres le 17 juillet 1790. Il fut un brillant élève de Glasgow, passionné de mathématiques. Il acheva ses études à Oxford. En 1751, il obtenait la chaire de logique à Glasgow qu'il échangeait en 1752 pour celle de philosophie morale. Il fut l'auteur de travaux philosophiques, comme la *Theory of the Moral Sentiments* (1759), qui lui valut une grande admiration. Adam Smith voyagea beaucoup en Europe : Paris, où il rencontra Hume et les physiocrates Turgot et Quesnay, Toulouse, Montpellier, Genève, où il rencontra Voltaire. Au retour de ses voyages, imprégné de discussions économiques avec les physiocrates, il s'installa à Kirkcaldy et se consacra à son grand ouvrage sur *The Wealth of Nations* (La Richesse des Nations), qui parut le 9 mars 1776. Ce livre eut une influence énorme sur la politique économique de l'Angleterre. *The Wealth of Nations* a été traduite en français par Blavet dès 1779.

**Plan de l'ouvrage *The Wealth of Nations*** *(1776) :*

Livre I : Des causes qui ont perfectionné les facultés productives du travail, et de l'ordre suivant lequel ses produits se distribuent naturellement dans les différentes classes du peuple

Livre II : De la nature des fonds ou des capitaux, de leur accumulation et de leur emploi

Livre III : De la marche différente et des progrès de l'opulence chez différentes nations

Livre IV : Des systèmes d'économie politique

Livre V : Du revenu du souverain ou de la république

*Source : Prints and Photographs Division, Library of Congress.*

**FIGURE 1.1**
Gravure de l'Èdition de *Wealth of Nations* par Chapman (1805).

les désirs sont même incompatibles : si tout le monde désirait détenir le tableau de La Joconde chez soi, seule une personne pourrait être satisfaite !

Le concept de rareté pose donc fondamentalement le problème de ne pas satisfaire tous les besoins. À la base de ces besoins, on distingue les **ressources**. Les ressources servent à la production d'autres biens dits **biens économiques** (on parle plus généralement de biens et services économiques). Les ressources sont ainsi usuellement appelées **facteurs de production**. On peut classer les facteurs de production de différentes manières. Nous distinguerons trois catégories : les ressources naturelles, les ressources humaines et les ressources en capital.

- Les ressources naturelles sont constituées des ressources minérales, des possibilités agricoles de la terre, mais aussi des ressources des mers, des océans…
- Les ressources humaines peuvent être de deux types :
  - le **travail** est essentiel pour produire les biens que nous consommons. Il constitue la contribution humaine aux processus de production. Le **capital humain** traduit la capacité productive des ressources de travail. Il reflète l'accumulation des connaissances et des aptitudes d'un individu : savoir, expérience, talent, santé… Plus le capital humain des travailleurs est important, plus la capacité productive des individus augmente.
  - L'entreprise ou plus précisément la capacité à entreprendre : il s'agit de la capacité à introduire de nouveaux produits, de nouvelles techniques de production, de nouvelles activités… tout en sachant que cette démarche est risquée, puisque l'entrepreneur n'est pas certain que son projet sera couronné de succès.
- le **capital** comprend l'ensemble des biens qui, combinés au travail, servent à la production. Il ne s'agit pas de biens que l'on transforme. Le capital comprend les machines d'une unité de production, les locaux d'une entreprise, les logiciels comptables (capital dit « immatériel »), les voies ferrées, etc… Il s'agit donc des biens qui, combinés au travail, permettent la production, dans le temps, d'autres biens ou services, ce qui en fait des **facteurs de production**.

La notion de rareté s'inscrit dans une dimension temporelle. Il suffit de constater le prix d'une bouteille d'eau dans un supermarché ou dans un lieu touristique pour s'en apercevoir : dans le lieu touristique, une bouteille d'eau a un prix plus élevé car le touriste préfère assouvir sa soif tout de suite plutôt que d'attendre de trouver une autre bouteille ailleurs. Il fait preuve par son impatience d'un sentiment de **préférence pour le présent**. La rapidité de satisfaction du désir est révélée par le prix dans cet exemple. En règle générale, plus un individu désire un bien, plus il sera prêt à payer cher ce bien.

Si nous produisons certains biens de plus en plus efficacement, et donc les rendons moins rares, les désirs et les besoins des individus ne cessent de se multiplier et de s'amplifier. L'homme de Cro-Magnon possédait certes moins de matières premières, moins de connaissances et de technologies. Cependant les découvertes scientifiques, le progrès technique et l'amélioration des connaissances rendent parfois possibles les désirs les plus inimaginables… mais aussi les plus gourmands en ressources diverses. Ainsi plus le champ du possible s'élargit, plus la rareté change de nature et de dimension. La science économique a donc de beaux jours devant elle !

Le concept de rareté conduit finalement à faire des **choix**. Le choix (on parle aussi d'**arbitrage**, terme très utilisé en finance notamment) concerne le travailleur qui arbitre entre travail et loisir, le consommateur qui achète un bien plutôt qu'un autre, l'entreprise qui choisit de produire tel bien ou tel service… ***L'économie peut donc être définie comme l'étude des choix dans l'utilisation des ressources et des biens dans un environnement où les nombreux désirs ne sont pas compatibles avec la rareté de ces ressources et de ces biens.***

La définition de E. Malinvaud insiste aussi sur la dimension « ingénierie sociale » de l'économie (« production »… « distribution »… « consommation »… « institutions »… « activités ayant pour objet de faciliter ces opérations ») ; elle n'épuise pas la complexité des phénomènes qu'il nous sera donné d'observer, et auxquels s'intéressent parfois d'autres champs du savoir (histoire, géographie, anthropologie et sociologie notamment). Si notre présentation reste assez proche du découpage qu'implique cette définition, nous le justifions en rappelant que nous n'étudions ici que la dimension spécifiquement économique de phénomènes sociaux.

Concluons cette section en remarquant que les individus se livrent à deux types d'activités pour satisfaire leurs besoins :

- des activités « privées » ou familiales, ne donnant pas lieu à des transactions observables ;
- des activités « socialisées », le plus souvent réalisées en commun, pour satisfaire des besoins communs ; la satisfaction de ces besoins mobilise ceux que l'on appelle les actifs (les inactifs pouvant travailler dans les activités privées). Les chômeurs ne participent pas à ces activités socialisées puisqu'ils ne trouvent pas momentanément de place dans l'organisation du travail. Ils sont aussi considérés comme des actifs, puisqu'ils sont amenés à participer ultérieurement aux activités socialisées.

Cette socialisation se traduit par un processus ambivalent :

- … *de division du travail*, et donc de différenciation des tâches, des compétences, des responsabilités…
- … *et d'agrégation*, au sein d'institutions de plus en plus complexes qui organisent, regroupent et régulent l'activité des acteurs individuels.

## 1.2 MICROÉCONOMIE, MACROÉCONOMIE

L'économie peut être scindée en deux principaux domaines d'analyse appelés **microéconomie** et **macroéconomie**. La microéconomie s'intéresse aux comportements d'unités économiques individuelles (**un** ménage, **une** entreprise, **un** investisseur). Elle explique comment ces unités forment leurs décisions économiques et comment ces décisions interagissent sur les marchés (le marché d'un bien, d'un service, d'un ensemble de biens ou de services, le marché du travail, le marché de la monnaie, le marché des actions, des obligations…). La microéconomie repose donc sur l'idée que les individus peuvent être légitimement dotés d'une intentionnalité. Certains pensent que ce n'est pas le cas des institutions – ménages, entreprises, administrations – qui sont en effets des catégories agrégées au sein desquelles on regroupe l'ensemble des ménages individuels, des entreprises individuelles…

Justement, la macroéconomie *s'intéresse à la structure, au fonctionnement et aux résultats de l'économie globale. Son objectif principal est d'expliquer les grandes tendances suivies par les agrégats économiques comme la production intérieure brute, le chômage, l'inflation, et la balance des paiements. (…) La théorie macroéconomique est un ensemble d'idées relatives au fonctionnement de l'économie, organisées en un cadre cohérent (ou modèle), et qui sert de fondement à l'élaboration et la mise en oeuvre des politiques économiques* [37]. Une manière de légitimer la macroéconomie consiste à considérer que la trajectoire des grandeurs agrégées n'est pas réductible à l'explication de chacune des grandeurs individuelles qui la composent, mais qu'elle est plutôt le produit plus ou moins intentionnel de l'action collective. Pour reprendre E. Durkheim (*Les règle de la méthode sociologique*, 1895), *la société n'est pas une simple somme d'individus mais (…) une réalité spécifique qui a ses caractères propres*. À partir de cette idée, l'étude des conditions (ex ante), des modalités, et des conséquences (ex post) des processus de coordination des actions des agents dans un système économique est au cœur de la macroéconomie.

Quelques exemples permettent d'illustrer la distinction entre la microéconomie et la macroéconomie. La microéconomie étudie par exemple l'impact d'une variation du prix du pétrole sur les choix de production d'une entreprise et la répartition avec les autres biens de la consommation d'un ménage. En revanche, l'effet de ce changement de prix du pétrole sur la croissance et l'inflation est un problème de la macroéconomie : le raisonnement s'effectue à un niveau agrégé.

Dans ce manuel, au début de chaque chapitre un cadre comptable clair de l'économie est développé. Parfaitement adapté à la macroéconomie, celui-ci permet d'analyser la cohérence d'ensemble des flux reliant diverses catégories (ensemble des ménages, des entreprises, etc.). Mais la définition même de ces catégories nous incitera à les doter d'intentionnalité et de comportements implicitement ou explicitement optimisateurs (maximiser sa consommation, ses profits,…). C'est une démarche de plus en plus courante, qui consiste à partir du fonctionnement des marchés pour en déduire des équations mieux fondées théoriquement au niveau macroéconomique (l'exemple de la théorie du cycle de vie dans le premier chapitre de ce manuel illustrera parfaitement l'infime frontière qui sépare les deux domaines d'analyse de l'économie). Sur le fond, l'ambiguïté demeure et la barrière entre la macroéconomie et la microéconomie paraît bien ténue (à titre d'illustration, l'ouvrage de D.Romer *Macroéconomie approfondie*

[34], qui constitue actuellement l'un des meilleurs manuels de macroéconomie est fondé sur un aller-retour continu de la microéconomie à la macroéconomie. Le dernier chapitre sur le chômage pourrait figurer sans aucune modification dans un manuel de microéconomie).

## 1.3 AGENTS INDIVIDUELS, AGENTS AGRÉGÉS

Dans ce manuel, les principes économiques de base seront développés. Néanmoins, afin de bien articuler ensemble chacune des théories, nous avons besoin d'un cadre d'analyse clair et cohérent entre les variables économiques. C'est pour cela que chaque chapitre contient au début une description des activités et des contraintes des agents économiques étudiés. Précisons les règles et les conventions qui définissent ce cadre d'analyse.

Les individus et les institutions animent ensemble une vie économique que l'on peut représenter par une infinité de relations bilatérales ou multilatérales (transactions industrielles, commerciales ou financières). Ces relations donnent lieu à la production, à la répartition et à l'utilisation de ressources. Pour chaque agent, il est théoriquement concevable de tenir un document comptable énumérant et quantifiant les différentes ressources dont celui-ci dispose, et retraçant les différents emplois de ses ressources. Les comptes des différents agents ne sont bien évidemment pas indépendants les uns des autres puisque deux agents au moins sont impliqués dans un échange.

On pourrait ainsi imaginer un tableau qui rendrait compte de l'ensemble des relations entre les agents. On noterait en intitulé des colonnes le point de départ des transactions financières et en intitulé des lignes, le point d'arrivée : dans la colonne de l'agent 1 du tableau 1.1, première colonne, l'agent 1 demande des biens et services, des titres (instruments de placement), de la monnaie étrangère.... vendus par les agents 2, 3,... En échange de ces biens et services, l'agent 1 paie les agents concernés par les transactions. Les cellules de la colonne j recensent les demandes de l'agent j adressées aux autres agents. Les cellules de la ligne i, recensent les offres adressées à l'agent i par l'ensemble des autres acteurs de la vie économique. Si l'agent 1 tire l'ensemble de ses revenus de ce qu'il vend, et épuise ces revenus dans les achats ou les placements évoqués précédemment, la somme des cellules en ligne 1 sera égale à la somme des cellules en colonne 1 (nous supposons que l'ensemble de ces grandeurs est évalué dans une unité commune). Au niveau global de cette économie, les ressources des agents ont pour contrepartie leurs utilisations, si bien que :

$$\sum_i \text{Somme des ressources de l'agent i} = \sum_j \text{Somme des emplois de l'agent j} \tag{1.1}$$

Soit

$$\text{Somme des ressources} = \text{Somme des emplois} \tag{1.2}$$

**TABLEAU 1.1**
Une matrice emplois-ressources.

| | 1 | 2 | 3 | 4 | ... | $\sum$ Ressources |
|---|---|---|---|---|---|---|
| 1 | | | | | | Somme des ressources de l'agent 1 |
| 2 | | | | | | Somme des ressources de l'agent 2 |
| 3 | | ... | | | | |
| ... | | ... | | | | |
| $\sum$ Emplois | Somme des emplois de l'agent 1 | ... | ... | ... | ... | Somme des ressources = Somme des emplois |

La diagonale représente les relations « internes aux agents » :

- un individu se louant fictivement un appartement qu'il possède. En effet, on peut émettre l'hypothèse qu'un individu propriétaire de son logement aurait potentiellement à payer un loyer s'il n'était pas propriétaire de sa résidence principale. On peut donc considérer qu'il se paie à lui-même un loyer fictif. Une telle description peut paraître « tirée par les cheveux », mais elle permet notamment des comparaisons plus pertinentes entre des pays dont les taux de propriétaires diffèrent sensiblement.
- les services domestiques rendus par l'un des membres d'un ménage – un ménage peut être considéré comme un agent économique unique pour autant que l'ensemble des ressources et l'ensemble des emplois soient communs – à un autre membre du ménage (transaction au sein du même ménage),
- ou les services offerts par le service de contrôle de gestion d'une entreprise aux autres services de l'entreprise.

Cependant, dans la mesure où ces opérations ne donnent pas lieu à des transactions observables par des tiers, nous conviendrons de les omettre dans notre description de l'économie. Toutes les autres cases ne sont pas nécessairement remplies : il n'y a aucune raison de penser que chaque acteur interagit avec tous les autres. Toutefois la complexité du réseau économique ainsi constitué à partir de dizaines de millions de pôles rendrait notre outil peu opérationnel… en admettant que l'on puisse remplir le tableau ! Il faut donc regrouper, c'est-à-dire agréger à la fois les agents économiques et les transactions qu'ils effectuent en un nombre limité de catégories. C'est la plupart du temps au niveau agrégé que les économistes établissent les comptes de ressources et d'emplois exposés ci-dessus.

Prenons un exemple simple d'agrégation qui illustre la méthode que nous généraliserons ultérieurement. Soit le tableau 1.2 dont l'unité des échanges est l'euro. L'agent 1 par exemple, dépense 10 000 €, dont 5 000 € vont à l'agent 2, 3 000 € à l'agent 3 et 2 000 € à l'agent 4. Les biens et services suivent un parcours inverse à celui des transactions financières.

**TABLEAU 1.2**
Une matrice emplois-ressources à quatre agents en euros.

| | 1 | 2 | 3 | 4 | Σ Ressources |
|---|---|---|---|---|---|
| 1 | | 8 000 | 2 000 | | 10 000 |
| 2 | 5 000 | | 5 000 | 5 000 | 15 000 |
| 3 | 3 000 | 7 000 | | | 10 000 |
| 4 | 2 000 | | 3 000 | | 5 000 |
| Σ Emplois | 10 000 | 15 000 | 10 000 | 5 000 | 40 000 |

Supposons que nous voulions agréger les agents 1 et 2. Il suffit de sommer leurs demandes et leurs productions en fonction des autres agents. La valeur des biens qu'ils échangeaient entre eux devient des échanges internes. On aboutit alors au tableau 1.3.

**TABLEAU 1.3**
Agent 1 et 2 agrégés.

| | 1 + 2 | 2 | 3 | Σ Ressources |
|---|---|---|---|---|
| 1 + 2 | 13 000 | 7 000 | 5 000 | 25 000 |
| 3 | 10 000 | | | 10 000 |
| 4 | 2 000 | 3 000 | | 5 000 |
| Σ Emplois | 25 000 | 10 000 | 5 000 | 40 000 |

Remarquons que la diagonale n'est plus forcément nulle contrairement au tableau désagrégé car les flux entre agents appartenant à une même catégorie ne sont plus forcément négligeables, et peuvent résulter d'échanges entre agents économiques : ils constituent des opérations économiques, contrairement aux opérations privées qui étaient internes aux agents. Dans le cas présent, nous ne négligeons pas les échanges entre 1 et 2. C'est ce type de tableau que nous utiliserons pour donner un cadre clair de l'économie dans ce manuel.

## 1.4 PRINCIPES DE CONSTRUCTION D'UN CADRE COMPTABLE AGRÉGÉ

L'agrégation entre entités économiques dépend du choix des regroupements effectués. S'il est souhaitable d'avoir un nombre restreint de catégories d'agents, il est aussi préférable de regrouper dans une même catégorie des agents qui jouent des fonctions économiques proches (consommer, produire,...). Les différents principes d'agrégation que nous adopterons pour notre cadre comptable sont les suivants :

1. Proposer un nombre restreint de catégories d'acteurs économiques individuels ou collectifs « représentatifs ». Nous définirons ultérieurement leurs objectifs et leurs comportements, c'est-à-dire les moyens spécifiques mis à leur disposition pour atteindre ces objectifs. Par exemple, on peut agréger l'ensemble des ménages d'un pays pour étudier l'**agent représentatif** « ménages ».
2. Répertorier les principales opérations économiques auxquelles se livrent ces acteurs. Les ménages peuvent par exemple consommer, épargner, travailler... Ainsi la définition des acteurs et celle des opérations ne sont pas indépendantes, puisque les acteurs regroupés seront des agents économiques qui se livrent principalement aux mêmes opérations.

**TABLEAU 1.4**
Les catégories d'agents que nous étudions.

| |
|---|
| Les ménages |
| Les entreprises (non financières) |
| Les sociétés financières |
| Les administrations publiques dont les collectivités locales (région, département, ville) |
| Le reste du monde |

Afin de préserver la cohérence comptable de notre système, nous nous attacherons à respecter deux principes supplémentaires :

1. les ressources et les emplois d'un agent représentatif doivent être égaux, pour chaque période (aux prêts et emprunts près lorsque ces dernières opérations sont possibles) ;
2. l'ensemble des ressources employées par la collectivité ne peut dépasser l'ensemble des ressources disponibles (ou pouvant être empruntées dans le reste du monde).

En résumé, **l'équilibre emplois-ressources** de la collectivité d'une part, et la **contrainte budgétaire** des agents d'autre part, doivent être tout deux satisfaits, quel que soit le niveau d'agrégation considéré. Les transactions entre agents sont donc toujours équilibrées (« équilibrées » ne signifie pas ici « équitables » ou « satisfaisantes »).

Cette présentation n'a rien de vraiment original : ce sont les contraintes que s'impose la **comptabilité nationale**. La comptabilité nationale est un système de comptes très précis et exhaustif qui permet de mesurer les agrégats économiques de l'économie (consommation, production,...) et de les relier afin de donner une vue quantitative globale d'une économie.

Une première différence est à noter entre notre présentation et la comptabilité nationale : nos tableaux ne seront pas quantifiés systématiquement, la priorité étant accordée à l'identification des différentes variables en jeu. En outre, nous ne prétendons pas rendre compte ici du degré de précision de la comptabilité nationale, l'objectif étant d'avoir une vision claire et simple de l'économie et de ses principaux mécanismes. Notre description comptable de l'économie ne sera donc pas aussi technique et détaillée que ne l'est la comptabilité nationale. Ce manuel incite chacun à complexifier sa vision de l'économie à travers son vécu futur de la science économique. Mais chaque approfondissement devrait pouvoir se faire de manière cohérente avec la structure de l'information économique que ce manuel offre.

**TABLEAU 1.5**
Les secteurs institutionnels de la comptabilité nationale en France.

| |
|---|
| Les ménages |
| Les sociètes non financières |
| Les sociétés financières |
| Les administrations publiques |
| Les administrations sans but lucratif au service des ménages |
| Le reste du monde |

Notez que le regroupement des agents en catégories agrégées implique une décision sur le mode de comptabilisation des relations internes à chaque catégorie d'agents : on ne peut plus faire cette fois l'hypothèse de transactions inobservables ou d'ordre privé (la diagonale des tableaux présentés ne sera plus forcément nulle).

## 1.5 PLAN DU MANUEL

Dans ce manuel, quatre types d'agents sont distingués (les ménages, les entreprises, les administrations publiques, les intermédiaires financiers) et une catégorie générale rendant compte de relations avec l'extérieur (le reste du monde). Les catégories d'agents sont construites à partir d'une distinction des objectifs poursuivis (par exemple *consommer* pour les ménages) et des opérations économiques effectuées au cours d'une ou plusieurs périodes pour atteindre ces objectifs (par exemple *épargner*).

Naturellement, les agents ne sont pas « myopes ». La définition d'une période d'analyse n'exclut donc pas la prise en compte du passé et du futur. Le passé est connu au moment de la prise de décision. Le futur ne l'est naturellement pas. Dans une première approximation, on peut être amené à considérer le futur comme connu. On suppose alors qu'on a établi des prévisions des états futurs de l'économie qui fournissent une anticipation parfaite du futur. Des modèles plus complexes tentent d'expliquer le mode de formation des anticipations des agents dans un environnement incertain. L'incertitude résulte de la méconnaissance du comportement des autres agents, ou de la réalisation « d'états de la nature » (i.e. d'états possible de l'économie), dont les caractéristiques et l'occurrence restent incertaines. Néanmoins l'étude spécifique des mécanismes d'adaptation constitue un prolongement à ce manuel et elle ne sera pas traitée dans le détail.

Pour chacune des catégories, des applications économiques de base sont développées. Elles permettent de modéliser certains choix faits par les agents et de poser clairement les notions élémentaires de l'économie.

Les derniers chapitres ont pour vocation d'articuler les cadres d'analyse définis pour chaque agent, ainsi que les développements économiques de base. Différents outils sont utilisés pour résumer les interactions entre les agents.

## Mots clés (entraînez-vous à les définir et à les situer dans le cadre de vos connaissances) :

- Économie
- Rareté
- Ressources
- Facteurs de production
- Travail
- Capital
- Capital humain
- Biens économiques
- Agents représentatifs
- Microéconomie
- Macroéconomie

## Des questions pour mieux retenir

1. Qui peut être considéré comme le père de la science économique ?
2. Quelle est la thèse centrale du mercantilisme ?
3. Qu'est-ce que la « main invisible » ?
4. Quelle définition peut-on donner de l'économie ?
5. Sur quel principe fondamental l'économie s'appuie-t-elle ?
6. Quelle différence y a-t-il entre une ressource et un bien économique ?
7. Quelles sont les grandes catégories de ressources ?
8. Quelles sont les différences entre la macroéconomie et la microéconomie ?
9. Quelles sont les cinq grandes catégories d'agents définies dans ce manuel ?

## Résumé du chapitre

L'économie peut être définie comme l'étude des choix dans l'utilisation des ressources et des biens dans un environnement où les nombreux désirs ne sont pas compatibles avec la rareté de ces ressources et de ces biens. Elle est constituée de deux domaines : la microéconomie (niveau d'analyse individuel) et la macroéconomie (niveau d'analyse agrégé). Le cadre comptable développé sera utilisé par la suite à chaque chapitre pour classer l'information économique pour les catégories principales définies (ménages, entreprises, etc.).

# 2

# LES MÉNAGES

*La Cigale, ayant chanté*
*Tout l'été,*
*Se trouva fort dépourvue*
*Quand la bise fut venue :*
*Pas un seul petit morceau*
*De mouche ou de vermisseau.*

*Fables*, JEAN DE LA FONTAINE

**SOMMAIRE**


**2.1** Les ressources des ménages

**2.2** La consommation et l'épargne

**2.3** La contrainte budgétaire des ménages

**2.4** Consommation : analyse microéconomique*

**2.5** Consommation : analyse macroéconomique*

D'un point de vue économique, les ménages peuvent être caractérisés par trois fonctions économiques principales : consommer des biens et des services, épargner et travailler. Ils font essentiellement face à deux séries de choix.

D'une part, ils doivent arbitrer entre le bien-être procuré par les biens qu'ils peuvent obtenir grâce à leur travail, et la désutilité résultant de l'abandon d'un temps équivalent de loisir : « Plus je travaille, plus mon salaire augmente, et plus je peux *consommer*, notamment des loisirs. Mais dans le même temps, plus je travaille, moins j'ai de temps à consacrer aux loisirs ! » Il s'agit donc d'un choix en termes de quantité de travail que les ménages sont prêts à fournir par rapport au temps qu'ils désirent consacrer à leurs loisirs.

D'autre part, l'utilisation productive d'autres ressources que le travail impose parfois des sacrifices : le blé conservé comme semence pour la période suivante ne peut être consommé au cours de la période présente. Le ménage doit donc aussi arbitrer entre bien-être immédiat et bien-être futur. Il s'agit du choix de la répartition des revenus entre consommation et épargne. Ce dilemme illustre la dimension intertemporelle de la prise de décision des ménages : ils doivent décider de leurs niveaux actuels de consommation et d'épargne en considérant aussi ce qu'ils désireront consommer à l'avenir.

Dans ce premier chapitre, nous étudions dans un premier temps les revenus des ménages et nous nous intéressons à leurs emplois. Nous en déduisons ainsi la contrainte budgétaire des ménages. Enfin, nous introduisons un début de modélisation microéconomique et macroéconomique à travers le comportement de consommation des ménages. D'une part, ces développements permettent d'illustrer les deux approches des économistes lorsqu'ils abordent un problème du point de vue microéconomique ou macroéconomique. D'autre part, les fondements théoriques de base concernant les ménages sont introduits.

## 2.1 LES RESSOURCES DES MÉNAGES

### 2.1.1 *Le revenu des ménages*

Afin de pouvoir consommer, les ménages ont besoin de ressources, ou plus exactement d'un revenu. Ils acquièrent leurs revenus de différentes manières. Les ménages tirent ainsi une rémunération :

1. ***de leur offre de travail*** [1] aux entreprises, aux administrations publiques, et dans un modèle assez large au « reste du monde » (ce sera par exemple le cas des travailleurs frontaliers, résidant en France mais travaillant en Allemagne ou en Suisse [2]). Un cadre détaillé peut également envisager l'offre de travail aux

1. Remarquez bien qu'on parle d'offre de travail pour les ménages et de demande de travail pour les entreprises. Il faut éviter la confusion avec les « demandeurs « d'emploi : la demande de travail concerne les entreprises…

2. Le cas des travailleurs immigrés résidant en France est identique : vivant en France, ils sont considérés comme des résidents français, la nationalité n'étant pas une caractéristique économique.

autres ménages. Par définition, lorsque l'individu est salarié d'une entreprise, la rémunération attachée à son offre de travail est appelé « salaire ».

2. ***de la rémunération du patrimoine utilisé directement par les ménages dits entrepreneurs, ou mis à la disposition d'autres agents*** (sociétés privées et administrations publiques). Il s'agit...

   - *de la rémunération du patrimoine professionnel d'un entrepreneur individuel (ou travailleur indépendant) – un agriculteur, un commerçant, un artisan ou une profession libérale par exemple.* Dans ces emplois indépendants, les comptes des ménages sont généralement indissociables des comptes de l'activité professionnelle. La richesse du ménage est détenue sous forme de machines, de locaux professionnels, de terres, etc..., en un mot d'**outils de production**. Le revenu professionnel des travailleurs indépendants rémunère à la fois le capital investi en moyens de production et le travail fourni : ces entrepreneurs individuels disposent d'un **revenu mixte**. Néanmoins, en France, depuis plusieurs décennies, on observe une tendance à la salarisation des individus : d'une part, de plus en plus de travailleurs indépendants préfèrent se déclarer salariés plutôt que de toucher un revenu mixte ; d'autre part, il y a actuellement de moins en moins d'agriculteurs qui constituent une part importante des travailleurs indépendants.
   - *de la mise à la disposition des entreprises, de moyens financiers leur permettant de se procurer des biens de production* : terres et ressources naturelles, capital technique (bâtiment et équipement productif, ou même brevets). Cette mise à la disposition des entreprises de moyens de production s'opère par le biais d'**actions** et d'**obligations**. Les actions sont des titres de durée de vie infinie rémunérés par des **dividendes** évoluant avec les résultats de l'entreprise. Les obligations sont des titres de durée de vie finie et rémunérés par un **intérêt** en principe fixe [3]. Les sommes ainsi versées permettent au chef d'entreprise d'acheter les biens de production décrits ci-dessus.
   - *de la mise à la disposition de leurs biens immobiliers*, généralement à d'autres ménages : les ménages tirent un revenu du **loyer** qu'ils perçoivent de leurs locataires ;
   - *de prêts aux administrations publiques* ;
   - *enfin de prêts d'un intermédiaire financier (généralement une banque)*, qui remettra les sommes prêtées par les ménages à la disposition d'autres agents économiques publics ou privés, domestiques ou étrangers, ayant des besoins de financement. Par exemple, un ménage peut déposer de l'argent sur un compte rémunéré, argent que la banque peut potentiellement prêter à un autre ménage ou à une entreprise.

---

3. Avec la plus grande complexité des actifs financiers, les intérêts versés ne sont pas toujours fixes : ils peuvent être par exemple indexés sur l'inflation. Nous revenons plus précisément sur ce point ultérieurement dans ce manuel.

La somme des revenus du travail et de ceux du patrimoine sera notée $Y$.

Le tableau 2.1 donne la répartition des revenus annuels parmi les ménages en 2005. Le revenu correspondant au premier décile indique que 10 % des ménages ont gagné moins de 12 506 € dans l'année. La médiane indique que 50 % des ménages ont gagné moins de 18 336 € et l'autre moitié plus de 18 336 €.

**TABLEAU 2.1**
Distribution des salaires annuels nets de tout prélèvement en France en 2005.

| Fractiles | Revenu annuel brut |
|---|---|
| 1er décile (10 %) | 12 506 € |
| 2e décile (20 %) | 13 955 € |
| 3e décile (30 %) | 15 278 € |
| 4e décile (40 %) | 16 695 € |
| Médiane (50 %) | 18 336 € |
| 9e décile (90 %) | 36 349 € |

*Source : INSEE.*

**TABLEAU 2.2**
Montant brut du SMIC.

| Au 1er juillet | SMIC horaire | SMIC mensuel pour 151,67 h de travail |
|---|---|---|
| 2005 | 8,03 € | 1 217,88 € |
| 2006 | 8,27 € | 1 254,28 € |
| 2007 | 8,44 € | 1 280,07 € |

*Source : ministère du Travail, des Relations sociales et de la Solidarité*

## 2.1.2 *Le revenu disponible des ménages*

Généralement, les ménages n'ont pas la maîtrise de la totalité de leurs revenus. Ils sont sujets à des dépenses ou des ressources régulières autres que leur revenu $Y$.

D'une part, les administrations publiques prélèvent au titre des impôts directs ou indirects, des contributions fiscales et des cotisations parafiscales (i.e. l'ensemble des taxes et des cotisations per«ues, sous l'autorité de l'État, au profit d'administrations ou d'organismes autonomes). Les impôts ne sont pas choisis librement par les ménages, mais relèvent de l'action tutélaire de l'État.

D'autre part, ces prélèvements donnent lieu à des compensations monétaires ou réelles (par exemple, don de nourriture dans certains pays pauvres). Ces **transferts** naissent de droits acquis collectivement ou individuellement, de droits inscrits dans la législation sociale, ou de droits validés par le préambule de la Constitution. Ces droits naissent d'événements particuliers, comme pour les assurances individuelles : maladie, maternité, accident, arrivée à l'âge de la retraite... Les remboursements de médicaments par la sécurité sociale sont un exemple de tels transferts. Dans ce cas, il reste alors à l'assuré à payer le ticket modérateur, i.e. la quote-part du coût du médicament non supportée par la sécurité sociale.

On peut enfin tenir compte des frais occasionnés par les emprunts des ménages. Ces derniers versent régulièrement les intérêts correspondants à leurs emprunts, si bien qu'on peut à la limite considérer les intérêts versés comme une somme dont les ménages ne disposent pas librement.

Économiquement, ces prélèvements et ces transferts n'interviennent pas dans les choix d'allocation de revenus par les ménages. Le revenu effectivement à la disposition des ménages devrait donc être égal à la somme des revenus monétaires et en nature, quelle qu'en soit l'origine, moins les prélèvements opérés par les administrations publiques. Les choix d'utilisation des revenus ne se basent donc non pas sur le revenu $Y$, mais sur le **revenu disponible** des ménages. Ce dernier a un sens économique en termes de choix de consommation, puisqu'il s'agit du revenu que les ménages ont effectivement à leur disposition à chaque période pour pouvoir consommer.

Notons les prélèvements $T$, les revenus de transfert ou de redistribution $Sub$, la dette contractée par les ménages $Dette$ et le taux de remboursement des dettes $i$. Si les ménages peuvent s'endetter, nous supposerons qu'ils ne s'endettent qu'auprès du système bancaire par simplification. Le revenu disponible des ménages $RD$ est alors défini par :

$$RD = Y + Sub - T - i\ Dette \tag{2.1}$$

Il est possible de traduire l'équation précédente dans un tableau emplois-ressources pour le revenu disponible des ménages. Ce type de tableau est largement utilisé dans le cadre de la comptabilité nationale. Il nous permettra de classer l'information économique par catégories d'agents et d'opérations. Notons que par convention, dans le tableau 2.3, le résultat (c'est-à-dire le revenu disponible) se trouve dans la colonne emplois. Ainsi, pour une nouvelle opération des ménages utilisant le revenu disponible,

**TABLEAU 2.3**
Tableau emplois-ressources pour détermination du revenu disponible.

| Emplois | Ressources |
|---|---|
| $T$ | $Y$ |
| $i\ Dette$ | $Sub$ |
| $RD = Y + Sub - T - i\ Dette$ | |

ce dernier sera mis en ressources dans le nouveau tableau : les emplois sont toujours égaux aux ressources, y compris entre les différentes opérations que nous résumerons dans des tableaux emplois-ressources. Ce point est illustré dans la section suivante.

**TABLEAU 2.4**
Revenu disponible brut annuel des ménages par habitant en 2005 dans certains pays de la zone euro.

| Pays | Revenu disponible brut |
|---|---|
| Allemagne | 16 482 € |
| Autriche | 17 606 € |
| Belgique | 15 684 € |
| Espagne | 11 716 € |
| Finlande | 14 161 € |
| France | 14 537 € |
| Grèce | 10 867 € |
| Irlande | 15 007 € |
| Italie | 13 766 € |
| Luxembourg | 27 298 € |
| Pays-bas | 16 136 € |

*Source : Eurostat.*

## 2.2 LA CONSOMMATION ET L'ÉPARGNE

### 2.2.1 *La consommation*

La consommation des ménages est dite **consommation finale**, c'est-à-dire la destruction totale et définitive de biens pour satisfaire leurs besoins au cours d'une période donnée. Ces biens de consommation finale s'opposent à deux autres catégories de biens de consommation :

- ***les biens de consommation intermédiaire*** ;

  Les biens de consommation intermédiaire sont utilisés dans le processus productif par les entreprises pour produire des biens de consommation finale. N'ayant pas pour fonction principale de produire des biens et services, les ménages ne consomment en principe aucun bien de consommation intermédiaire.

- ***les biens de consommation semi-durables et durables*** ;

  Les biens de consommation semi-durables et durables ont une durée d'utilisation qui dépasse la période d'analyse et sont donc usés sur plusieurs périodes. On peut citer par exemple pour un ménage les machines à laver, les automobiles ou les ordinateurs dont l'utilisation se fait sur plusieurs années.

Certains de ces biens peuvent être utilisés à la fois par les ménages (au titre de biens de consommation), par les entreprises (au titre d'outils de production pour produire des biens et services marchands) ou par les administrations publiques (au titre d'investissements publics). Lorsque ces biens sont acquis par les ménages, ils sont généralement considérés comme des biens de consommation finale et à ce titre détruits au cours de la période d'achat : un tel parti pris peut paraître trop simplificateur mais reste cohérent avec la définition des ménages. Cependant, le fait de considérer l'ensemble des biens achetés par les ménages comme biens de consommation non durables relève aussi d'une autre explication : contrairement aux entreprises, les ménages ne disposent pas d'une comptabilité spécifique qui permet de connaître l'usage de tous les biens dont ils disposent. Pour les entreprises, il est notamment possible, au moins approximativement, de savoir comment se répartit l'usage des biens durables dans le temps (on peut par exemple déterminer le prix d'une machine au cours de son utilisation en calculant la valeur de l'usure de cette machine). En revanche, le destin des biens achetés par les ménages n'est pas toujours bien connu. Cette règle ne connaît qu'une exception : les logements. Ceux-ci peuvent en effet être considérés comme des moyens de production, quels qu'en soient les acheteurs, le revenu généré prenant la forme d'un loyer. Si un individu est propriétaire d'un bien immobilier et qu'il y vit, on peut même considérer qu'il se verse un loyer fictif. Ce loyer correspond à la somme qui lui serait nécessaire pour louer son logement s'il n'était pas propriétaire. Nous disposons de meilleures informations sur les habitations, tant au niveau de leur utilisation et de leur usure, que sur le fonctionnement du marché immobilier. Les logements sont donc les seuls biens ne figurant pas dans la consommation finale des ménages. Leur achat est considéré comme un investissement. Les autres biens de consommation durables et semi-durables consommés par les ménages (par exemple une voiture) sont considérés comme de la consommation finale.

**TABLEAU 2.5**
Répartition de la consommation des ménages suivant la durabilité des biens et les services en France en 2002.

| | Part dans la consommation totale en pourcentage |
|---|---|
| Biens durables | 7,4 % |
| Biens semi-durables | 13,3 % |
| Biens non durables | 33,3 % |
| Services | 46 % |
| **Total** | 100 % |

*Source : INSEE.*

Les ménages sont donc définis comme les agents dont l'une des principales activités économiques est la consommation finale. Les biens de consommation finale sont considérés comme immédiatement détruits au moment de leur achat en vue de satisfaire les besoins pour une période donnée.

**TABLEAU 2.6**
Les dépenses de consommation des ménages en 2002.

| Pays | Dépenses de consommation des ménages | PIB[4] | Rapport |
|---|---|---|---|
| France (milliards d'euros) | 824 | 1 509 | 54,6 % |
| Zone euro (milliards d'euros) | 4 000 | 7 069 | 56,6 % |
| États-Unis (milliards de dollars) | 7 303 | 10 446 | 69,9 % |

*Source : INSEE, Eurostat et BEA.*

Deux concepts sont utilisés pour mesurer la consommation finale des ménages : d'une part, les **dépenses de consommation finale** et d'autre part, la **consommation finale effective** [4]. Les dépenses de consommation correspondent aux dépenses faites par les agents pour acquérir des biens et des services. Ce concept n'intègre pas les dépenses de consommation qui bénéficient aux ménages mais qui sont à la charge des administrations publiques, comme l'éducation ou les prestations de santé (remboursement des médicaments par la sécurité sociale ou prise en charge dans les hôpitaux...). La différence entre ces deux concepts est illustrée dans la figure 2.1. En règle générale, si « effectif » ou « dépenses » ne sont pas précisés, il s'agit de dépenses de consommation finale.

**Consommation finale effective et dépenses de consommation finale**

La consommation finale effective des ménages est la somme :

- des dépenses de consommation des ménages ;
- des dépenses de consommation des administrations publiques, biens et services in fine consommés par les ménages mais payés par les administrations publiques.

Dans l'objectif de classer l'information économique, les opérations des ménages sont représentées dans le cadre d'un tableau emplois-ressources. Le premier tableau concerne uniquement la consommation. Son solde s'appelle **l'épargne**. Elle constitue la part non consommée du revenu. Elle peut être définie également comme une consommation différée : si le ménage épargne aujourd'hui, c'est pour consommer demain.

4. En règle générale, on omet l'adjectif \textquotedblleft final « pour les ménages car il n'y a pas d'ambiguïté possible.

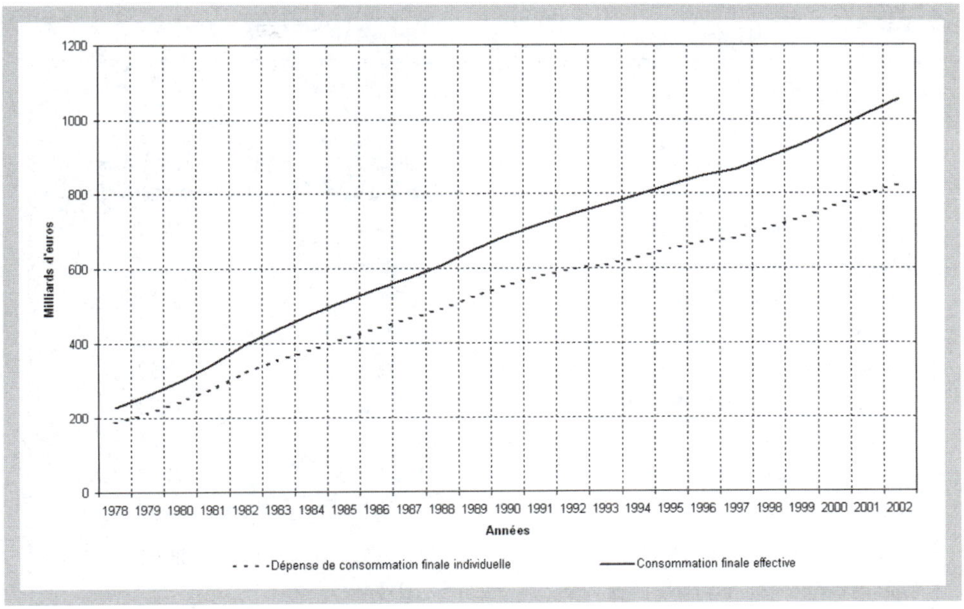


*Source : Insee*

**FIGURE 2.1**
La dépense de consommation finale des ménages et leur consommation finale effective en France en milliard d'euros.

Enfin, elle constitue le principal moyen de financer l'accumulation de richesses. La valeur du patrimoine des ménages peut aussi s'accroître également à la suite d'une hausse du prix des actifs qui constituent ce patrimoine : on parlera alors de plus-value.

La consommation des ménages est notée $C$ et leur épargne $S$. Si l'épargne $S$ est négative, i.e. lorsque la consommation est supérieure au revenu, on parle alors de désépargne. Le revenu disponible des ménages $RD$ mesure la ressource que les ménages ont à leur disposition pour acheter des biens et des services. Dès lors, la mesure de la consommation cohérente avec le revenu disponible est la dépense de consommation des ménages. En effet, les dépenses de consommation des administrations publiques en faveur des ménages ont déjà été prises en compte en amont du revenu disponible des ménages.

Le tableau emplois-ressources définissant le revenu disponible des ménages et celui définissant l'épargne peuvent être agrégés. Cette opération montre la cohérence des tableaux entre eux. Dans le premier tableau 2.3, le revenu disponible est un emploi puisqu'il est le solde de ce dernier. Par contre, il est reporté en ressources pour le tableau 2.8. Globalement, lors de l'agrégation, comme il figure en emploi mais aussi en ressource, il peut être éliminé. L'agrégation est illustrée par les tableaux 2.3 et 2.8 disposés à la suite (tableaux 2.9 et 2.10). L'agrégation est donnée dans le tableau 2.11.

**TABLEAU 2.7**
Répartition de la consommation finale des ménages par catégories de produits en France en 2006.

| | Valeur en milliards d'euros | Part dans la consommation totale en pourcentage |
|---|---|---|
| Agriculture et produits agro-alimentaires | 166,5 | 16,7 % |
| Habillement et chaussures | 46,9 | 4,7 % |
| Équipement du logement, chauffage et éclairage | 309,1 | 31,1 % |
| Transports | 146,2 | 14,7 % |
| Communications | 28,0 | 2,8 % |
| Loisir, culture, hôtel, cafés et restaurants | 154,6 | 15,2 % |
| Éducation | 7,4 | 0,7 % |
| Autres (soins personnels, assurance…) | 110,9 | 11,2 % |
| Correction territoriale | –10,1 | –1,0 % |
| **Dépenses de consommation finale** | 993,2 | 100,0 % |
| Dépenses des administrations publiques en santé | 122,1 | |
| Dépenses des administrations publiques en éducation | 83,6 | |
| Dépenses des administrations publiques autres | 93,6 | |
| **Consommation effective des ménages** | 1292,5 | |
| **Total** | 697,6 | 100,0 % |

*Source : INSEE.*

**TABLEAU 2.8**
Tableau emplois-ressources pour la détermination de l'épargne.

| Emplois | Ressources |
|---|---|
| $C$ | $RD$ |
| $S = RD - C$ | |

**TABLEAU 2.9**
Tableau emplois-ressources pour la détermination du revenu disponible.

| Emplois | Ressources |
|---|---|
| $T$ | $Y$ |
| $i.Dette$ | $Sub$ |
| $RD = Y + Sub - T - i.Dette$ | |

**TABLEAU 2.10**
Tableau emplois-ressources pour la détermination de l'épargne.

| Emplois | Ressources |
|---|---|
| $C$ | $RD$ |
| $S = RD - C$ | |

**TABLEAU 2.11**
Tableau emplois-ressources agrégé pour la détermination de l'épargne à partir du revenu total des ménages.

| Emplois | Ressources |
|---|---|
| $T$<br>$i.Dette$<br>$C$ | $Y$<br>$Sub$ |
| $S = Y + Sub - T - C - i.Dette$ | |

Le choix entre épargne et consommation illustre le cadre temporel de la prise de décision des ménages. En effet, ceux-ci doivent non seulement tenir compte des biens pouvant satisfaire leurs besoins présents, mais également évaluer les dépenses à venir sur un horizon plus ou moins étendu. Ils confrontent ainsi leurs prévisions de dépenses aux ressources présentes et anticipées. On peut à ce stade envisager deux hypothèses :

1. ***les prévisions sont parfaites*** ;
   Si l'agent anticipe une trajectoire des revenus différente de celle de sa consommation, il envisagera selon les périodes d'épargner ou de désépargner. L'hypothèse de prévision parfaite accroît d'ailleurs les possibilités d'endettement puisque les prêteurs potentiels disposent de toutes les informations sur les revenus futurs de l'emprunteur : leurs risques à prêter sont donc limités.
2. ***il existe une incertitude sur les ressources ou sur les dépenses futures*** ;
   Cette incertitude rend l'emprunt plus difficile car les prêteurs potentiels seront plus méfiants. Ainsi, si l'agent veut désynchroniser dans le temps l'obtention des ressources et celle des emplois, il peut être amené à constituer une épargne de précaution qui lui permettra de mieux répartir les chocs économiques dans le temps, et notamment ceux qui ont une influence sur les fluctuations de son revenu (période de chômage par exemple).

Cette désynchronisation des recettes et des dépenses implique que soient remplies certaines conditions :

1. Tout d'abord si l'agent est seul, et s'appelle par exemple Robinson Crusoé, l'arbitrage intertemporel ne peut jouer que dans un sens : le transfert de revenu

présent en faveur de la consommation future (i.e. l'épargne) est la seule possibilité puisque personne ne peut « prêter » à Robinson. Encore faut-il aussi que ces ressources épargnées ne soient pas périssables : elles doivent pouvoir être stockées.

2. En revanche, si l'individu est socialisé et trouve un partenaire dont les objectifs sont parfaitement complémentaires, c'est-à-dire dont les flux désirés de recettes et de dépenses sont opposés, le partenaire peut alors prêter à Robinson et l'arbitrage intertemporel peut jouer dans les deux sens : il est en effet possible d'emprunter sans avoir mis préalablement de côté des ressources. C'est la seule manière de pouvoir disposer sur plusieurs périodes de revenus en biens périssables produits au cours de la période présente.

Si l'on résume le modèle décisionnel des ménages que l'on vient d'exposer, on peut ainsi distinguer :

1. un premier arbitrage entre travail et loisir, par lequel le ménage détermine l'ensemble des emplois potentiels et désirés (achat de biens et services et épargne) ;
2. un deuxième arbitrage, une fois que les ménages disposent de leur revenu discrétionnaire, entre achat présent de différents biens et services, et l'épargne, c'est-à-dire la capacité d'achat futur ;
3. un troisième arbitrage que nous n'avons pas encore abordé : le ménage doit arbitrer entre les différents types de placement en nature, monétaires et financiers.

### 2.2.2 *Épargne et accumulation des richesses*

Les ménages ont différents actifs à leur disposition afin d'épargner :

1. **les actifs réels ;**
   Si par convention les biens de consommation semi-durables et durables n'étaient pas définis comme des biens non durables détruits lors de leur achat, ces biens semi-durables et durables constitueraient avec le logement les principaux actifs réels. Dans le cas des ménages, les actifs réels sont les biens immobiliers et les terrains. On peut tout de même ajouter à titre anecdotique les œuvres d'art, et autres objets de valeur mobilière comme actifs réels.
2. **les actifs financiers non monétaires ;**
   Ce sont des créances détenues par les ménages sur les autres agents. Deux types d'actifs financiers peuvent être pris en compte :
   - *des titres représentatifs de prêts*, c'est-à-dire de dettes, dont l'échéance et le rendement sont clairement spécifiés ;
     Certains de ces titres sont appelés **obligations**. Cet actif financier contient en germe sa propre destruction qui se réalise au moment du remboursement

du créancier par le débiteur. Ces créances sont rémunérées par des intérêts : ce sont des titres à revenus fixes (encore qu'il puisse y avoir certains mécanismes d'indexation, en particulier sur l'inflation, qui rendent ces revenus variables selon des modalités précisément définies au moment de la signature du contrat). Lorsqu'un ménage achète une obligation à 10 ans par exemple, le débiteur doit rembourser l'obligation au ménage au bout de 10 ans. Une obligation a donc deux caractéristiques principales : sa durée de vie (son terme) et son taux rémunérateur sont fixés au moment de l'émission de l'obligation.

L'État, par exemple, émet chaque année des obligations et rembourse dans le même temps les obligations qui arrivent à terme. Suivant les conditions d'endettement, il peut choisir d'émettre relativement plus ou moins d'obligations, à un taux fixe plus ou moins élevé.

Les banques jouent souvent le rôle d'intermédiaire financier : elles permettent aux ménages d'acheter des obligations, ou de placer leur argent sur des comptes assis sur des obligations.

- *des parts sociales du capital d'entreprises*, titres de propriété ayant pour échéance la durée de vie (a priori infinie) de la société en question ;

  Ces titres appelés **actions** ont une rémunération variable appelée **dividende** : le caractère variable de cette rémunération tient au fait qu'elle dépend des résultats de l'entreprise. Ces résultats pouvant être plus ou moins bons d'une période à une autre, il est logique que les propriétaires de ces entreprises subissent ces aléas sur leur revenu. Les actions n'ont pas de durée de vie prédéterminée contrairement aux obligations. La durée de vie d'une entreprise pourrait être théoriquement infinie. Une entreprise peut éventuellement envisager de racheter ses propres actions, mais la date n'est pas définie à l'émission des actions.

3. **les actifs monétaires ;**

Ce sont les moyens de paiement émis par le système bancaire et circulant entre les agents économiques. Normalement, ces moyens de paiement ne sont pas rémunérés. Pourtant, les ménages peuvent désirer détenir de la **monnaie** pour plusieurs raisons.

Le fait de détenir en permanence de la monnaie, c'est-à-dire de disposer en permanence de liquidités, permet d'accroître le temps de loisir disponible (lorsque la richesse est détenue entièrement sous forme d'actifs non monétaires, l'agent économique qui veut opérer une transaction comme acheter dans un magasin doit préalablement vendre ses actifs pour disposer de monnaie ! ). La possession d'un minimum de liquidités est donc à l'origine d'une utilité.

Il existe une manière d'évaluer le coût de cette utilité : en accumulant de la monnaie, le ménage renonce à la rémunération moyenne des placements financiers. La détention de monnaie implique donc un **coût d'opportunité**, c'est-à-dire la « quantité » de plaisir, – ou son équivalent monétaire – à laquelle l'agent

renonce pour détenir de la monnaie. Ce coût d'opportunité de détenir de la monnaie est égal au rendement moyen des actifs financiers auquel on renonce lorsqu'on choisit de détenir de la monnaie.
En bref, la nécessité de détenir des encaisses **liquides** limite sur le moment la quantité de biens et services que les agents peuvent acquérir. La liquidité d'un actif correspond à sa disponibilité sur le marché financier : plus un actif peut s'échanger facilement, plus il est liquide. Ce besoin de liquidité – on dit aussi d'encaisses – entraîne donc une désutilité que l'on évalue par un coût d'opportunité. La monnaie n'est pas être désirée pour elle-même, mais elle est nécessaire pour réaliser les transactions économiques.

4. **les actifs étrangers et l'or ;**
Les titres étrangers ne diffèrent des titres domestiques que par l'utilisation d'une autre unité de compte. Les monnaies étrangères par contre ne peuvent être assimilées simplement à de la monnaie domestique : elles sont beaucoup moins liquides que la monnaie domestique (elles ne permettent pas d'effectuer des transactions sur le marché domestique, sauf cas particuliers). En résumé, la détention d'une unité de monnaie étrangère présente donc trois handicaps : elle n'est pas rémunérée, elle est moins liquide que la monnaie domestique (sauf dans certaines économies en crise dont les agents ne souhaitent plus utiliser de la monnaie nationale), et son pouvoir d'achat futur est plus incertain puisqu'il dépend du taux de change (prix en monnaie nationale, commissions bancaires incluses) au moment où cette unité monétaire sera convertie en monnaie nationale. On conçoit qu'il faut avoir de sérieuses raisons, comme une monnaie domestique perdant rapidement de sa valeur par exemple, pour souhaiter en détenir. On peut d'ailleurs transposer ce raisonnement à la détention de stocks d'or, ou de tout autre bien réel non productif.

5. **les créances particulières nées des contrats d'assurance ;**
Dans de tels contrats, l'assurance accepte un paiement fixe, ou prime, de la part de l'assuré ; en contrepartie, elle s'engage à lui verser des montants fixes ou variables en fonction de l'occurrence de certains événements (assurance-vie, assurance-maladie, assurance-retraite...). On peut considérer que l'assuré achète une **créance contingente**, donnant lieu à une rémunération pour certains états de la nature. La théorie économique va jusqu'à considérer le cas où des agents peuvent se prémunir contre l'ensemble des risques pouvant affecter leur revenu : ils s'engagent alors à verser à des cocontractants l'ensemble de leurs revenus futurs dont les niveaux aléatoires seraient conditionnels à des « états de la nature », contre la promesse de toucher une somme définie à l'avance chaque période. Une autre forme d'assurance consiste à mutualiser les revenus pour mutualiser les risques, pourvu que les aléas touchant les revenus des agents ne soient pas corrélés. Sous sa forme traditionnelle, un contrat d'assurance peut naturellement être total ou partiel. Ses conditions peuvent varier avec le type de risque encouru et le type d'agents. Nous reviendrons sur ces aspects par la suite.

En 2001, le patrimoine des ménages français représentait 6 320 milliards d'euros. Il a été multiplié par plus de 5 depuis 1978. Rapporté au revenu disponible brut des ménages, le patrimoine qui représentait un peu plus du triple de leur revenu annuel au début des années 1980, représente désormais six fois plus. À titre de comparaison, aux États-Unis, ce ratio est passé de 5 en 1980 à plus de 6,5 en 2000.

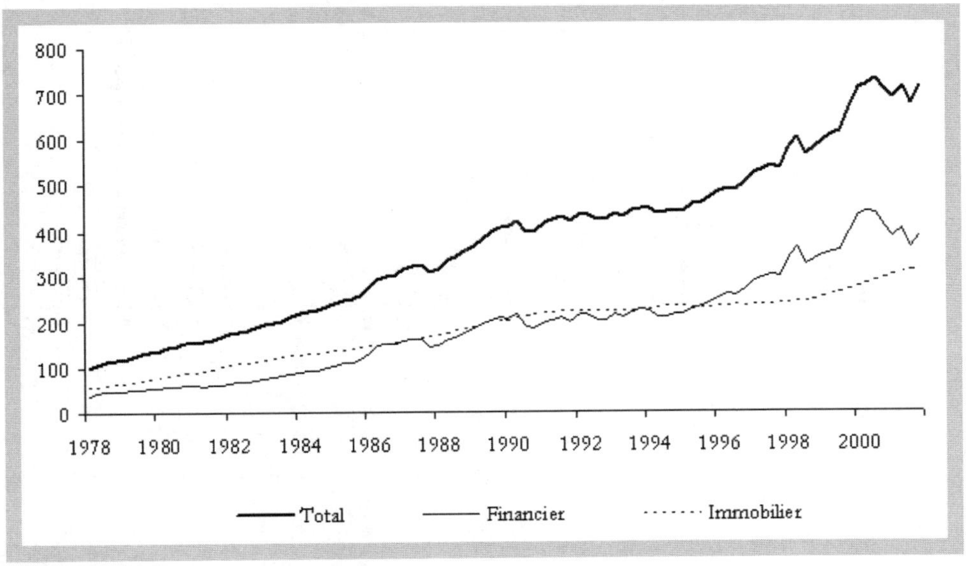


*Source : INSEE.*

**FIGURE 2.2**
Évolution du patrimoine nominal des ménages (y.c. entreprises individuelles) entre 1978 et 2001 (base 100 pour la richesse totale en 1978).

L'accroissement du patrimoine des ménages (on parle aussi d'encours) peut être dû soit à un flux additionnel de placements correspondant à l'épargne des ménages, soit à une appréciation des actifs détenus, c'est-à-dire à un mouvement à la hausse de leur prix. Dans ce second cas, l'accroissement de la richesse correspond à une **plus-value** dite latente, tant que l'agent n'a pas vendu son titre. Le patrimoine immobilier subit l'usure voire l'obsolescence puisqu'il s'agit d'un bien périssable. Sa valeur doit être réduite chaque année de la **dépréciation** qu'il subit.

La figure 2.3 décrit la décomposition des variations de la richesse des ménages selon ces trois composantes : le flux d'épargne annuel, la réévaluation du prix des actifs, et la consommation de capital fixe concernant le patrimoine immobilier. Les flux de placement ont progressé régulièrement durant les décennies 1980 et 1990. La réévaluation, qui traduit le mouvement du prix des actifs a connu en revanche un comportement beaucoup plus volatil. On observe bien en particulier sur la figure 2.3, l'effet de l'envolée du prix des actifs financiers en 1986 puis leur chute en 1987 et le rebond les années suivantes. De même l'envolée des actifs boursiers liée aux nouvelles technologies de l'information entraîne une forte hausse du patrimoine à partir de 1994 et jusqu'au début de l'année 2000.

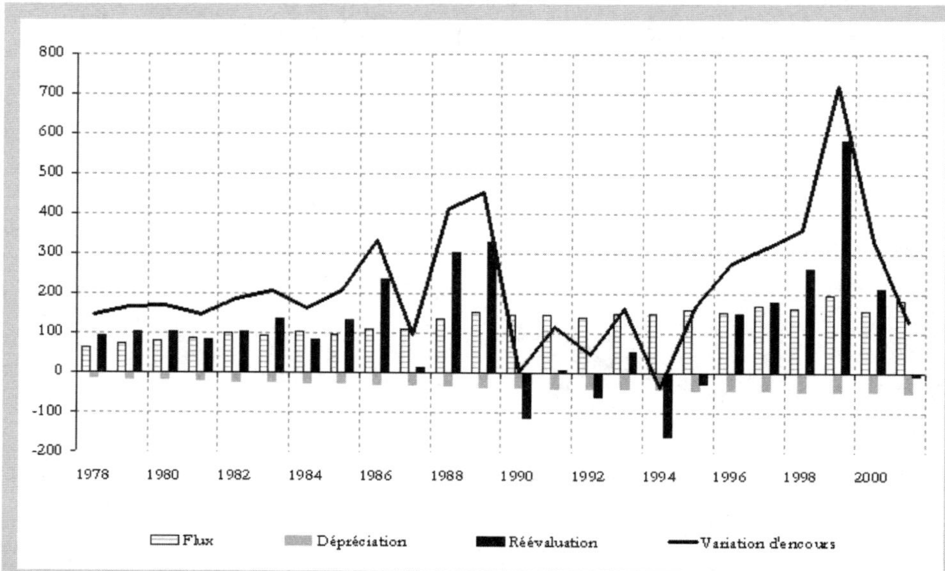


*Source : INSEE.*

**FIGURE 2.3**
Variation de l'encours du patrimoine des ménages (y.c. entreprises individuelles) entre 1978 et 2001 (milliards d'euros).

Depuis la fin des années 1980, la structure du patrimoine des ménages s'est déformée en faveur des actifs financiers. La part des actifs financiers est ainsi passée de 43 % en 1978 à 59,5 % en 1999. Elle est revenue autour de 50 % en 2007. Cette évolution s'explique à la fois par les comportements d'investissement des ménages mais aussi par l'évolution relative du prix des actifs financiers par rapport au prix de l'immobilier. Au contraire, le maintien d'une croissance dynamique des prix de l'immobilier depuis la fin des années 1990 et surtout la forte baisse de la bourse depuis 2000 a entraîné une remontée de la part de l'immobilier dans la richesse des ménages qui atteint 45 % fin 2001. Entre 1978 et 2001, la valeur d'un bien immobilier a été multipliée par plus de 2,8 tandis que la valeur des actions cotées en bourse a été multipliée par plus de 25, ce qui a contribué à tirer la valeur de la richesse financière vers le haut, même si ses autres composantes ont connu une évolution moins dynamique et parfois inférieure à celle de l'immobilier.

Nous pouvons à ce stade bâtir un second tableau dit de variation d'actif et de passif recensant les utilisations de l'épargne des ménages. En effet, les grandeurs

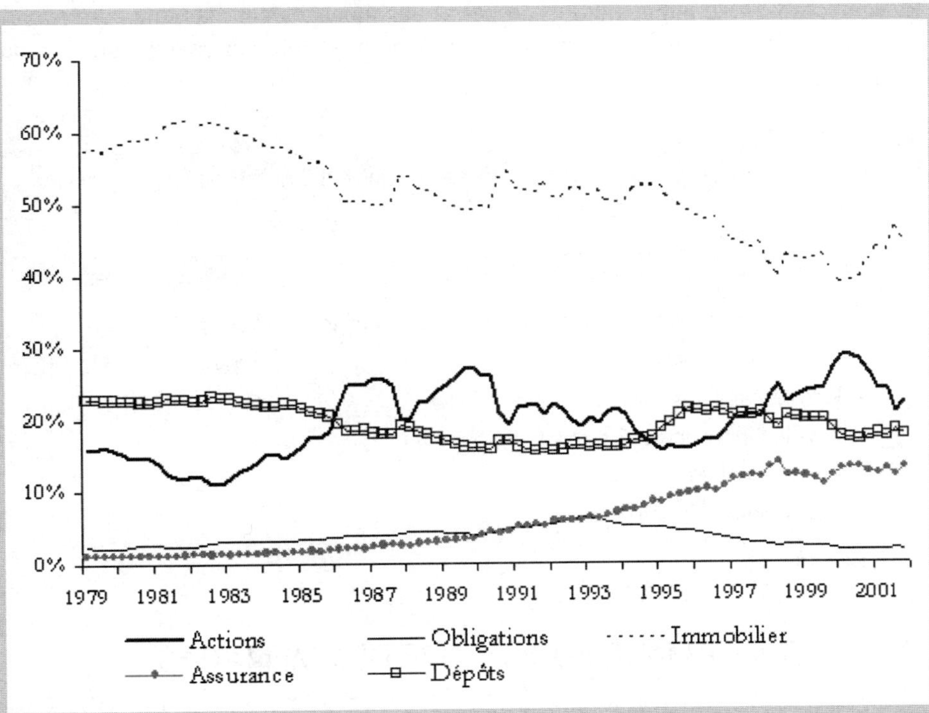


**FIGURE 2.4**
Ventilation du patrimoine des ménages (y.c. entreprises individuelles) entre grandes catégories d'actifs.

présentes dans le tableau suivant sont des **stocks**, contrairement aux tableaux précédents qui contenaient des **flux**. Les stocks correspondent à une réserve alors que les flux traduisent un mouvement économique. Détenir des obligations par exemple, ne constitue pas un mouvement. En revanche, vendre ou acheter des obligations, i.e. faire varier son stock d'obligations, correspond à un mouvement économique. Une variation de stock correspond à un flux économique.

Pour reprendre une métaphore célèbre, considérons une baignoire pleine d'eau. La quantité d'eau contenue dans la baignoire constitue un stock d'eau, i.e. une réserve que je peux garder indéfiniment (s'il n'y a pas de fuite ou de phénomène d'évaporation !). En ouvrant le robinet, j'augmente le volume d'eau contenu dans la baignoire. En ouvrant la bonde, je le diminue. La variation de la quantité d'eau contenue dans la baignoire est égale au flux d'eau ajoutée ou retirée.

La colonne « **Variation d'actif** » correspond à l'ancienne colonne « **Emplois** » : une variation d'actif positif signifie que l'agent investit dans un actif. Cela correspond à une dépense, i.e. un emploi de ressources de l'agent. Inversement bien sûr, la colonne « **Variation de passif** » correspond à l'ancienne colonne

« **Ressources** » : une augmentation du passif des ménages par exemple correspond à une augmentation de leur endettement qui leur a permis d'obtenir de nouvelles ressources utilisables.

**TABLEAU 2.12**
Tableau de variation d'actif et de passif recensant l'utilisation de l'épargne des ménages.

| Variation d'actif | Variation de passif |
|---|---|
| Investissements bruts (logements et selon convention, biens semi-durables) | S (épargne) |
| Variation du stock de monnaie | Emprunt |
| Variation des stock d'or et de devises étrangères | |
| Variation des dépôts à terme et du stock de titres à revenu fixe | |
| Variation du stock de titres à revenu variables | |
| Variation du stock d'actifs contingents | |
| Solde = 0 | |

## 2.3 LA CONTRAINTE BUDGÉTAIRE DES MÉNAGES

Les différentes opérations des ménages permettent d'élaborer un ou plusieurs tableaux comptables recensant les ressources (différenciées selon leur origine) et les emplois (c'est-à-dire l'utilisation de ces ressources). Ces tableaux peuvent être analysés des deux manières :

- comme un compte prévisionnel qui rend compte des anticipations des agents concernant le montant et l'utilisation du revenu, compte tenu des informations dont ils disposent sur leur environnement (prix, salaires, taux d'intérêt, impôts…) ;

  L'équilibre emplois-ressources imposé au moment où les décisions se prennent et avant même que les transactions s'effectuent s'appelle équilibre **ex ante**. Cet équilibre s'impose à chacun : personne ne peut envisager de dépenser plus de ressources qu'il n'en a, aux emprunts près (d'où le terme de contrainte budgétaire).

- comme un tableau récapitulatif des opérations effectuées par les agents, tableau réalisé en fin de période recensant les ressources et les emplois ;

  On parle alors d'équilibre **ex post**. L'équilibre ex post est une identité comptable au sens où aucun agent n'a pu avoir dépensé plus qu'il n'a de ressources : l'équilibre se constate.

Nous avons remarqué qu'au niveau individuel, le compte prévisionnel (*ex ante*) de chaque agent doit respecter la contrainte budgétaire anticipée. Il est néanmoins probable qu'en agrégeant l'ensemble des demandes, on obtienne un excès de demande par rapport aux ressources disponibles dans notre économie : avant les négociations avec les autres partenaires, chaque agent peut espérer obtenir plus de ressources (ou plus d'emplois pour les mêmes ressources, en bénéficiant par exemple de meilleurs conditions d'échanges). Or la contrainte budgétaire s'impose à tous individuellement et collectivement, et l'économie dans son ensemble ne peut dépenser plus de ressources qu'elle n'en dispose : en un mot, il n'est pas possible de satisfaire toutes les exigences initiales. Il est donc fort probable que l'équilibre *ex post* diffère de l'équilibre *ex ante* tel que le souhaitait chaque agent.

Mais si les agents ne reçoivent pas individuellement autant qu'ils le désiraient au départ, seront-ils aussi motivés à faire des efforts et à produire autant qu'ils étaient prêts à le faire initialement ? Non seulement les transactions individuelles effectives ex post peuvent différer des transactions désirées par les agents, mais la somme des ressources ex post – c'est-à-dire la production globale – peut différer de la production globale anticipée. Nous pêchons ici par pessimisme ; naturellement, le raisonnement peut être inversé, et les ressources effectivement produites et échangées peuvent être supérieures à ce qui était prévu.

Le compte des ménages qui suit résume les notions des sections précédentes. Par convention les variables relatives aux ménages, aux entreprises, aux administrations publiques et à l'étranger sont indicés respectivement par $m$, $f$, $g$ et $*$. Notons qu'une épargne négative ($S_m < 0$ selon les notations suivantes) est tout à fait possible : la contrepartie de cette désépargne est alors :

- soit une augmentation de la dette ;
- soit un moindre investissement ;
- soit une vente d'actifs monétaires ;
- soit une vente d'actifs financiers.

Notons de nouveau dans ce tableau que les variables de stocks sont considérées en variation.

**TABLEAU 2.13**
Tableau emplois-ressources pour la détermination de l'épargne.

| Emplois | Ressources |
|---|---|
| $T_m$ | $Y_m$ |
| $i.D_m$ | $Sub$ |
| $C_m$ | |
| Solde $S_m = Y_m + Sub - T_m - C_m - i.D_m$ | |

Rappelons que le revenu des ménages est déterminé par :

$$Y_m = w_f.L_f + w_g.L_g + YM_m + i.B_f + i.B_g + i^*.e.B^* + Div \tag{2.2}$$

**TABLEAU 2.14**
Tableau emplois-ressources recensant l'utilisation de l'épargne des ménages.

| Emplois (ou Variation d'actif) | Ressources (ou Variation de passif) |
|---|---|
| $T_m$ | $Y_m$ |
| $\Delta M_m$ | $Sub$ |
| $\Delta(e.\$)_m$ | |
| $\Delta(B)_f + \Delta(B)_g + \Delta(B)^*$ | |
| $Ac_e$ | |
| $Ass$ | |
| Solde = 0 | |

**TABLEAU 2.15**
Liste des variables.

| | |
|---|---|
| $T_m$ | Impôts versés par les ménages |
| $C_m$ | Consommation des ménages |
| $S_m$ | Épargne des ménages |
| $w_f$ | Salaires versés par les firmes |
| $L_f$ | Emploi du secteur privé |
| $Div$ | Emploi du secteur public |
| $w_g$ | Salaires versés dans l'administration |
| $i$ | Taux d'intérêt domestique |
| $Div$ | Dividendes versés par les firmes |
| $Sub$ | Transfert vers les ménages |
| $YM_m$ | Revenus mixtes des entrepreneurs individuels |
| $e$ | Taux de change |
| $B_f$ | Titres à revenus fixes émis par les entreprises |
| $D_m$ | Dette bancaire des ménages |
| $B_g$ | Titres à revenus fixes émis par l'administration |
| $I_m$ | Investissement brut des ménages |
| $B^*$ | Titres à revenus fixes émis par l'étranger |
| $M_m$ | Encaisse monétaires |
| $\Delta$ | Signifie variation |
| $Ac_f$ | Actions |
| $Ass$ | Créances contingentes |
| $\$$ | Monnaie étrangère |

**Quelques précisions :** le taux de change correspond à la quantité de monnaie domestique échangée contre une unité de monnaie étrangère. Pour la zone euro, l'unité du taux de change est donc : € /$. Les encaisses monétaires caractérisent la monnaie et les dépôts à vue (un compte courant par exemple, mais nous ne rentrerons pas dans les détails sur ce point).

## 2.4 CONSOMMATION : ANALYSE MICROÉCONOMIQUE*

Cette section s'intéresse à la description microéconomique du comportement de consommation. La prochaine section étant consacré à l'analyse macroéconomique du comportement de consommation des ménages, ces développements permettent de bien illustrer les différences de points de vue entre microéconomie et macroéconomie. En outre, le concept d'utilité est introduit dans cette section et il s'agit d'un outil très utilisé aussi bien en microéconomie qu'en macroéconomie. Enfin, la résolution du programme du consommateur est un exemple de modélisation simple mais très illustratif des mécanismes de choix dans un cadre de rareté des ressources.

Le champ de l'analyse microéconomique de la consommation se restreint à un seul individu dont on cherche à modéliser les préférences. Pour cela, le concept d'utilité va permettre de formaliser les préférences des individus. Cette démarche préalable permet de mieux analyser les choix de consommation d'un individu, ou plus généralement, celui d'une entité économique (un ménage par exemple).

### 2.4.1 *Le concept d'utilité*

Considérons un individu et deux biens : les disques compacts et les DVD notés respectivement $CD$ et $DVD$. Bien évidemment, les résultats donnés par la suite s'étendent au cas de plus de deux biens. En outre, le concept d'utilité peut s'appliquer à un niveau plus large qu'un seul individu. Il est ainsi possible de définir l'utilité ou le bien-être d'un ensemble d'individus. Le concept d'utilité peut donc avoir aussi un usage dans le champ de la macroéconomie.

Nous pouvons représenter dans un graphique à deux dimensions les combinaisons possibles de CD et de DVD (figure 2.5). Comment définir les préférences d'un individu entre ces combinaisons ? Il paraît assez intuitif que si l'individu dispose à la fois de plus de CD et de DVD, il n'en sera pas moins satisfait, sinon plus satisfait. Par exemple, dans le graphique 2.5, le point $A$ est au moins préférable au point $B$, lui-même au moins préférable au point $C$.

Mathématiquement, une première façon de modéliser les préférences de l'individu consiste à introduire une relation binaire complète et transitive (relation de préordre) du type :

$$(N_A, V_A) \succeq (N_B, V_B) \tag{2.3}$$

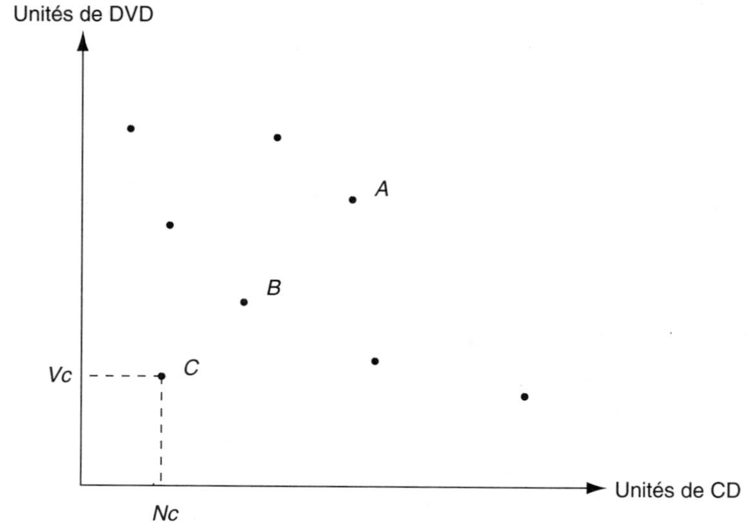


**FIGURE 2.5**
Un ensemble de consommation possible.

La relation 2.3 signifie : *le couple* $(N_A, V_A)$ *est au moins préférable au couple* $(N_B, V_B)$.

La relation binaire définie doit être, d'une part complète afin de pouvoir comparer tous les points de consommation possibles, et d'autre part transitive afin de pouvoir ordonner de manière cohérente les points de consommation :

$$\{(N_A, V_A) \succeq (N_B, V_B)\, et\, (N_B, V_B) \succeq (N_C, V_C)\} \Rightarrow (N_A, V_A) \succeq (N_C, V_C) \qquad (2.4)$$

Manipuler une relation de préordre exige de développer un formalisme mathématique peu pratique. C'est pourquoi, les économistes introduisent des fonctions d'utilité mesurant le degré de satisfaction des individus. Le concept d'utilité est totalement subjectif. Il permet de comparer si tel point de consommation est préférable à tel autre.

Il est possible de relier la définition de la fonction d'utilité à la relation de préordre initialement introduite. La fonction d'utilité [5] $U$ est une fonction qui va de l'ensemble des points de consommation dans $\mathbb{R}$. Lorsque le point de consommation $A$ est préférable au point de consommation $B$, la fonction d'utilité prend une valeur en $A$ au moins supérieure à la valeur prise en $B$ :

$$\{(N_A, V_A) \succeq (N_B, V_B)\} \Leftrightarrow U\,(N_A, V_A) \geq U\,(N_B, V_B) \qquad (2.5)$$

5. Remarquons que si on se donne une fonction d'utilité qui satisfait la relation 2.5, cette fonction n'est pas unique puisque sa composée par une fonction croissante satisfait toujours la relation 2.5.

Supposons désormais que nous avons défini et choisi une fonction d'utilité pour notre individu. Nous pouvons par conséquent comparer l'ensemble des points du graphique 2.5. Mais nous pouvons aussi définir l'ensemble des points de consommation qui correspondent au même degré de satisfaction pour l'individu. Reprenons la figure 2.5 : nous pouvons tracer les **courbes d'isoutilité**, ou **courbes d'indifférence**. Ces courbes relient les points de consommation de même utilité. En d'autres termes, la fonction d'utilité est constante le long de ces courbes (figure 2.6).

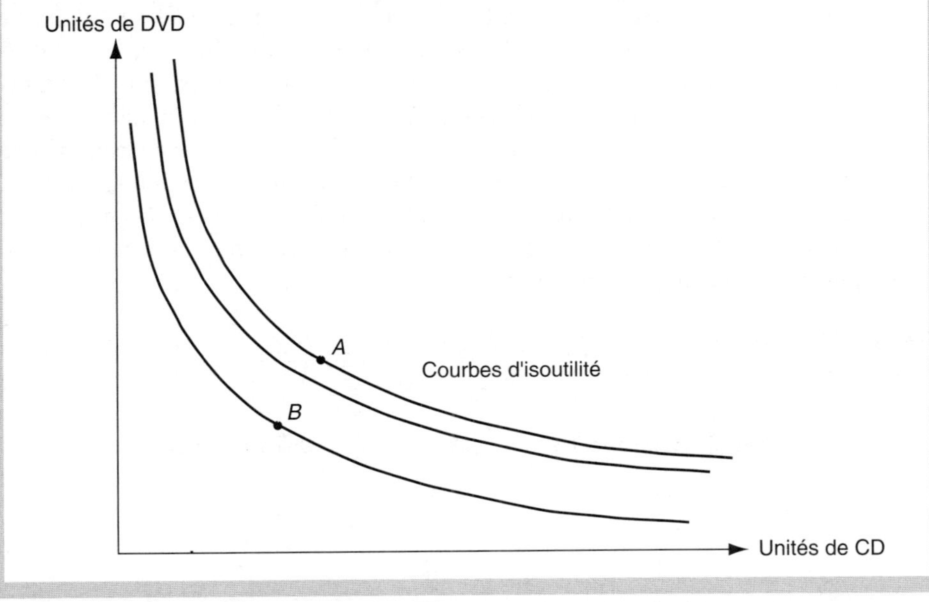


**FIGURE 2.6**
Les courbes d'indifférence.

Dans la figure 2.6, la forme des courbes d'isoutilité est assez générale. Ces courbes sont décroissantes et ne se coupent pas (raisonner par l'absurde). La courbe d'indifférence passant par $A$ définit une utilité supérieure à celle passant par le point $B$. Plus la courbe d'isoutilité est loin de l'origine, plus l'utilité sous-jacente est élevée.

## 2.4.2 *L'utilité marginale*

Nous allons maintenant montrer pourquoi il est souhaitable que les courbes d'indifférence soient convexes, en introduisant d'abord le concept d'utilité marginale. Nous allons voir que la convexité des courbes d'indifférence est reliée à une utilité marginale décroissante.

Considérons l'utilité procurée par l'écoute de CD. Il y a un grand nombre de CD que nous pouvons choisir. Supposons pour simplifier qu'ils sont à peu près tous de même qualité. Supposons maintenant que nous écoutons un CD par semaine. Nous pourrions aussi en écouter deux, trois voire plus par semaine. À chaque CD écouté en plus, notre satisfaction augmente. Mais dans quelle proportion augmente-t-elle ? L'utilité additionnelle est usuellement appelée « **utilité marginale** » [6].

Le tableau 2.16 permet de mieux comprendre le concept d'utilité marginale. Prenons l'exemple d'un gâteau au chocolat qui ravira les gourmand(e)s. L'utilité marginale est l'incrément d'utilité engendré par la dégustation d'une part de gâteau supplémentaire. Elle correspond donc à la différence entre deux lignes successives de la deuxième colonne du tableau 2.16. Dans le cas présent, l'utilité croît jusqu'à trois parts de gâteau dégustées (ce chiffre n'est pas une norme, mais un exemple !). Manger ensuite une part de plus n'augmente pas la satisfaction de l'individu. En manger encore deux de plus réduit même son bien-être. Il est en effet raisonnable de penser qu'au départ plus on mange du gâteau au chocolat, plus nous sommes satisfaits, mais nous subissons ensuite un effet croissant de saturation, voire d'aversion. Cette propriété correspond à une utilité marginale décroissante. Autrement dit, plus nous mangeons du gâteau, plus l'utilité incrémentale diminue.

**TABLEAU 2.16**
Utilité marginale et utilité totale.

| Parts de gâteau dégustées | Utilité totale | Utilité marginale |
|---|---|---|
| 0 | 0 | |
| 1 | 10 | 10 |
| 2 | 17 | 7 |
| 3 | 20 | 3 |
| 4 | 20 | 0 |
| 5 | 19 | –1 |

## 2.4.3 *Le taux marginal de substitution*

Mathématiquement, l'utilité marginale correspond dans le cas continu à la dérivée de la fonction d'utilité par rapport à un de ses arguments. Supposer l'utilité marginale décroissante, et par conséquent les dérivées de la fonction d'utilité décroissantes, correspond au cas d'une fonction d'utilité concave, ce qui entraîne *in fine* la convexité des courbes d'isoutilité. Cette propriété est assez générale (nous verrons

6. Comprendre ce que représente le concept de marginalité est essentiel en économie puisque nombre de raisonnements sont faits \textquotedblleft à la marge «, i.e. que nous comparons des bénéfices additionnels à des coûts additionnels.

deux cas particuliers plus loin). La figure 2.7 représente une courbe d'indifférence. Passer du point $D$ au point $E$ signifie que le bien-être de l'individu n'est pas modifié s'il renonce à visionner $-dy$ ($dy$ est négatif) DVD tout en écoutant $dx$ CD en plus. En raisonnant à la marge, nous définissons ainsi le taux marginal de substitution $TMS_{y/x}$ entre deux biens $x$ et $y$, qui est la quantité de bien $x$ qui compense la perte d'une unité de $y$ :

$$TMS_{y/x} = -\left.\frac{dx}{dy}\right|_{U(x,y)=\overline{U}} = \left.\frac{\frac{\partial U}{\partial y}}{\frac{\partial U}{\partial x}}\right|_{U(x,y)=\overline{U}} \quad (2.6)$$

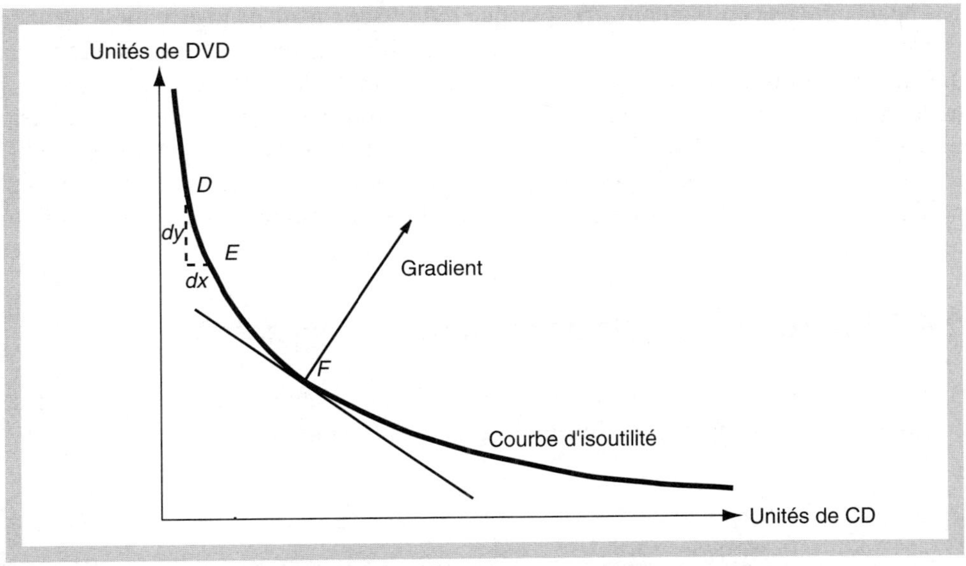


**FIGURE 2.7**
Le taux marginal de substitution.

Le taux marginal de substitution est **positif**. Pour obtenir la dernière égalité de l'équation 2.6, il suffit de différencier la fonction d'utilité au voisinage de la constante $\overline{U}$ :

$$\left\{\left.\frac{\partial U}{\partial x}\right|_{U(x,y)=\overline{U}} dx + \left.\frac{\partial U}{\partial y}\right|_{U(x,y)=\overline{U}} dy = 0\right\} \Rightarrow \left\{-\left.\frac{dx}{dy}\right|_{U(x,y)=\overline{U}} = \left.\frac{\frac{\partial U}{\partial y}}{\frac{\partial U}{\partial x}}\right|_{U(x,y)=\overline{U}}\right\} \quad (2.7)$$

Remarquons que cette définition est intrinsèque, i.e. qu'elle ne dépend pas de la fonction d'utilité choisie : le taux marginal de substitution reste identique après une transformation croissante de la fonction d'utilité (exercice). Sur la figure 2.7, le taux marginal de substitution $TMS_{y/x}$ au point $F$ correspond à l'inverse de la valeur absolue de la pente de la tangente à la courbe d'indifférence dans le plan

$(x, y) = (CD, DVD)$, ou encore à la valeur absolue de la pente du gradient de la courbe d'indifférence au point $F$. En effet, le gradient de la courbe d'isoutilité dans le plan $(x, y)$ est égal aux vecteurs :

$$\begin{pmatrix} \left.\dfrac{\partial U}{\partial x}\right|_{U(x,y)=\overline{U}} \\ \left.\dfrac{\partial U}{\partial y}\right|_{U(x,y)=\overline{U}} \end{pmatrix} \text{ colinéaire à } \begin{pmatrix} 1 \\ TMS_{y/x} \end{pmatrix}$$

Terminons cette section avec deux cas particuliers : les biens complémentaires et les **biens parfaitement substituables**. Les boulons et les vis sont au contraire un exemple de **biens complémentaires** puisque l'utilité de l'un dépend essentiellement de la présence de l'autre. Dans ce cadre, les courbes d'indifférence sont en équerre : si la quantité de vis qu'un ménage détient est fixé, s'il a autant de boulons, en posséder plus ne lui apporte rien, et vice et versa. Ces biens sont dits complémentaires car l'utilisation de l'un dépend de celle de l'autre. En revanche, si le ménage est totalement indifférent entre boire du jus de pomme ou du jus d'orange, ces deux biens deviennent parfaitement substituables pour le ménage. Les deux cas sont représentés dans les figures 2.8 et 2.9.

## 2.4.4 *Un exemple simple de choix de consommation*

La définition d'une fonction d'utilite permet d'étudier le comportement de consommation d'un ménage. L'exemple simple que nous allons développer vise à

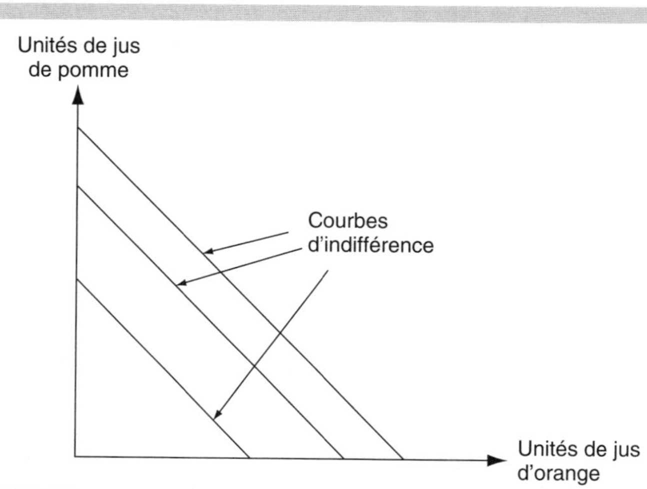


**FIGURE 2.8**
Substituabilité parfaite entre deux biens.

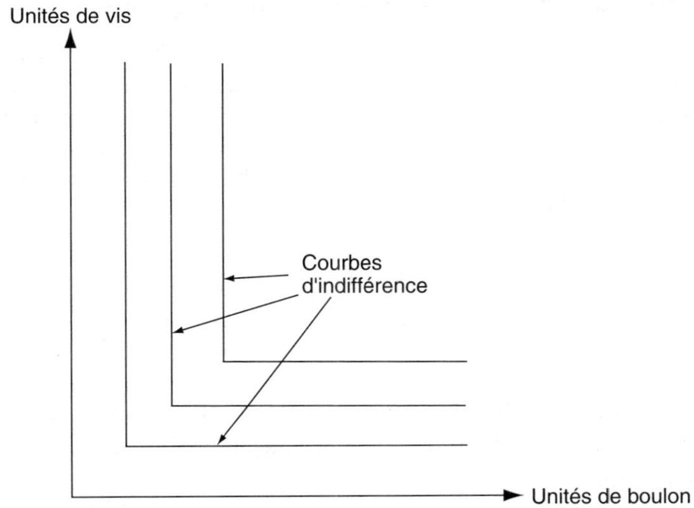


**FIGURE 2.9**
Complémentarité parfaite entre deux biens.

introduire d'une part un raisonnement de base en microéconomie, et d'autre part, de manière annexe, le lagrangien, outil mathématique utile en économie. En revanche, cette section n'a pas pour objectif de démontrer comment un tel outil est construit : l'essentiel ici est de comprendre son utilisation, en sachant que nous supposons toujours vérifiées les conditions « normales » d'utilisation du lagrangien.

## A. Le programme du consommateur

Lors de leurs choix de consommation, les ménages tentent d'obtenir le plus de satisfaction de leur consommation, tout en étant contraints par le total de leurs revenus. Considérons deux biens de consommation : la nourriture et les vêtements notés respectivement $N$ et $V$. Soient $p_N$ et $p_V$ les prix respectifs de ces biens. Soit enfin $b$ le revenu des ménages (nous supposerons que les ménages vivent une période : leur épargne sera donc nulle). La **contrainte budgétaire** d'un ménage signifie que ce dernier ne peut consommer plus que ce dont il dispose, i.e. son revenu :

$$p_N N + p_V V \leq b \tag{2.8}$$

ou encore

$$b - p_N N - p_V V \geq 0 \tag{2.9}$$

**Propriété mathématique de la contrainte budgétaire**

La contrainte budgétaire possède la propriété d'homogénéité d'ordre 0. Si nous multiplions prix et revenu par une constante positive $\alpha$, l'inégalité reste identique puisque nous changeons simplement d'unité de compte, ou simplement de monnaie, sans changer l'ensemble des combinaisons $(N, V)$ satisfaisant la contrainte budgétaire. Cette propriété est usuellement appelé « **absence d'illusion monétaire** », c'est-à-dire qu'un changement d'unité de compte n'a pas d'influence sur le choix du consommateur :

$$\tilde{p}_N N + \tilde{p}_V V \leq \tilde{b} \tag{2.10}$$

avec $\tilde{p}_N = \alpha p_N$, $\tilde{p}_V = \alpha p_V$ et $\tilde{b} = \alpha b$

Nous pouvons représenter l'ensemble des points de consommation possibles dans un graphique à deux dimensions $(N, V)$. Dans la figure 2.10 cette ensemble correspond à la partie hachurée.

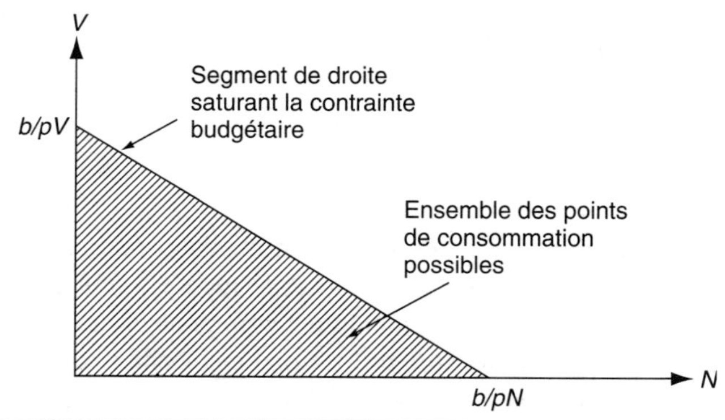


**FIGURE 2.10**
L'ensemble défini par la contrainte budgétaire.

Quel est dès lors l'objectif de notre ménage ? La réponse économique est simple : il veut maximiser son bien-être sous sa contrainte de budget. Soit $u(N, V)$ la fonction d'utilité du ménage, le programme du consommateur s'écrit donc :

$$\max_{\text{s.c. } p_N N + p_V V \leq b} u(N, V) \tag{2.11}$$

## B. La résolution du programme du consommateur

Pour résoudre ce programme, une première manière simple est de remarquer qu'à l'optimum, la contrainte budgétaire est saturée : l'individu n'a pas intérêt à gaspiller du revenu qui lui aurait permis de consommer plus et ainsi d'atteindre un plus grand niveau d'utilité. Ce raisonnement repose cependant sur l'hypothèse qu'il n'arrive pas à satiété, ce que nous supposons ici. Dès lors, la contrainte budgétaire 2.8 se transforme en égalité. Il suffit alors de substituer $N$ à $V$ ou vice-et-versa dans la fonction d'utilité : la fonction à maximiser ne comporte alors plus qu'une variable. La résolution donne alors les équations :

$$\begin{cases} \overbrace{TMS_{V/N} = \dfrac{\dfrac{\partial u}{\partial V}}{\dfrac{\partial u}{\partial N}} = \dfrac{p_V}{p_N}}^{\text{Taux marginal de substitution = Rapport des prix}} = p \\ p_N N + p_V V = b \end{cases} \tag{2.12}$$

La première expression traduit l'égalité entre le taux marginal de substitution de $V$ par rapport à $N$ et le rapport du prix de $V$ à celui de $N$. La résolution de ce système fournit, lorsque la fonction d'utilité est donnée, $N(p, b)$ et $V(p, b)$.

L'interprétation graphique de ce résultat est simple : plaçons-nous dans le plan $(N, V)$ et analysons la figure 2.11. Fixons l'utilité finale du consommateur. Si celle-ci est $U2$, la solution du problème doit être un point de la courbe d'indifférence définissant l'utilité $U2$. Or cette courbe a une intersection vide avec l'ensemble des points de consommation permis par la contrainte budgétaire. Cela signifie que l'utilité $U2$ ne

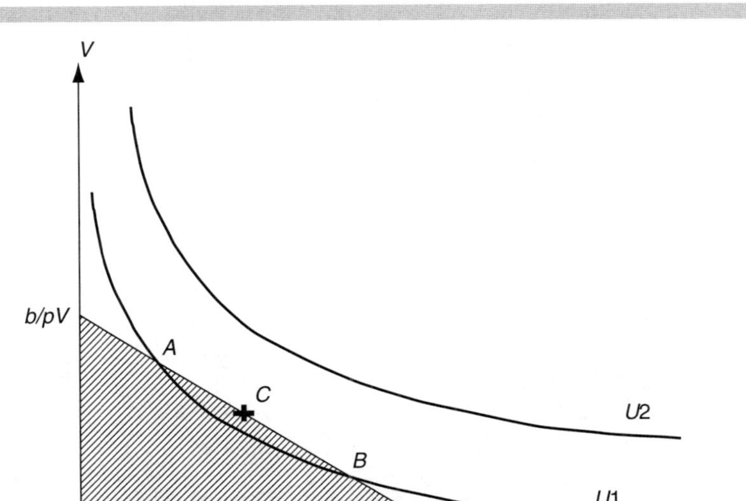


**FIGURE 2.11**
Des solutions non pertinentes.

peut pas être atteint. Prenons donc une utilité plus faible $U1$. Cette fois-ci, l'intersection avec l'ensemble des points de consommation satisfaisant la contrainte budgétaire est non vide (par exemple $A$ ou $B$). Néanmoins, le point $C$ appartient à l'ensemble des points satisfaisant la contrainte budgétaire, et procure une utilité plus grande que $U1$ puisqu'il est situé au nord-est de la courbe d'indifférence $U1$. L'utilité résultant du programme est donc supérieur à $U1$.

En fait, la solution est représentée sur la figure 2.12. La courbe d'indifférence définissant l'utilité finale du consommateur est celle qui est tangente au segment de droite saturant la contrainte budgétaire. Nous ne pouvons alors pas choisir d'utilité supérieure (sinon l'intersection entre la courbe d'isoutilité et l'ensemble des points satisfaisant la contrainte budgétaire est vide). Nous ne pouvons pas non plus choisir une utilité inférieure, puisque le consommateur préférera l'utilité définie par $E$. La première équation du système 2.12 traduit justement la situation d'équilibre décrite : au point $E$, la pente du gradient du segment de droite saturant la contrainte budgétaire est égale à $p$, celle du gradient de la courbe d'indifférence tracée est égale au taux marginal de substitution de $V$ par rapport à $N$. Au final, ces deux pentes sont égales et les gradients sont colinéaires. Autrement dit, la courbe d'indifférence est tangente au segment de droite saturant la contrainte budgétaire.

## C. Des solutions en coin

En conclusion, remarquons que la solution trouvée est assez générale. Nous pourrions avoir une « solution en coin » comme dans la figure 2.13, où la tangence de

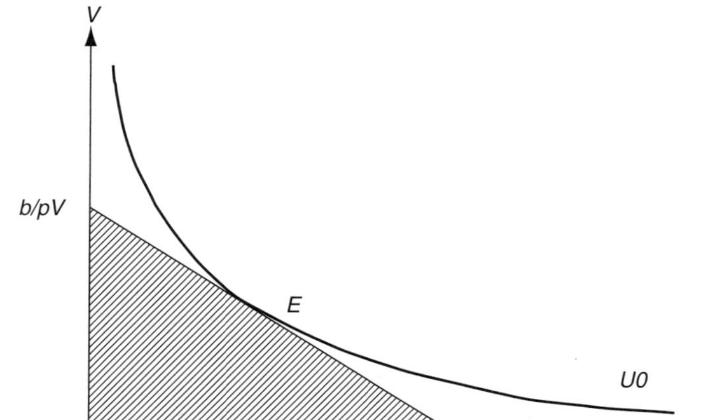


**FIGURE 2.12**
La solution intérieure avec contrainte saturée.

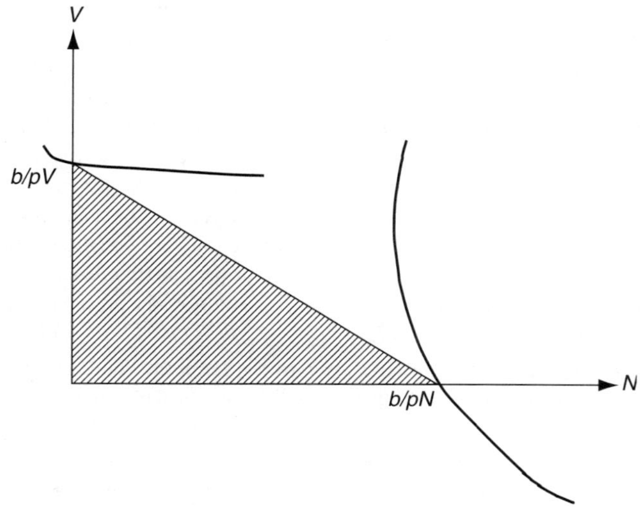


**FIGURE 2.13**
Des solutions en coin.

la courbe d'indifférence solution au segment de droite saturant la contrainte budgétaire n'est pas satisfaite. Avec les fonctions d'utilité usuelles et dans le cas de contraintes convexes, nous restons le plus souvent dans le cas général.

### Une méthode alternative : le lagrangien

Nous allons utiliser une autre méthode pour résoudre ce programme. Elle aboutit bien évidemment aux mêmes résultats, mais elle permet de généraliser le problème d'optimisation dans le cas de plusieurs contraintes. L'application de la méthode précédente de substitution n'est alors plus forcément évidente. Introduisons une nouvelle fonction : le lagrangien. Ce dernier s'utilise lors de l'optimisation d'une fonction sous contrainte. Le lagrangien est une fonction des variables à déterminer (ici $n$ et $V$) dites « variables de contrôle » et de $n$ variables, dits multiplicateurs lagrangiens, correspondant au nombre $n$ de contraintes (ici $n = 1$). Le lagrangien $\mathcal{L}$ se construit en sommant la fonction à optimiser et le produit du multiplicateur par le membre de gauche de la contrainte écrit sous la forme 2.9.

$$\mathcal{L}(N, V, \lambda) = u(N, V) + \lambda(b - p_N N - p_V V) \qquad (2.13)$$

Notons que $\lambda$ étant réel, nous pourrions écrire le lagrangien sous la forme :

$$\mathcal{L}(N, V, \lambda) = u(N, V) - \lambda(b - p_N N - p_V V) \qquad (2.14)$$

La résolution n'en est pas affectée : une intuition de ce résultat vient du fait que la contrainte budgétaire sera *in fine* saturée. Remplacer $\lambda$ par $-\lambda$ revient à inverser l'inégalité de la contrainte. Celle-ci étant finalement une égalité, peu importe si on égalise à 0 le membre de gauche ou le membre de droite, tous deux de signes opposés.

Remarquons aussi que nous aurions pu ajouter d'autres contraintes à notre problème d'optimisation. Par exemple imposer que $N$ et $V$ soient de signes positifs. Ces contraintes sont en fait inutiles car la solution que nous allons trouvé satisfait ces deux contraintes. Si nous les avions mises dans le lagrangien, le multiplicateur associé serait nul. Pour s'en apercevoir, il aurait fallu inclure ces contraintes dans le lagrangien et considérer l'ensemble des cas possibles suivant la nullité de certains multiplicateurs. Dans le cas de la contrainte budgétaire, cette contrainte est naturellement saturée : raisonnons par l'absurde. Supposons qu'elle ne le soit pas en un point solution. Dans ce cas, on peut augmenter marginalement les arguments du point solution de la fonction d'utilité en restant dans l'ensemble défini par la contrainte budgétaire. Le nouveau point serait alors solution avec une utilité supérieure au point solution initial. Le premier point ne peut donc pas être solution du problème. Ce qui est absurde.

La résolution du programme consiste alors à trouver les optima du lagrangien. Il suffit dans le cas où la fonction u satisfait les conditions d'Inada (voir infra) [17], et les contraintes définissant des ensembles convexes (toujours le cas pour une contrainte linéaire), d'égaliser les dérivés du lagrangien à 0. Les conditions d'optimalité du premier ordre dans le cas des conditions d'Inada sont alors des Conditions Nécessaires et Suffisantes pour la détermination d'un optimum :

$$\frac{\partial \mathcal{L}}{\partial N} = \frac{\partial \mathcal{L}}{\partial V} = \frac{\partial \mathcal{L}}{\partial \lambda} = 0 \qquad (2.15)$$

Dans le cas présent, cela donne :

$$\left\{ \begin{array}{l} \dfrac{\partial u}{\partial N} = \lambda p_N \\ \dfrac{\partial u}{\partial V} = \lambda p_V \\ p_N N + p_V V = b \end{array} \right. \qquad (2.16)$$

Remarquons que la contrainte budgétaire est saturée. Une fois les conditions du premier ordre déterminées, la méthode consiste à éliminer les multiplicateurs lagrangiens, ici $\lambda$. Nous obtenons ainsi les deux équations à deux inconnues $N$ et $V$ du système (2.12).

**Conditions d'Inada :**

En théorie microéconomique de la consommation,les conditions d'Inada se traduisent par : u strictement convexe deux fois différentiable, de $\mathbb{R}_+$ dans $\mathbb{R}_+$, avec $\lim_0 u = +\infty$, $\lim_{+\infty} u = 0$, $\lim_0 u = +\infty$, $\lim_{+\infty} u = 0$

## 2.5 CONSOMMATION : ANALYSE MACROÉCONOMIQUE*

L'analyse microéconomique se restreint à l'étude des choix d'une entité économique. L'analyse macroéconomique adopte un point de vue fondamentalement différent en analysant le comportement de consommation de l'ensemble des ménages, en général d'un pays ou d'un ensemble de pays. D'une part, il paraît assez difficile d'agréger des fonctions d'utilité individuelles pour en déduire un comportement de consommation agrégée : il s'agit d'un exercice mathématique très compliqué. D'autre part, l'analyse macroéconomique porte sur quelques biens « agrégés » seulement, en définissant un prix moyen et une quantité globale.

Dans cette section, nous allons donc développer les développements macroéconomiques principaux traitant de la consommation agrégée des ménages. Ces développements ont évolué avec la recherche économique. Nous analyserons une modélisation assez simple du comportement de consommation agrégée en introduisant la fonction de consommation keynésienne. Nous développerons ensuite une modélisation plus complexe développée 30 ans plus tard : la théorie du cycle de vie.

### 2.5.1 *La fonction de consommation keynésienne*

La fonction de consommation indique comment les ménages répartissent leur revenu entre consommation et épargne. Elle est née avec *la Théorie générale* de **John Maynard Keynes** (1883-1946) en 1936. Selon Keynes, le niveau de consommation des ménages est déterminé selon une *loi psychologique fondamentale* :

*The fundamental psychological law, upon which we are entitled to depend with great confidence both a priori from our knowledge of human nature and from the detailed facts of experience, is that men are disposed, as a rule and on the average, to increase their consumption as their income increase, but not as much as the increase in their income.*

Selon cette loi, plus le revenu des ménages augmente, plus ces derniers consomment. Cependant, leur consommation n'augmente pas aussi vite que leur revenu. La fraction du revenu consacrée à la consommation diminue. Plus leur revenu augmente et plus leur taux d'épargne augmente. Dans ce cadre, l'épargne est considérée comme un résidu : la part du revenu disponible non consacrée à la consommation détermine l'épargne. L'action d'épargner n'est donc pas une décision consciente des ménages et la rémunération de l'épargne, par exemple, n'entre pas dans sa détermination.

L'équation de consommation keynésienne peut s'écrire formellement :

$$C = cY + b \tag{2.17}$$

avec $b$ une constante positive. $C$ et $Y$ représentent respectivement la consommation des ménages et leur revenu disponible brut en volume : le revenu disponible brut en volume est égal au revenu disponible des ménages en valeur divisé par l'indice des prix à la consommation. Cette opération permet de raisonner en termes de pouvoir d'achat des ménages (nous y reviendrons en détail ultérieurement dans le chapitre sur les intermédiaires financiers). On peut alors définir :

- la propension marginale à consommer le revenu $\frac{dC}{dY} = c < 1$ ;
- la propension moyenne à consommer le revenu $\frac{C}{Y} = c + \frac{b}{Y}$.

Dans le cadre de la fonction de consommation keynésienne, la propension moyenne à consommer est décroissante et supérieure à la propension marginale à consommer (figure 2.14).

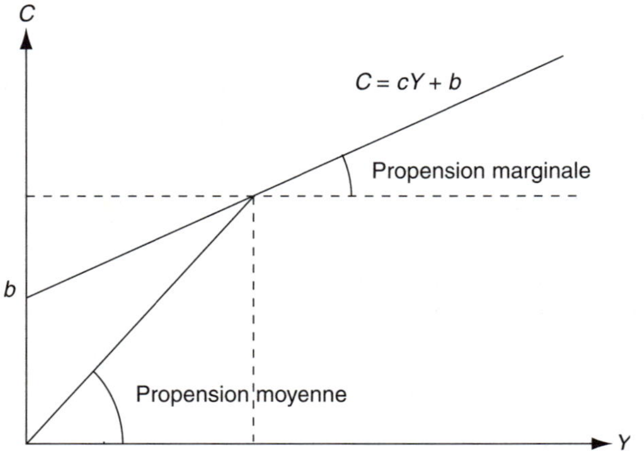


**FIGURE 2.14**
La fonction de consommation keynésienne.

En reprenant le compte de détermination de l'épargne (tableau 2.8), l'épargne $S$ est le complément de la consommation au revenu disponible brut des ménages :

$$S + C = Y \tag{2.18}$$

Le taux d'épargne des ménages est dans ce cadre une fonction croissante du revenu :

$$s = \frac{S}{Y} = 1 - \frac{C}{Y} = 1 - c - \frac{b}{Y} \tag{2.19}$$

L'analyse keynésienne du comportement de consommation des ménages est vérifiée à court terme lorsqu'on regarde la distribution de la consommation et des revenus parmi les ménages. La propension marginale à consommer semble légèrement décroissante avec le revenu pour les ménages les plus aisés.

En revanche, la fonction de consommation keynésienne se prête mal à l'analyse des évolutions de long terme de la consommation agrégée des ménages. Les évolutions du taux d'épargne agrégé ne peuvent souvent pas être expliquées de manière cohérente dans le temps avec une fonction de consommation keynésienne.

Plusieurs exemples récents illustrent ce point. D'abord en France, la forte baisse du taux d'épargne des ménages pendant la seconde moitié des années 1980 ou ses variations pendant les années de forte croissance du revenu de la seconde moitié des années 1990 ne peuvent pas s'expliquer avec une unique fonction de consommation keynésienne. Les États-Unis sont un exemple encore plus flagrant des limites explicatives de la fonction de consommation keynésienne sur certaines périodes puisqu'on observe un décrochage de la consommation par rapport au revenu des ménages durant la seconde moitié des années 1990. Durant cette période, le taux d'épargne des ménages américains est même devenu quasiment nul à la fin de cette période !

La fonction de consommation keynésienne représente ainsi bien les évolutions de cours terme de la consommation, mais elle s'avère moins adaptée pour les évolutions à plus long terme. À ce titre, l'exemple américain est intéressant puisqu'il illustre particulièrement bien un mécanisme que nous n'avons pas encore abordé : **l'effet richesse**. En effet, la forte croissance de la consommation des ménages américains coïncide avec la forte valorisation des actifs financiers (voir la figure 2.16 donnant l'évolution du Dow Jones). Cette période illustre ainsi le fait que la richesse potentielle des ménages peut modifier leur comportement de consommation.

Au niveau microéconomique, si le patrimoine [7] d'un individu (immobilier, actions...) augmente, il peut se sentir plus riche et consommer davantage. En outre, les liens entre consommation et richesse peuvent être assez directs : dans certains pays tels que les États-Unis par exemple, des facilités de crédits sont accordées suivant le patrimoine immobilier. Une forte hausse des prix immobiliers accroît la valeur des biens immobiliers et permet ainsi aux ménages de souscrire de nouveaux prêts à des conditions plus intéressantes. Ce raisonnement microéconomique peut-il être transposé au niveau macroéconomique ? Nous y répondons dans la section suivante.

## 2.5.2 *La théorie du cycle de vie*

L'introduction de la richesse dans la fonction de consommation trouve son origine dans la **théorie du cycle de vie** due à F. Modigliani (1954 pour l'article fondateur avec Brumberg [9] et 1963 avec Ando pour les estimations empiriques [3]). Un des apports fondamentaux de cette théorie est que le choix de consommation des individus s'effectue dans une perspective intertemporelle, c'est-à-dire en tenant compte non seulement du présent mais aussi du futur. Nous allons illustrer la théorie du cycle de vie à partir d'un cadre simple.

Supposons qu'un individu vive trois périodes :

- une période de jeunesse notée $J$ ;
- une période d'âge moyen notée $M$ ;
- une période d'âge avancé notée $A$.

7. Comme nous allons le voir par la suite, la richesse peut aussi être immatérielle : les potentialités économiques d'un individu, ou plus généralement son \textquotedblleft capital humain « peut être considéré comme une richesse : plus un individu est qualifié, plus il aura la possibilité d'exercer des métiers mieux rémunérés par exemple.

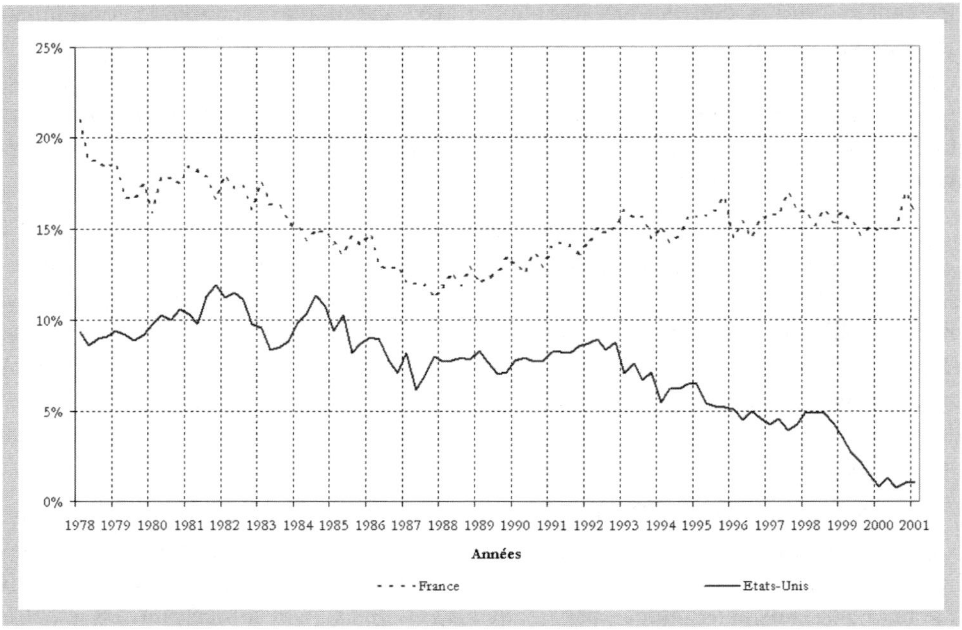


*Sources : INSEE et BEA.*

**FIGURE 2.15**
Le taux d'épargne en France et aux États-Unis de 1978 à 2001.

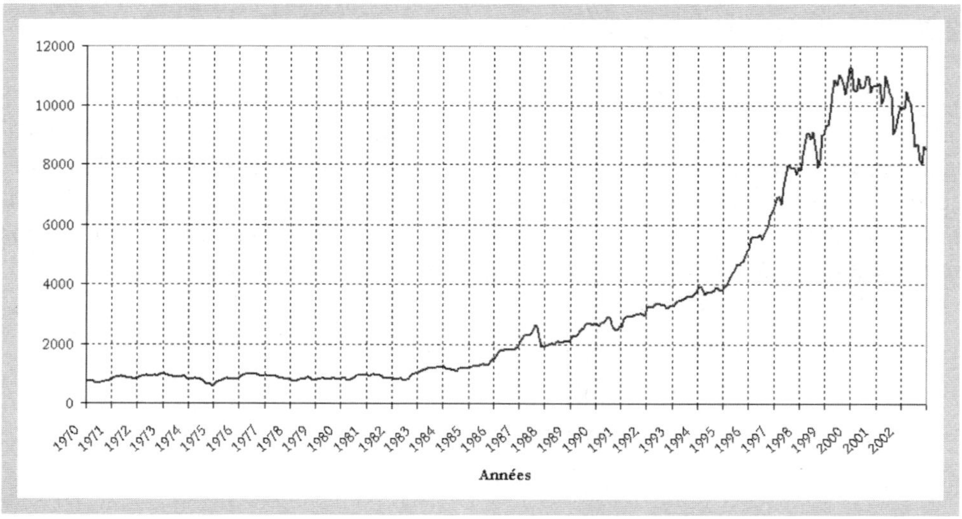


*Source : BEA.*

**FIGURE 2.16**
Le Dow Jones de 1970 à 2002.

Supposons que chaque individu travaille lorsqu'il est jeune ou d'un âge moyen, et qu'il prend sa retraite lorsqu'il est d'un âge avancé. Au début de sa vie, chaque individu ne possède pas de dotation initiale. Cela revient à considérer qu'il ne reçoit pas d'héritage et qu'à la fin de sa vie, chaque individu aura consommé tout ce qu'il a de disponible. Cette hypothèse forte, mais simplificatrice, n'enlève rien à la généralité du résultat que nous allons développer. De même, nous supposerons que le taux d'intérêt auquel les agents peuvent emprunter ou placer leur argent est nul.

Considérons la distribution des revenus d'un individu pendant toute sa vie. Supposons qu'il gagne 5 € lorsqu'il est jeune, 25 € lorsqu'il est d'un âge moyen, puis plus rien pour le reste de sa vie. Dans ce cas, la richesse accumulé par un individu durant toute sa vie est de 30 €. Comment va-t-il consommer cette richesse pendant les trois périodes de son existence ? S'il dépense tout à l'âge jeune ou moyen, il ne pourra pas vivre pendant sa période d'âge avancé. S'il épargne trop pendant sa vie active, il vivra misérablement pendant la plupart de son existence. La vérité se situe donc entre ces deux cas extrêmes. Ando et Modigliani montrent que la consommation est assez stable dans le temps. Un traitement formel de cette hypothèse dépasse le cadre de notre cours, mais le principe de base est le suivant : si les individus consomment leur revenu courant à chaque période, le gain à consommer plus pendant les périodes de forts revenus est inférieur à la perte de bien-être due à une faible consommation en période de faibles revenus. L'individu va donc épargner ou emprunter de manière à lisser sa consommation, i.e. de manière à la rendre constante dans le temps.

Le tableau 2.17 illustre quelle sera la gestion de l'utilisation des revenus d'un individus. Sachant qu'il gagnera en tout 30 € dans sa vie, il va décider de consommer 10 € pendant chaque période (consommation constante et hypothèse simplificatrice que les durées de chaque périodes sont égales). Il va donc emprunter 5 € lorsqu'il est jeune (5 – 10 = –5 € d'épargne). La richesse dont il disposera en fin d'âge jeune sera donc de -5 € puisqu'il n'a pas de dotation initiale. Pendant son âge moyen, il pourra épargner 25 – 10 = 15 €. Ayant une dette de 5 €, sa richesse à la fin de cette période sera donc de 10 €. À la dernière période de vie, n'ayant pas de revenu, il va consommer toute la richesse qu'il aura accumulée. Il ne lui restera donc rien à sa mort.

**TABLEAU 2.17**
L'utilisation de son revenu pour un individu.

| | Revenu disponible | Consommation | Épargne | Richesse |
|---|---|---|---|---|
| **Jeune** | 5 € | 10 € | –5 € | –5 € |
| **Âge moyen** | 25 € | 10 € | 15 € | 10 € |
| **Âge avancé** | 0 € | 10 € | –10 € | 0 € |

La figure 2.17 illustre le tableau 2.17 dans le cas continu et dans la situation où les individus perçoivent un revenu non nul pendant leur période avancée (il peut par exemple s'agir d'une indemnisation de retraite). Les aires hachurées correspondent à l'épargne : lorsque le revenu est supérieur à la consommation, l'individu épargne, alors que dans le cas contraire, il désépargne. Au point *a*, la désépargne de l'âge jeune est compensée par une partie de l'épargne de l'âge moyen. À cette date, la richesse de l'individu devient nulle. Cette dernière croît pendant le reste de l'âge moyen. Elle atteint son maximum au point *b* lorsque l'individu entre dans l'âge avancé. Enfin, elle décroît jusqu'à devenir nulle à la fin de la vie de l'individu.

Le cadre adopté ici est simple. On peut, par exemple, objecter que les individus ont une richesse non nulle à la fin de leur vie. L'incertitude sur leur durée de vie ou un désir altruiste d'aider les générations suivantes peuvent être modélisés. Dans ce cadre, les individus constituent un héritage croissant avec le degré d'incertitude sur la durée de vie ou le degré d'altruisme des individus. De même, le profil des individus et celui de la consommation sont extrêmement lisses. Dans la réalité, les phases de chômage par exemple, peuvent rendre les revenus moins réguliers. Des événements non anticipés peuvent donc modifier le profil de consommation (nous y revenons dans la sous-section suivante).

Néanmoins, ce cadre simple permet d'expliquer, en première approximation, le comportement des ménages sur longue période, et notamment les situations économiques non expliquées par la fonction de consommation keynésienne et exposées plus haut.

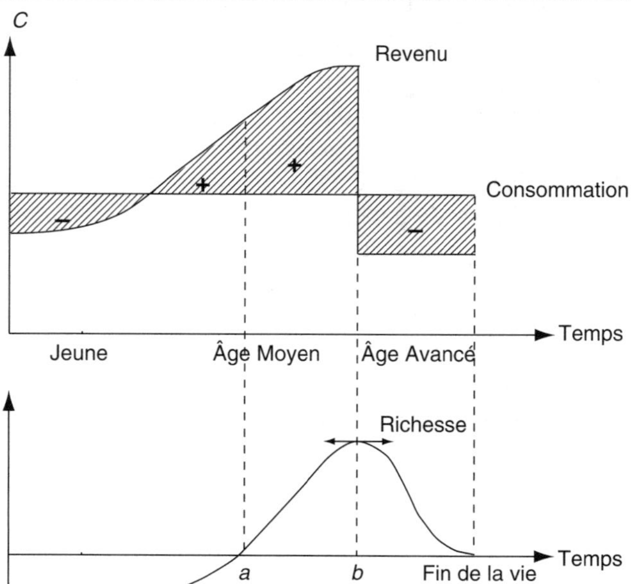


**FIGURE 2.17**
Épargne et richesse dans un cadre continu.

En effet, l'agrégation des comportements des consommateurs, à différents moments de leur cycle de vie, conduit en première approximation à une fonction de consommation dépendant à long terme du revenu (approximation du capital humain à long terme), de la richesse et d'un indicateur de la structure démographique [28]. En effet, si la proportion d'individus en âge d'épargner dans la population totale augmente, le taux d'épargne agrégé de la population augmente. L'allongement de l'espérance de vie peut également inciter les individus à épargner de manière plus intensive pendant leur période d'activité, et plus longtemps.

Aux États-Unis, de nombreuses études ont montré la pertinence d'une modélisation de la consommation agrégée incluant le patrimoine des ménages. En France, l'effet richesse est plus difficile à détecter empiriquement, sans doute parce qu'il est moins prononcé. Plusieurs facteurs explicatifs peuvent être avancés.

D'une part, les ménages américains détiennent une part plus importante de valeurs mobilières : leur richesse est par conséquent plus liquide, et plus facilement « transformable » en consommation courante. À titre de comparaison, fin 2001, la richesse immobilière des ménages était égale à 3,5 et 1,8 fois leur revenu, respectivement en France et aux États-Unis, alors que leur richesse financière représentait 2,5 fois et 4,7 fois leur revenu. Ces différences doivent cependant être atténuées par l'extrême concentration de la répartition des actions parmi les ménages aussi bien en France qu'aux États-Unis. En 2001, dans chacun de ces pays, 1 % des plus riches actionnaires détenaient plus de 50 % de la richesse en actions.

D'autre part, aux États-Unis, les ménages peuvent s'endetter plus facilement. La richesse immobilière peut en effet facilement servir de garantie pour l'obtention de crédits à la consommation (selon un type de prêt appelé *equity withdrawal*, également courant au Royaume-Uni). En France, la procédure d'emprunt hypothécaire, plus coûteuse, est seulement utilisée dans le cadre de crédits immobiliers. En outre, l'endettement à court terme, par carte de crédit, est beaucoup plus développé aux États-Unis qu'en France. Ces différences peuvent aussi expliquer un lien plus important entre richesse et consommation aux États-Unis.

Des estimations économétriques récentes ont été effectuées dans le cas de ces deux pays [9]. Aux États-Unis, selon ces estimations, une augmentation permanente de 1 $ de la richesse totale nette [8] des ménages conduit à une augmentation de 4 cents de leur consommation. En France, une augmentation permanente de 1 € de la richesse totale nette des ménages aboutit au mieux à une augmentation de 1 cents environ de leur consommation. La propension marginale à consommer la richesse est donc nettement supérieure aux États-Unis.

On peut ainsi expliquer les évolutions du taux d'épargne (graphique 2.15), et notamment l'effet positif de la bulle spéculative des NTIC [9] sur la consommation des ménages américains de 1995 à la mi-2000. Sur cette période, la richesse des ménages

8. Il s'agit de l'ensemble des actifs des ménages nets de leurs dettes.

9. Nouvelles technologies de l'information et de la communication.

est multipliée par 3,6 et leur revenu disponible brut par 2,7, si bien qu'on peut estimer à 7,2 points la baisse de leur taux d'épargne liée à cette augmentation de richesse. La baisse effective a été de 7,5 points…

De même, en France, les mouvements du taux d'épargne sur la période 1986-2006 peuvent être bien expliqués par les effets richesse. Néanmoins ces effets richesse sont généralement assez faibles comparés aux États-Unis.

### 2.5.3 *Les anticipations et la théorie du cycle de vie*

Les évolutions de la richesse des ménages sont sujettes à des mouvements anticipés et non-anticipés des prix de leurs actifs. Pour étudier le rôle des anticipations dans la théorie du cycle de vie, introduisons une nouvelle fonction de consommation en accord avec la théorie du cycle de vie. La fonction de consommation keynésienne faisait intervenir le revenu de la période courante. Cependant, comme nous l'avons vu dans le cadre de la théorie du cycle de vie, afin de lisser leur consommation tout au long de leur vie, les ménages doivent tenir compte aussi bien du revenu courant que de leurs revenus futurs. La fonction de consommation suivante permet d'introduire non seulement l'ensemble des revenus d'un ménage tout au long de sa vie, mais fait aussi intervenir son patrimoine financier, immobilier, etc…

$$C_t = m_t\,(H_t + W_{t-1}) \tag{2.20}$$

La consommation $C_t$ est définie par trois variables dans l'équation (2.20). $H_t$ représente le ***capital humain*** d'un individu à la date $t$ : il peut être considéré comme la somme de son revenu courant et de tous ses revenus futurs anticipés [10]. $W_t$ est la richesse totale de l'individu à la fin de la période $t$. $H_t + W_{t-1}$ est donc la ressource totale dont l'individu dispose à la date $t$ pour le restant de sa vie. De manière analogue à la fonction de consommation keynésienne, $m_t$ définit la propension moyenne de l'individu à consommer sa ressource totale. Il s'agit de la part de la ressource totale que l'individu consacre à sa consommation pendant la période $t$.

Reprenons notre exemple afin de mieux comprendre cette nouvelle fonction de consommation. Le tableau 2.18 devient dans le cadre de cette équation :

**TABLEAU 2.18**
Le lissage de la consommation lorsqu'un individu prend en compte les ressources totales tout au long de sa vie.

| | $H_t$ | $W_{t-1}$ | $H_t + W_{t-1}$ | $C_t$ | $m_t$ |
|---|---|---|---|---|---|
| **Jeune** | 30 € | 0 € | 30 € | 10 € | 1/3 |
| **Âge moyen** | 25 € | –5 € | 20 € | 10 € | 1/2 |
| **Âge avancé** | 0 € | 10 € | 10 € | 10 € | 1 |

10. Plus précisément, il s'agit de de la somme actualisée de l'ensemble des revenus de l'individu. Le taux d'intérêt étant supposé nul, la somme actualisée correspond simplement à la somme des revenus.

Pour comprendre ce tableau, il suffit de raisonner période par période : pendant sa jeunesse, notre individu sait que la somme de ses revenus présents et futurs est égale à 30 €. Ne possédant pas de dotation initiale, sa richesse est nulle au début de sa vie. Ses ressources totales valent donc 30 €. Sachant qu'il doit répartir sa consommation de manière uniforme entre les trois périodes lui restant à vivre, il va donc consommer 10 € pendant sa jeunesse. D'après l'équation 2.20, la propension moyenne à consommer $m_t$ vaut donc 1/3 : l'individu répartit la consommation de sa richesse globale de manière égale sur les 3 périodes à venir.

À partir de son âge moyen, la somme des revenus présents et futurs de l'individu est égale à 25 €. Sa richesse en début de période est négative et égale à –5 €. En effet, en première période, l'individu a consommé 10 € alors que ses revenus étaient égaux à 5. Il a donc dû emprunter 5 € pour financer sa consommation. Les ressources totales en deuxième période sont donc égales à 20 €, sa consommation est de 10 € et $m_t$ vaut 1/2.

Le raisonnement tient pour la dernière période. La propension moyenne à consommer est croissante avec le temps et vaut 1 lors de la dernière période. Cela est assez intuitif : plus le nombre de périodes à vivre de l'individu est élevé, plus il aura à diviser ses ressources totales. À la fin de sa vie, comme il ne lègue rien, il consomme toute sa richesse.

Supposons maintenant que l'individu reçoit 20 € au début de son âge moyen alors qu'il ne l'avait pas anticipé en première période. Si nous reconstituons le tableau 2.18, la première ligne reste inchangée puisque l'agent n'a pas anticipé le gain de la deuxième période. En revanche, en deuxième période, les ressources totales passent à 40 € puisque la richesse est augmentée de 20 €. L'individu va donc consommer 20 € pendant les deux périodes lui restant à vivre. En revanche, les propensions à consommer restent inchangées et l'équation 2.20 tient toujours (voir tableau 2.19).

**TABLEAU 2.19**
Le lissage de la consommation avec un gain anticipé de richesse.

| | $H_t$ | $W_{t-1}$ | $H_t + W_{t-1}$ | $C_t$ | $m_t$ |
|---|---|---|---|---|---|
| **Jeune** | 30 € | 0 € | 30 € | 10 € | 1/3 |
| **Âge moyen** | 25 € | **–5 + 20 = 15** € | **40** € | **20** € | 1/2 |
| **Âge avancé** | 0 € | **20** € | **20** € | **20** € | 1 |

L'exemple simple que nous venons de développer permet de préciser le rôle des anticipations dans les décisions de consommation :

- Un revenu anticipé ou une chronologie de richesse anticipée ne modifie pas le niveau de la consommation des ménages d'une période à une autre puisque ces derniers ont intégré les fluctuations de revenu ou de richesse dans leur décision de consommation dès le début de leur vie.
- Une variation de revenu ou de richesse non anticipée modifie en revanche le niveau de consommation des ménages.

La forte chute du taux d'épargne aux États-Unis dans la seconde moitié des années 1990 (graphique 2.15) peut ainsi être reliée à l'évolution de la richesse financière des ménages américains. Ces derniers n'ont sans doute pas anticipé l'évolution nettement à la hausse des prix des actions (graphique 2.16). La forte valorisation des actifs boursiers a pu alors être interprétée par les ménages américains comme une hausse définitive de leur richesse. D'après le petit modèle précédent, ils ont consommé davantage. Bien évidemment, l'éclatement de la bulle spéculative à partir de 2000 a par exemple joué en sens inverse, même si en France et aux États-Unis elle a été compensée par une forte hausse des prix immobiliers.

### 2.5.4 *D'autres déterminants possibles ?*

Si la fonction de consommation keynésienne permet d'expliquer certaines situations de court terme, la théorie du cycle de vie apparaît comme plus pertinente sur longue période. Notons d'ailleurs que si l'on considère que les ménages n'intègrent pas les fluctuations de leur patrimoine comme définitives à court terme, la théorie du cycle de vie est conforme aux enseignements de la fonction de consommation keynésienne à court terme.

D'autres déterminants peuvent cependant jouer un rôle à court terme quant au comportement de consommation des ménages.

Les anticipations des agents sont essentielles dans le comportement de consommation de court terme (nous l'avons déjà vu à long terme pour les anticipations de richesse). Si les ménages anticipent une conjoncture mauvaise pour l'avenir, ils auront tendance à constituer une épargne de précaution en cas de besoin, ce qui réduit la consommation. Le taux de chômage peut être un des facteurs qui rend compte des incertitudes pesant sur le revenu des ménages : plus il est élevé, plus la chance de se retrouver un jour au chômage est grande et vice et versa.

Les anticipations peuvent aussi porter sur le niveau des prix : les ménages ont besoin d'un certain montant de liquidités. Si les ménages anticipent une forte inflation, ils ont tendance à augmenter leur épargne afin de garder un stock d'argent d'une valeur constante (effet d'encaisses réelles). Cet effet joue de moins en moins en France, notamment avec le maintien d'une faible inflation, mais dans les années 1970 où l'inflation a connu des niveaux élevés, l'effet d'encaisses réelles a sans doute joué un rôle important dans la détermination de la consommation.

Dans la théorie keynésienne, le taux d'intérêt n'a pas d'impact sur les comportements d'épargne des ménages. Il s'agit là d'une hypothèse forte. On peut supposer que le taux d'intérêt et plus généralement les conditions de crédit ou d'endettement, ont un impact non négligeable sur la consommation des ménages à court terme [11].

11. Notons que le taux d'intérêt joue un rôle important sur les déterminants de long terme de la consommation dans le cas du cycle de vie. D'une part, il a un impact sur le rendement des obligations d'État, et par conséquent, sur la dynamique d'accumulation de richesse de la part des ménages. D'autre part, il peut aussi avoir un impact sur les conditions de prêt et d'endettement ce qui a un impact sur les intérêts reçus ou versés et donc sur le revenu disponible brut des ménages.

D'une part, certains biens comme les voitures ou la résidence principale nécessitent la plupart du temps un prêt. Les conditions d'obtention de ce prêt inciteront les ménages à réaliser ou non l'achat. D'autre part, une plus forte rémunération de l'épargne des ménages peut les inciter à épargner davantage, mais aussi à augmenter le revenu de leurs placements, et donc les pousser à plus consommer… Le taux d'intérêt n'est donc pas sans influence sur les comportements de consommation de court terme.

**Mots clés** (entraînez-vous à les définir et à les situer dans le cadre de vos connaissances) **:**

- Consommation
- Épargne
- Offre et demande de travail
- Revenu disponible
- Biens de consommation finale
- Consommation finale effective
- Dépenses de consommation finale
- Intermédiaire
- Durables
- Semi-durables
- Actifs réels
- Financiers et monétaires
- Liquidité d'un actif
- Équilibre ex ante et équilibre ex post
- Théorie du cycle de vie
- Utilité
- Courbes d'indifférence
- Contrainte budgétaire.

## Des questions pour mieux retenir

**1.** Quels sont les revenus des ménages ?

**2.** Qu'est-ce que le RDB ? Pourquoi le définir ?

**3.** Qu'est-ce que l'épargne ? Comment est-elle utilisée ? Pourquoi peut-on parler de consommation différée ?

**4.** Quelle différence y a-t-il entre les dépenses de consommation et la consommation effective ?

**5.** Quelles sont les grandes catégories de ressources ?

**6.** Pourquoi l'utilité marginale est généralement décroissante ?

**7.** Illustrer graphiquement un choix de consommation entre deux biens substituables.

**8.** Comment sont les courbes d'isoutilité de biens parfaitement substituables ? De biens complémentaires ?

**9.** Quels sont les seuls biens considérés comme durables pour les ménages ?

**10.** Quelle est la part de la consommation des ménages dans le PIB ?

**11.** Comment varie le taux d'épargne dans une fonction de consommation keynésienne ?

**12.** La consommation est-elle moins ou plus volatile que le PIB ?

**13.** Selon la théorie du cycle de vie, quelle différence peut-on établir entre un choc anticipé ou un choc non anticipé de revenu par exemple ?

**14.** Quelles sont les propriétés de la contrainte budgétaire des ménages ?

## Résumé du chapitre

Les ménages tirent leurs ressources des revenus du travail et de la rémunération de leur patrimoine principalement. Ils permettent notamment de définir en partie le revenu disponible des ménages qui est la mesure la plus approprié pour mesurer le revenu dont dépendra les choix de consommation des ménages. En particulier, les ménages ne peuvent consommer plus que leur revenu : il s'agit de la contrainte budgétaire qui définit l'ensemble des points de consommation possibles. Par une analyse graphique simple, on peut illustrer à partir de la contrainte budgétaire un choix de consommation entre deux biens (microéconomie). En macroéconomie, les deux théories principales de la consommation sont la fonction de consommation keynésienne et la théorie du cycle de vie. Dans la première théorie, l'épargne est le résidu comptable du revenu une fois la consommation retirée. Dans la seconde théorie, la consommation est dépendante du revenu mais aussi de la richesse accumulée. Dans ce cadre, le rôle des anticipations est primordial pour comprendre les mouvements de la consommation des ménages.

# 3

# LES ENTREPRISES ET LA PRODUCTION DE BIENS ET SERVICES

*Entreprendre consiste à changer un ordre existant.*

JOSEPH ALOÏS SCHUMPETER

**SOMMAIRE**


**3.1** Qu'est-ce qu'une entreprise ?

**3.2** Emplois et ressources des entreprises

**3.3** Les trois approches du PIB

**3.4** Les critères d'efficacité et de rentabilité*

**3.5** L'investissement et la croissance

**3.6** Les choix de l'entreprise*

La catégorie « entreprises » regroupe l'ensemble des agents dont l'activité principale consiste à produire des biens et services marchands quel que soit leur statut juridique. Chaque entreprise est considérée comme indépendante des individus qui la composent : c'est d'ailleurs à ce titre que les institutions juridiques dotent les firmes de la personnalité morale. Il s'agit donc d'une « boîte noire » dont on ignore dans un premier temps le contenu. On ne s'intéresse pas, en particulier, à la manière dont sont prises les décisions [1].

Ce chapitre a pour premier objectif de décrire de manière comptable l'entreprise. Ce cadre d'analyse permet de dégager les critères qui traduisent l'efficacité de l'entreprise. Nous définissons le PIB et ses différentes approches possibles. Comme dans le chapitre précédent, nous introduisons quelques raisonnements de base en économie. Nous décrivons d'abord quelques faits empiriques au niveau macroéconomique sur l'investissement et de la croissance. Nous développons ensuite une analyse microéconomique de ses choix de facteur de production en introduisant le concept de la concurrence pure et parfaite.

## 3.1 QU'EST-CE QU'UNE ENTREPRISE ?

### 3.1.1 *L'entreprise : la maximisation du profit*

Dans notre typologie, l'entreprise constitue l'une des institutions dont se sont dotés les hommes pour produire des biens et des services, et ainsi satisfaire leurs besoins. Définir plus précisément l'entreprise et ses objectifs implique tout de même d'ouvrir un moment cette fameuse boîte noire que nous évoquions plus haut. Nous allons donc nous intéresser à la description interne de l'entreprise comme on pourrait la voir « naturellement » puis comme les économistes la modélisent théoriquement.

Un cadre assez naturel consiste à considérer l'entreprise comme l'ensemble formé par ceux qui apportent des capitaux, par les salariés offrant leur force de travail et par un personnage particulier que faute de mieux nous appelons « l'entrepreneur ». Ce dernier symbolise l'exécutif (figure 3.1).

Quel peut être l'objectif d'une telle entité ? Probablement la maximisation du revenu des trois partenaires, c'est-à-dire le produit de la vente de biens et services dont on soustrait les consommations intermédiaires [2], les impôts et les intérêts versés aux créanciers extérieurs. Le produit de la vente des biens et services correspond au **chiffre d'affaire (CA)**. Le produit de la vente de biens et services moins les consommations intermédiaires s'appelle **valeur ajoutée (VA) brute**. « Valeur ajoutée » car c'est

1. Certains domaines de l'économie ont pour objectif scientifique d'ouvrir cette boîte noire, et en particulier d'en analyser le fonctionnement : pour aller plus loin, lire les premiers chapitres du *Handbook of Industrial Organization, North Holland/Elsevier.*

2. Matières premières, ou produits intermédiaires déjà partiellement transformés, énergie, ou services rendus par des acteurs économiques extérieurs à l'entreprise.

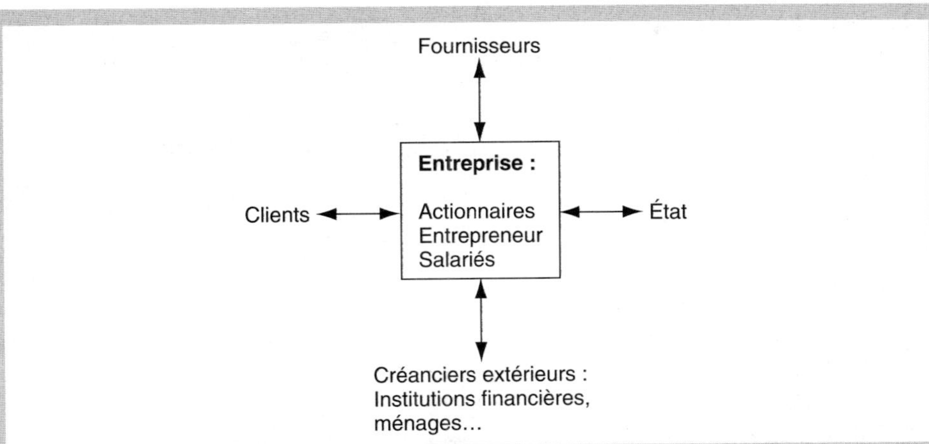


**FIGURE 3.1**
L'entreprise et ses liens avec l'extérieur.

effectivement la valeur apportée lors des opérations de production par chaque entreprise aux biens et services qu'elle se procure auprès de fournisseurs extérieurs ; « brute » car il faudrait logiquement retirer de cet agrégat la valeur des biens d'équipement usés lors du processus de production générateur du revenu de la période (on obtient alors la valeur ajoutée nette). En règle général, lorsqu'on parle de VA, elle est supposée brute. Nous reviendrons par la suite plus précisément sur ce concept de valeur ajoutée comme ressource de l'entreprise.

**Production, chiffre d'affaire (CA) et valeur ajoutée (VA) :**

Bien faire attention à ne pas confondre les trois notions :

✓ Le chiffre d'affaire correspond au produit de la vente des biens ;

✓ La production ne correspond pas forcément au CA car l'entreprise peut faire varier ses stocks (la production et les stocks sont exprimées en unité monétaire) :

$$\text{CA}=\text{Production } \Delta(\text{Stocks}) \text{ ;}$$

✓ La valeur ajoutée brute est alors définie par :

$$\text{VA}=\text{CA}-\text{Consommations intermédiaires.}$$

Cette valeur ajoutée sera alors partagée entre les trois partenaires au prorata de leur contribution à l'effort productif. Comment mesurer cette contribution ? L'opération n'est guère aisée. Surtout, quel sera le statut de « l'entrepreneur » ? Est-il l'un des propriétaires de l'entreprise auquel les autres ont délégué leur pouvoir de décision ? Ou est-il simplement un salarié ? Est-il unique ou s'agit-il d'une équipe ? Répondre à ces questions implique d'observer nos sociétés.

**TABLEAU 3.1**
Le chiffre d'affaire et les effectifs des principaux groupes français en 2000.

| Groupe français | CA (Hors TVA) (en milliards d'euros) | Effectifs (en milliers) |
|---|---|---|
| TotalFinaElf | 114,6 | 123 |
| Carrefour | 64,8 | 330 |
| Vivendi | 52,5 | 290 |
| PSA Peugeot Citroën | 44,2 | 166 |
| Renault | 40,2 | 166 |
| Suez | 34,6 | 173 |
| EDF | 34,4 | 135 |
| France Télécom | 33,7 | 189 |
| Alcatel | 31,4 | 132 |
| Saint-Gobin | 28,8 | 168 |
| Pinault-Printemps-Redoute | 24,8 | 111 |
| Alstom | 24,6 | 143 |
| EADS | 24,2 | 35 |
| Auchan | 23,5 | 145 |
| Leclerc | 23,2 | 72 |

*Source : Insee*

Si l'on se borne à étudier les sociétés capitalistes développées, l'entreprise naît de la convergence de trois préoccupations :

- le désir de certains individus, ou ménages de différer l'utilisation du revenu présent et donc d'investir leur épargne pour disposer de revenus supérieurs lors des périodes suivantes ;
- un projet industriel ou commercial porté par un ou plusieurs individus « entrepreneurs » ;
- la nécessité pour des ménages d'obtenir un revenu en vendant leur force de travail.

Cependant le droit des sociétés et les règles comptables traduisent cette réalité de deux manières :

- seuls les propriétaires de l'entreprise ou les dirigeants qui les représentent peuvent prendre des décisions au nom de l'entreprise. Les salariés sont donc considérés comme « extérieurs » aux instances de prises de décisions.
- la comptabilité d'entreprise comptabilise les salaires avec l'ensemble des autres coûts de production. Le **bénéfice**, calculé en soustrayant les frais de production et d'administration de la recette de la vente des biens et services est alors partagé entre les propriétaires.

Il est donc raisonnable de supposer que l'entreprise aura pour objectif de maximiser la mise en valeur de l'épargne qui y a été investie et transformée en biens de production (ou capital technique) et le bénéfice (correspondant à la notion de **profit** dans ce contexte) constituera la rémunération de cette épargne. Le schéma pertinent devient celui de la figure (3.2).

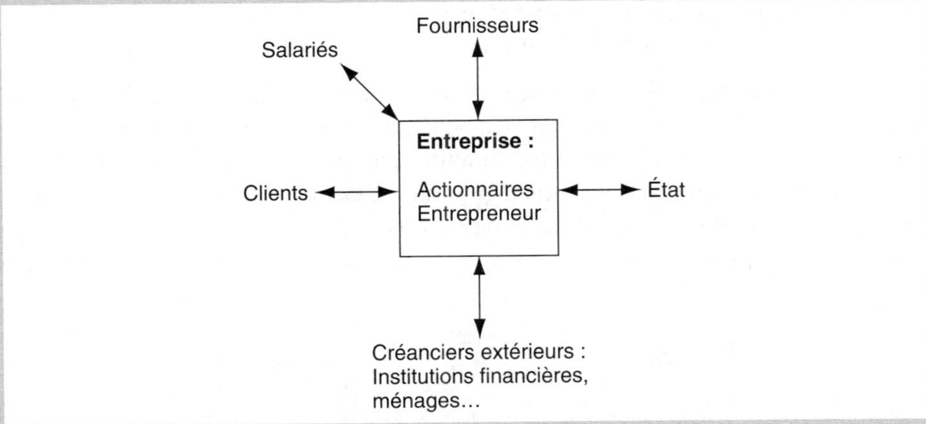


**FIGURE 3.2**
L'entreprise et ses liens avec l'extérieur (suite).

Ce nouveau schéma appelle plusieurs remarques :

1. L'entreprise peut générer du profit par d'autres moyens que la production : ce sera le cas lorsque l'entreprise se livre a des activités spéculatives [3].
2. Les entreprises produisant des biens et services marchands peuvent être privées ou publiques (ces dernières sont les entreprises du secteur public industriel ou commercial). Le caractère privé ou public d'une entreprise ne relève que marginalement de l'économie, pour autant que l'on définisse une entreprise publique comme une entreprise privée dont l'État serait propriétaire.
   A côté de ces activités marchandes, l'État a d'autres tâches assurées par ce que l'on appelle les administrations publiques : produire et vendre des services non marchands, réguler l'économie, redistribuer le revenu national. À partir de l'observation des tâches effectuées, distinguer une entreprise d'une administration peut donc paraître évident. En fait, il existe dans la réalité du fonctionnement des économies capitalistes une continuité entre les deux pôles que constituent l'entreprise privée et l'administration publique chargée d'effectuer des activités régaliennes.

3. On appellera spéculation le fait pour l'entreprise d'accroître ses recettes en s'appropriant une marge sur la revente d'un bien ou service sans accroître préalablement sa valeur ajoutée.

Il faudrait évoquer aussi les activités exercées par des administrations privées que sont les associations sans but lucratif (comme par exemple les ONG) ! Toutefois, toutes ces entités, qu'elles soient entreprises, associations ou administrations, doivent normalement combiner au mieux les moyens dont elles disposent pour réaliser leurs objectifs : le maximum de profit pour une entreprise privée, des objectifs assignés par le pouvoir politique pour une administration (la Cour des Comptes nationale et les Cours de Comptes régionales ont d'ailleurs pour fonction de vérifier si leur gestion répond bien à ces critères).

Le schéma que nous venons d'exposer est celui adopté par le droit commercial et fiscal. L'approche néoclassique utilisée en théorie éconmique propose cependant un autre schéma, dans lequel l'entreprise combine capital et travail. Les propriétaires du capital, comme des salariés, sont considérés comme extérieurs à l'entreprise. L'objectif de l'entreprise est alors de valoriser le patrimoine qui lui a été confié par les « épargnants » (individus actionnaires ou institutions financières représentant les individus).

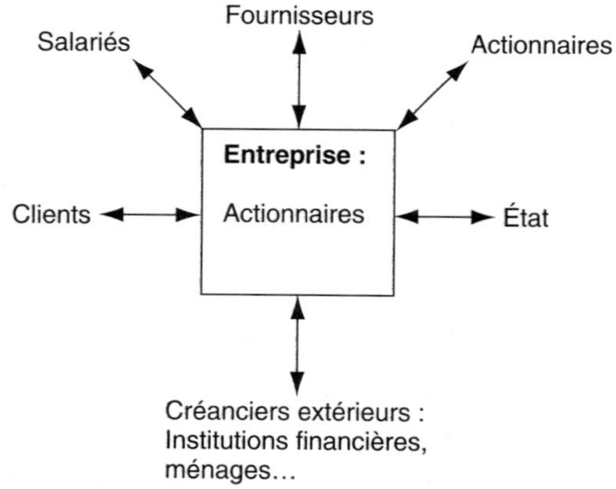


**FIGURE 3.3**
L'entreprise et ses liens avec l'extérieur (fin).

Un tel schéma semble en partie en accord avec l'évolution du capitalisme dans les économies développées. Les détenteurs du capital sont en effet de plus en plus de grands groupes financiers, et des fonds de pension (caisses de retraites anglo-saxonnes ou japonaises...) qui peuvent être parfois plus préoccupés par la régularité (et le niveau) de la rémunération à court ou moyen terme de leur investissement que par la qualité du projet industriel et les perspectives de développement de l'entreprise à long terme.

En théorie économique, le principe de l'autonomie relative de l'entreprise vis-à-vis des propriétaires de son capital est la plupart du temps adopté : ***l'entreprise est donc un agent distinct tant de ses propriétaires que de ses salariés et autres parte-***

***naires. Elle constitue le lieu de valorisation de capitaux privés fournis par les ménages, capitaux supposés prendre dès leur entrée dans l'entreprise la forme de moyens matériels de production de biens et services.*** Il s'agit du cadre d'analyse souvent adopté en macroéconomie et en microéconomie. Dans la réalité, il n'est pas si facile d'isoler le profit de l'entrepreneur de la rémunération des propriétaires du capital...

## 3.1.2 *La répartition du produit de l'activité de l'entreprise*

Si l'entreprise est indépendante par rapport aux salariés et aux propriétaires, comment se caractérise théoriquement la rémunération de l'entrepreneur ? Et celle des propriétaires du capital ? Reprenons le problème là où nous l'avions laissé dans le chapitre précédent sur les ménages.

### A. La rémunération des propriétaires du capital.

Tout épargnant désire tirer une rémunération maximum de son épargne, en tenant compte du risque qu'il a de perdre éventuellement son bien dans un placement imprudent. Pour autant que le **marché des capitaux** [4] fonctionne correctement, les rémunérations unitaires de toutes les créances tendent à s'égaliser sous l'effet de la concurrence entre tous les prêteurs d'une part, et tous les emprunteurs d'autre part. En moyenne, le taux de rémunération des fonds mis à la disposition des entreprises doit donc être approximativement au même niveau que celui des autres créances, c'est-à-dire au taux d'intérêt moyen. En résumé, le rapport « dividendes versés par les entreprise sur valeur du titre possédé par les ménages » (égal au taux de rémunération des actions), doit donc tendre vers le taux d'intérêt [5].

Supposons en effet que l'entreprise produise et vende des biens et services dans des conditions telles que le taux de profit des capitaux investis dans l'entreprise, i.e. le ratio des dividendes sur la valeur des actions, soit supérieur au taux d'intérêt moyen $i$ servi par les placements alternatifs (voir *supra*) éventuellement augmenté d'une prime de risque $\pi$ tenant compte du caractère risqué du projet de l'entreprise :

$$\frac{Dividende}{Action} > i + \pi \tag{3.1}$$

Dans ce cas de figure, – et pour autant qu'ils en aient la possibilité – tous les ménages vendront les autres actifs qu'ils détiennent pour financer cette entreprise, ou toute autre entreprise projetant de produire des biens et services identiques. Sur le

4. C'est-à-dire le mécanisme qui permet aux prêteurs de placer les capitaux dont ils disposent et aux emprunteurs de trouver les fonds qui leur font défaut.

5. L'imposition différente des placements boursiers ou obligataires peut modifier légèrement ce développement : dans les deux cas, les rendements doivent être considérés comme nets des impôts. De même, le raisonnement tient pour un agent neutre au risque. Si les agents ont une forte aversion pour le risque, une prime de risque positive doit être ajoutée au rendement obligataire pour égaler le rendement boursier. Nous passons outre pour l'instant ce degré de précision sans apport conceptuel à notre raisonnement.

marché financier, la valeur de l'action de l'entreprise va augmenter et le ratio dividende sur action va diminuer jusqu'à l'égalité entre ce ratio et la rémunération alternative moyenne sur les autres produits financiers. Le profit d'une entreprise peut donc être transitoirement au dessus de son niveau normal : mais il ne peut durablement rester au dessus de ce niveau. Et le taux de rémunération des titres à revenus variables (actions) sera **en moyenne** identique à la rémunération des titres à revenus fixes (autres créances dont obligations) :

$$\frac{Dividende}{Action} = i + \pi \tag{3.2}$$

## B. La rémunération de l'entrepreneur.

Parmi les différentes approches de l'économie, la théorie néo-classique est celle dont la conception est la plus proche de la thèse de « l'autonomie » de l'entrepreneur que nous avons évoquée. Elle appelle profit le solde qui reste à l'entreprise une fois que celle-ci a payé consommations intermédiaires, détenteurs du capital et salariés. L'entrepreneur, agent abstrait indépendant des salariés comme des détenteurs du capital, bénéficie donc d'un revenu quand il est capable de dégager un surplus : lorsqu'il lance un produit nouveau, ou lorsqu'il utilise un procédé de fabrication nouveau qui permet de diminuer durablement les coûts de production de l'entreprise par rapport à ses concurrents. Les deux situations que nous venons de décrire constituent deux formes d'élimination ou au moins de distorsion de la concurrence (par l'innovation sur des produits ou sur des procédés de fabrication). D'autres formes d'entraves à la concurrence, comme les situations de monopoles, existent et permettent à des entrepreneurs de dégager des profits.

Selon la définition que nous venons de donner du profit, et dans le cadre d'une concurrence pure et parfaite (terme que nous définissons de manière précise dans la section 6.6.2), le surplus que conservera l'entreprise – et donc l'entrepreneur – après rémunération du travail et rémunération moyenne « normale » du capital, doit être nul : si une entreprise réalise un profit non nul en vendant son produit à un prix $p$, une autre entreprise pourrait vendre à $p - \varepsilon$ avec $\varepsilon$ petit et positif. Cette entreprise capterait alors toute la demande du produit. Au final, cette « guerre des prix » se prolonge jusqu'à ce que le profit, au sens néoclassique i.e. après rémunération des salariés et des actionnaires, soit nul.

## C. Deux rémunérations ?

Cette définition théorique du profit séparant entrepreneur des détenteurs du capital social est donc difficile à confronter à la réalité. Il est en fait peu vraisemblable de supposer l'entrepreneur totalement indépendant des propriétaires. L'entrepreneur est en effet souvent l'un des actionnaires. Il n'a pas forcément en sa possession la majorité du capital social des entreprises, mais il est souvent mandaté par l'actionnaire, ou par une alliance des actionnaires les plus importants, fussent-ils minoritaires. Ainsi, dans les faits, le terme « profit » est souvent rattaché à la rémunération du capital, i.e. à celle des actionnaires. Il correspond donc au bénéfice de l'entreprise distribué à ces derniers. Dans la théorie économique, et néo-classique en particulier, il s'en différencie, puisqu'on suppose qu'on est capable de séparer l'entrepreneur des actionnaires : le profit est alors le revenu de l'entrepreneur.

## 3.2 EMPLOIS ET RESSOURCES DES ENTREPRISES

Comme nous l'avons vu dans le paragraphe précédent, les entreprises ont pour ressources la valeur ajoutée (VA), i.e. le produit de la vente de la production (CA) dont on soustrait le coût des consommations intermédiaires (CI). Afin de dégager cette ressource, les entreprises achètent et combinent du travail offert par les ménages, à des matières premières, à de l'énergie, à des produits semi-ouvrés, et à une *fraction* de biens d'équipement (machines et cadre bâti) ; le **capital technique** ne s'use en effet que progressivement, au cours d'un nombre plus ou moins important de cycles productifs. La fraction du capital usé dans le cycle productif (ou mise au rebut en raison de l'obsolescence technique) est dite *déclassée*, diminuant d'autant la valeur du stock de biens d'équipement. La **fonction de production** synthétise ce processus de production de l'entreprise en exprimant l'offre de biens et services en fonction des quantités de **facteurs de production** (ou d'**inputs**) utilisés. Cette fonction peut bien évidemment évoluer dans le temps, l'entreprise acquérant de nouvelles techniques de production par exemple.

Des ménages peuvent participer à la production de biens et services sans s'associer à d'autres ménages, ni adopter un statut juridique permettant de distinguer clairement les actes qui relèvent de la catégorie économique des ménages et ceux qui relèvent de la catégorie économique des entreprises. Ces ménages sont appelés **entrepreneurs individuels** (commerçants, artisans, professions libérales), et obtiennent un **revenu mixte**, provenant tout à la fois du travail et des compétences (comme pour les salariés), et de la propriété de l'entreprise (comme pour certains ménages non entrepreneurs, mais détenteurs de parts sociales d'entreprises).

Notons pour finir que la distinction entre ménages et entreprises est strictement liée aux fonctions économiques remplies. Elle ne permet guère de rendre compte de la logique sociale de la répartition des revenus entre détenteurs du capital et salariés.

### 3.2.1 *L'équilibre de marché*

Les facteurs de production (travail et capital), permettent de transformer des biens primaires (matières premières minérales, végétales, animales, énergie...) inutilisables en l'état par l'homme, en biens et services « utiles » capables de satisfaire leurs besoins. On peut en déduire que cette « utilité » donne aux biens produits une valeur marchande, valeur égale normalement aux coûts de production. La structure des prix reflétera donc tout à la fois la hiérarchie des coûts de production et celle des besoins. Typiquement, on peut résumer l'équilibre sur le marché des biens par la figure 3.4. Les deux courbes symbolisent grossièrement les courbes [6] d'offre et de demande d'un bien considéré. En règle général, plus le prix du bien est élevé, plus les agents seront réticents à acheter le bien : la demande est une fonction décroissante des prix. En revanche, plus le prix du bien est élevé, plus les entreprises sont prêtes à produire afin de dégager des profits supérieurs : l'offre est une fonction croissante des prix. A l'équilibre, la quantité échangée est $Q^*$ et le prix du bien est $p^*$. Ces valeurs d'équilibre sont issues de la confrontation entre l'offre et la demande sur le marché du bien considéré.

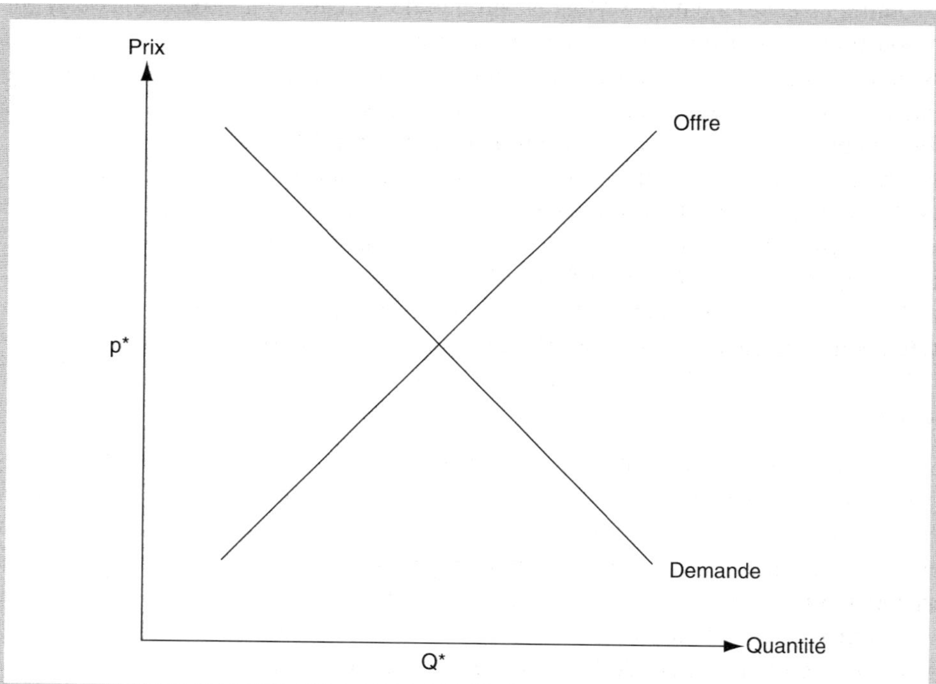


**FIGURE 3.4**
Équilibre sur le marché d'un bien.

### 3.2.2 *La valeur ajoutée*

La production des biens et services de consommation finale résulte généralement d'un enchaînement d'activités parcellaires. À chaque stade, des biens et services achetés (les consommations intermédiaires) sont transformées par utilisation de capi-

6. Plus précisément, ces courbes représentent les fonctions inverses d'offre et de demande car ces dernières donnent les prix en fonction des quantités.

tal et travail. La valeur ajoutée est égale à la différence entre prix de vente du bien ou service produit à chaque stade et les coûts des consommations intermédiaires.

Au niveau agrégé, i.e. en regroupant toutes les entreprises d'une activité, ou toutes les entreprises nationales, la valeur agrégée globale est égale à la somme des valeurs ajoutées de chaque unité de production. La valeur agrégée brute domestique s'appelle **Produit Intérieur Brut (PIB)**. Le PIB se différencie du **Produit National Brut (PNB)** par la prise en compte des revenus transitant entre le reste du monde et l'économie considérée (pour plus de précision sur ces transferts, voir section 6.4.1) :

**La différence entre le PIB et le PNB**

PNB = PIB + Revenus du travail, de la propriété et de l'entreprise reçus du reste du monde – revenus de même nature versés au reste du monde

Le PIB constitue l'un des indicateurs de la production de l'économie. Il est par contre erroné de calculer la production agrégée en faisant la somme de la production des firmes puisque les consommations intermédiaires seraient alors comptabilisées deux fois : une fois comme production de l'ensemble des entreprises qui l'ont fabriquée et une seconde fois, non pas en tant que telles mais incorporées dans la valeur des biens et services qui les utilisent. L'exemple élémentaire suivant illustre ce propos.

Supposons une économie avec deux entreprises « a » et « b ». Elles produisent $Q_a$ et $Q_b$. L'entreprise « a » utilise une ressource naturelle pour produire et n'a pas de consommation intermédiaire. En revanche, l'entreprise « b » utilise toute la production de « a » comme consommation intermédiaire $CI_b(a)$ pour produire $Q_b$. La production finale de cette économie est $Q_b$ : elle n'est pas égale à la somme des productions. En effet, on comptabilise dans cette somme deux fois la production de « a », une fois en tant que sa production et une autre fois en tant que consommation intermédiaire de « b ». La somme des productions n'est donc pas un indicateur très pertinent de la production d'une économie puisqu'on comptabilise des productions détruites au sein de l'économie dans le processus productif.

En revanche, si on somme les valeurs ajoutées, les consommations intermédiaires ne sont comptabilisées qu'une seule fois, au tire de la production de leur entreprise (ou branche d'origine). La somme de ces valeurs ajoutées constitue le PIB. Le caractère sommable de la valeur ajoutée, contrairement à la production, place la valeur ajoutée ou le PIB au centre des indicateurs macroéconomiques.

La valeur ajoutée correspond à la valeur effectivement ajouté à un produit au cours du processus de production. Par là-même, la valeur ajoutée est indépendante de l'intensité de la division du travail le long des filières de production, et donc de la multiplications des transactions qui en résultent. Que la production soit fortement « intégrée », c'est-à-dire le fait d'un nombre restreint d'acteurs, ou qu'elle soit au contraire répartie entre un grand nombre d'unités, la VA (Valeurs Ajoutée) sera identique. Cela ne signifie pas pour autant que la somme des productions n'ait pas de signification : la comparaison de la VA et de la somme des productions constitue en effet l'un des indicateurs de l'intégration dite *verticale* : une production verticalement intégrée aura une production identique à la somme des valeurs ajoutées participant à la production puisque les consommations intermédiaires sont nulles dans ce cas. Le rapport de la production domestique sur le PIB peut donc constituer un indicateur de la concentration.

Dans de nombreux raisonnements, les économistes analysent une économie avec un seul bien. Tout se passe comme s'il n'y avait qu'une seule entreprise « représentative » : le modèle est dit monosectoriel ; la valeur de la production de cette entreprise est égale à la VA de la branche unique, et donc au PIB.

### 3.2.3 *Les actifs accumulés par l'entreprise*

Lorsque la totalité du profit est distribuée, seuls les ménages sont responsables de l'accumulation de la richesse. La conservation d'une part du profit par l'entreprise implique un partage des responsabilités de l'accumulation entre les deux agents. Mais là encore, l'entreprise ne constitue qu'un écran juridique : le patrimoine accumulé continue d'appartenir aux ménages.

Comme pour les ménages, l'entreprise peut accumuler :

- des actifs réels (du capital technique, des stocks de consommation intermédiaire ou de produits finis) ;
- des actifs financiers ;
- des actifs monétaires ;
- des actifs étrangers.

Pour autant que cette accumulation n'ait pour seul objectif que de permettre à l'entreprise de produire des biens et des services, l'accumulation favorisera plutôt l'acquisition de biens réels. La trésorerie sera probablement nulle à long terme. Et les actifs financiers auront pour fonction de faciliter la vente de la production (crédit client) et devrait être plus que compensée par un endettement net positif (dette auprès des fournisseurs de biens et services, dette auprès des prêteurs de capitaux à long terme et capitaux permanents).

Les conditions du marché peuvent cependant inciter les entreprises à limiter l'accumulation d'actifs réels en arbitrant en faveur d'actifs financiers : c'est en particulier le cas lorsque les taux d'intérêt ou les dividendes proposés par d'autres entreprises deviennent plus élevés pour l'entreprise que le développement de ses propres activités productives. L'entreprise prend des participations et devient une holding gérant des participations extérieures. Elles peuvent tout aussi bien prêter à d'autres agents : État ou agents étrangers.

### 3.2.4 *Le Compte des entreprises*

Comme pour les ménages, nous pouvons présenter un compte des entreprises, compte composé de deux sous-comptes, un sous-compte *Emplois-Ressources*, et un sous-compte *Variation d'actif-Variation de passif.*

Détaillons préalablement les différentes étapes de construction des sous-comptes. Le tableau 3.2 explicite le calcul de la VA à partir de la production de l'entreprise (supposons qu'elle ne fait pas de stock pour simplifier). Cette valeur ajoutée est dite évaluée au coût des facteurs : elle est égale à la valeur ajoutée au prix d'acquisition (i.e. le prix payé par le consommateur) auquel on déduit les impôts sur la production (TVA ou autres) et auquel on ajoute les subventions sur la production. La valeur ajoutée au coût des facteurs mesure la ressource effective des entreprises.

**Les trois mesures de la valeur ajoutée :**

- la VA au prix d'acquisition est la VA mesurée par la production évaluée au prix d'acquisition par les consommateurs nette des consommations intermédiaires payées par l'entreprise ;
- la VA au prix de base correspond à la VA au prix d'acquisition hors TVA ;
- la VA au coût des facteurs est égale à la VA au prix d'acquisition nette de l'ensemble des taxes (dont la TVA) et comprenant les subvention sur la production. Elle correspond à la ressource effective des entreprises.

**TABLEAU 3.2**
Tableau emplois-ressources pour la détermination de la VA des entreprises.

| Emplois | Ressources |
|---|---|
| $CI$<br>$T_f$ | $Y$ |
| Solde $VA = Y - CI - T_f$ | |

Les tableaux 3.3 et 3.4 détaillent la répartition de la ressource des entreprises (la VA) entre les revenus du travail et ceux du capital. L'État peut capter une partie de ces revenus en les taxant. Le tableau 3.5 est un condensé des deux précédemment cités. À ce stade, la valeur ajoutée de l'entreprise a permis de rémunérer les salariés, les prêteurs et les actionnaires. L'épargne des entreprises constituent son solde. On parle aussi d'**autofinancement** pour l'entreprise. La rémunération des administrations publiques s'effectue par différentes taxes sur la production, les salaires ou les dividendes versés par l'entreprise. Nous allons voir plus loin, que pour les entreprises, ce cadre comptable similaire dans sa forme à celui des autres catégories de l'économie (ménages…) peut être amélioré : nous disposons pour les entreprises d'une comptabilité plus précise et donc d'informations permettant une analyse plus fine (voir section 3.4).

Le tableau 3.6 précise l'utilisation de l'épargne dégagée par l'entreprise. Comme pour les ménages, le tableau 3.2.4 liste les variables utilisées. Cette description est semblable à celle des ménages.

**TABLEAU 3.3**
Tableau emplois-ressources pour la détermination de l'EBE.

| Emplois | Ressources |
|---|---|
| $w_f.L_f$ | $VA$ |
| $TS_f$ | |
| Solde $EBE = VA - w_f.L_f - TS_f$ | |

**TABLEAU 3.4**
Tableau emplois-ressources pour la détermination de l'épargne des entreprises.

| Emplois | Ressources |
|---|---|
| $i.B_f + i.D_f$ | $EBE$ |
| $YM_m$ | |
| $Div$ | |
| Solde $S_f = EBE - i.B_f - i.D_f - YM_m - Div$ | |

**TABLEAU 3.5**
Tableau emplois-ressources général pour la détermination de l'épargne des entreprises.

| Emplois | Ressources |
|---|---|
| $CI$ | $Y$ |
| $T_f$ | |
| $TS_f$ | |
| $w_f.L_f + YM_m$ | |
| $i.B_f + i.D_f$ | |
| $Div$ | |
| Solde $S_f = Y - CI - T_f - w_f.L_f - TS_f - i.B_f - i.D_f - YM_m - Div$ | |

**TABLEAU 3.6**
Tableau d'utilisation de l'épargne des entreprises..

| Emplois | Ressources |
|---|---|
| $I_f$ | $S_f$ |
| $\Delta M_f$ | $\Delta D_f$ |
| $\Delta(e.\$)_f$ | $\Delta B_f$ |
| $\Delta S$ | $\Delta Ac_f$ |
| Solde = 0 | |

| | |
|---|---|
| $Y$ | Production de biens et services marchands |
| $CI$ | Consommation intermédiaires des entreprises |
| $T_f$ | Impôts nets des subventions sur la production |
| $TS_f$ | Impôts sur salaires nets des subventions |
| $S_f$ | Épargne des entreprises |
| $w_f$ | Salaires versés par les firmes |
| $L_f$ | Emploi du secteur privé |
| $i$ | Taux d'intérêt domestique |
| $B_f$ | Titres à revenus fixes émis par les entreprises |
| $D_f$ | Dettes bancaire des entreprises |
| $Div$ | Dividendes versés par les firmes |
| $YM_m$ | Revenus mixtes des entrepreneurs individuels |
| $I_f$ | Investissements bruts. Ici on inclut les amortissements |
| $M_f$ | Encaisses monétaires |
| $D_f$ | Emprunt des entreprises |
| $e$ | Taux de change |
| $\$$ | Monnaie étrangère |
| $B_f$ | Titres à revenus fixes émis par l'administration |
| $Ac_f$ | Actions |
| $S$ | Stocks |

## **3.3** LES TROIS APPROCHES DU PIB

Le PIB (Produit Intérieur Brut) est une variable centrale dans l'analyse économique. Le PIB est un indicateur de la valeur des biens et services produits par les unités résidantes et disponibles en vue de leur utilisation. À partir des comptes des entreprises, nous allons voir que le PIB est à la fois :

- un indicateur du revenu généré ;
- un indicateur d'activité ;
- la somme des emplois des biens et services produits.

### 3.3.1 *Un petit exemple*

Afin de comprendre facilement ces trois approches, introduisons un petit exemple sur lequel nous nous appuierons dans cette section. Considérons une économie dont le secteur productif est réduit à trois acteurs :

- un agriculteur produisant du blé ;
- un meunier transformant le blé en farine ;
- un boulanger transformant la farine en pain.

Supposons dans un premier temps qu'aucune taxe ou subvention n'affecte les produits fabriqués dans cette économie. Le PIB de cette économie est la somme de la VA créée par chaque acteur. La figure 3.5 illustre la répartition du PIB dans cette économie. Le prix de vente [7] du blé est de 2, celui de la farine de 5 et celui du pain de 8. L'agriculteur exploitant le sol, la valeur du blé récolté correspond à la richesse qu'il a produite. La VA créée est donc égale à 2. Le meunier, quant à lui, achète une unité de blé pour faire une unité de farine. La richesse produite par le meunier correspond donc à la différence entre la valeur de la farine et du blé. Cette richesse ou mot pour mot, cette valeur ajoutée (VA) au blé est égale à 3. De même, le boulanger crée une richesse de 3 lors de la transformation de la farine en pain. À chaque étape, la valeur ajoutée correspond à la partie hachurée.

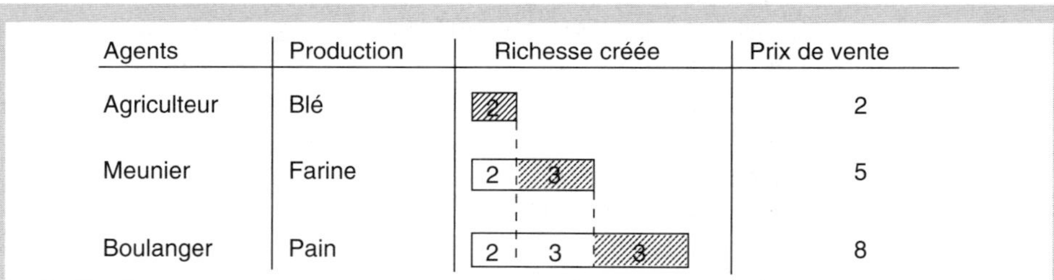


**FIGURE 3.5**
Une petite économie à trois agents.

Le PIB de cette économie est donc égal à la somme des parties hachurées, soit en termes algébriques $2 + 3 + 3 = 8$. Chaque partie hachurée correspond d'une part au revenu du producteur et d'autre part à la richesse créée. Le PIB est donc non seulement un indicateur du revenu distribué aux acteurs de cette économie, mais aussi un indicateur de l'activité productrice. Il s'agit aussi, dans le cadre de cette économie sans échange avec d'autres agents, de la valeur du bien final (ici le pain) qui sera consommé.

7. Les différences entre les prix de vente ne vise qu'à être illustratif et ne correspondent pas forcément à la réalité.

Le PIB est ainsi égal à la valeur de la demande de biens et services (ici le pain) de la part des utilisateurs (ici les consommateurs).

### 3.3.2 L'approche revenu

Introduisons désormais des taxes sur la VA, sur la production et les salaires. L'État est alors chargé de récupérer le fruit de cette taxe et il l'utilise, soit en produisant des biens et services aux acteurs, soit en leur redistribuant. Le revenu des acteurs, ou plus généralement, le revenu de l'économie, est dans ce cas, non seulement la VA qu'ils créent, mais aussi la valeur de la taxe puisque celle-ci est versée aux administrations publiques, ou permet de se procurer les biens et services produits par l'État. Le revenu de l'économie est donc égal à la somme de celui des producteurs (que ce soit sous forme de salaires ou de profits versés) et de celui de l'État. Il s'agit de la première approche du PIB en tant que revenu de l'économie (ou des ménages, puisque finalement, ce sont eux qui contrôlent l'État et les entreprises). En reprenant les tableaux 3.2 et 3.3, puis en les agrégeant, nous pouvons donc écrire :

$$PIB = \underbrace{wL}_{\text{revenu du travail}} + \underbrace{EBE}_{\text{revenu des entreprises}} + \underbrace{T_{sal} + T_{prod} - Sub_{prod}}_{\text{revenu de lÉtat}} \tag{3.3}$$

Avec $w$ le salaire moyen dans l'économie, $L$ le nombre d'emplois, $EBE$ la somme des EBE des entreprises, $T_{sal}$ les cotisations sociales sur salaire, $T_{prod}$ les impôts sur les produits (TVA essentiellement) et les droits de douanes, et $Sub_{prod}$ les subventions sur les produits.

Remarquons que l'État, et plus généralement les administrations publiques, prélèvent des taxes différentes de celles sur les produits et celles sur les salaires du type cotisations sociales. Mais ces taxes (impôts sur le revenu par exemple) ne constituent pas un revenu pour l'économie, puisqu'elles agissent comme un transfert entre agents de l'économie. En outre, elle n'apparaissent pas dans le compte des entreprises. Il est normal qu'elles ne soient pas présentes dans l'équation 3.3.

### 3.3.3 L'approche production

La deuxième approche permet d'interpréter le PIB comme un indicateur d'activité. En reprenant l'équation 3.3 et en utilisant la définition de la VA au coût des facteurs des entreprises ($VA = wL + T_{sal} + EBE$), nous pouvons en déduire une nouvelle équation de définition du PIB :

$$PIB = \underbrace{VA + T_{prod} - Sub_{prod}}_{\text{Comptabilisation au prix dacquisition}} \tag{3.4}$$

Selon cette approche dite de « production », le PIB représente la valeur des biens et services produits, après taxations nettes des subventions sur produits. Il s'agit donc de la valeur des biens et services produits à leur prix d'acquisition. L'approche production du PIB est à la base de la définition de la croissance d'une économie : le taux de croissance est égal au taux de croissance du **PIB en volume** (ou **PIB réel**).

En effet, deux types de mesure des prix sont adoptés en économie. Considérons pour simplifier que nous désirons évaluer la valeur de biens et services en quantité $Q_t$ à la date $t$. Si nous considérons les prix courants $p_t$, i.e. ceux qui sont constatés aujourd'hui, nous obtenons la définition de ces biens et services $BS$ en valeur :

$$BS_{valeur,t} = p_t Q_t \tag{3.5}$$

Si nous différencions la quantité exprimée en valeur, nous obtenons que l'évolution de cette dernière dépend de la variation des prix d'une période à l'autre, donc de l'inflation (équation 3.6).

$$\Delta BS_{valeur,t} = \underbrace{\Delta p_t Q_t}_{\text{Partie due aux changements de prix}} + p_t \Delta Q_t \tag{3.6}$$

Cette propriété n'est pas souhaitable si nous désirons connaître l'évolution de la quantité des biens et services hors effet des prix. À ce titre, nous définissons la quantité exprimée **en volume** (ou encore dite **réelle**), qui correspond à l'évaluation des biens et services à prix constant. Il suffit de se donner une année de base que nous noterons $t_0$. Les biens et services en volume et en base $t_0$ sont définis par :

$$BS_{volume,t/t_0} = p_{t_0} Q_t \tag{3.7}$$

Les prix étant constants dans cette définition, l'évolution des biens et services en volume correspond bien celle de la quantité de biens et services hors effet des prix. Bien sûr, une telle définition est pratique lorsque le panier de biens et services considérés ne change pas. Néanmoins, la structure des biens et services peut évoluer par la disparition ou l'apparition d'un produit, voire par le changement de qualité d'un produit. C'est pourquoi les indices de prix sont soumis à des corrections statistiques qui permettent de prendre en compte ces évolutions structurelles. Néanmoins, il peut être parfois nécessaire de changer d'année de base en cas de changement de structure trop important.

La définition des quantités **en valeur et en volume**, ou encore **à prix courants et à prix constants**, se transpose bien évidemment au PIB, mais aussi à tout agrégat tel la consommation, l'investissement,... Le PIB en volume évalue la richesse réellement créée en quantité de biens et services. Comme nous l'avons dit plus haut, il permet de définir le taux de croissance de l'économie, ou plus succinctement la **croissance**.

## 3.3.4 *L'approche demande*

La dernière approche du PIB définit le cadre de l'utilisation des biens et services créés. Considérons la somme de la production totale $Prod_t$ et des importations $Z_t$

au prix d'acquisition, i.e. corrigée des taxes nettes des subventions sur produits. Cette somme correspond à **l'offre de biens** et services de l'économie. Cette offre satisfait une **demande** qui est composée de la consommation intermédiaire $CI_t$, de la consommation des ménages $C_t$, de l'investissement $I_t$ des ménages, des entreprises et des administrations publiques, de la consommation des administrations publiques $G_t$, des variations de stocks des entreprises $\Delta S_t$, et enfin des exportations $X_t$. Nous pouvons donc définir **l'équilibre sur le marché des biens et services** par l'équation :

$$Prod_t + Z_t + T_{prod,t} - Sub_{prod,t} = CI_t + C_t + I_t + G_t + \Delta S_t + X_t \qquad (3.8)$$

La valeur ajoutée étant égale à la production moins les consommations intermédiaires, l'équation 3.8 peut se réécrire :

$$PIB_t = \underbrace{\underbrace{C_t + I_t + G_t + \Delta S_t}_{\text{Demande intérieure}} + \underbrace{X_t - Z_t}_{\text{Balance commerciale}}}_{\text{Demande finale}} \qquad (3.9)$$

Le PIB correspond donc à la somme des différents postes d'emploi des biens et services. Cet équilibre comptable est très important en économie et tout économiste doit la connaître. C'est à partir de cette équation que les contributions à la croissance sont définies. Si on considère que l'économie est plutôt keynésienne à court terme, c'est-à-dire que ce sont les postes de la demande qui déterminent la croissance, l'approche demande devient alors centrale pour l'analyse de la croissance à court terme. C'est notamment pour cela que les calculs de contribution à la croissance sont effectués dans les organismes d'analyse conjoncturelle des banques ou des administrations publiques.

En différenciant l'équation 3.9 et en divisant par le PIB de la période $t$, nous obtenons en notant $g_X$ le taux de croissance de la variable $X$ :

$$g_{PIB_t} = \frac{C_t}{PIB_t} g_{C_t} + \frac{I_t}{PIB_t} g_{I_t} + \frac{G_t}{PIB_t} g_{G_t} + \frac{\Delta^2 S_t}{PIB_t} + \frac{X_t}{PIB_t} g_{X_t} - \frac{Z_t}{PIB_t} g_{Z_t} \qquad (3.10)$$

Chaque terme du membre de droite correspond à une contribution. La contribution d'une des variables $X$ est le produit de la part dans le $PIB$ et du taux de croissance de cette variable. Ainsi la consommation est une variable importante dans la détermination de la croissance, puisque sa part dans le PIB avoisine les 60 %. L'investissement, les variations de stocks et le commerce extérieur pèsent plus par leurs fortes variations que par leur part. Notons que pour les variations de stocks, il est usuel de ne pas écrire le taux de croissance : cette variable pouvant être proche de 0, le taux de croissance peut s'avérer extrêmement volatile.

## 3.4 LES CRITÈRES D'EFFICACITÉ ET DE RENTABILITÉ*

Dans cette section, nous allons étudier le cadre analytique des entreprises. La comptabilité d'entreprise fournit en effet un grand nombre d'indicateurs permettant de décrire le plus fidèlement possible la situation de l'entreprise. Elle permet une analyse plus adaptée à la description d'une seule entreprise ou d'un groupe financier, alors que le compte des entreprises développé précédemment est plus adapté à une description des entreprises dans leur ensemble. La comptabilité d'entreprise est obligatoire pour toutes les entreprises. Elle est précieuse pour tous ceux qui ont des créances sur l'entreprise et qui souhaitent être informés au mieux des risques qu'ils prennent et des bénéfices qu'ils peuvent retirer en prêtant de l'argent à l'entreprise ou en lui fournissant des capitaux. Dans l'optique de rendre la compréhension des indicateurs utilisés plus facile, nous tâcherons d'illustrer et d'interpréter leur évolution dans les années 1990.

### 3.4.1 *Les critères de la comptabilité d'entreprise*

L'analyse des performances économiques des entreprises repose sur l'étude de différents soldes de gestion. Le premier d'entre eux, le chiffre d'affaire des entreprises, retient souvent l'attention, mais comme nous l'avons vu précédemment, il intègre le montant des consommations intermédiaires, si bien que la somme des chiffres d'affaire n'a pas d'interprétation facile.

La valeur ajoutée est le premier critère d'efficacité de l'entreprise au sens où l'accroissement de la valeur ajoutée reflète la sophistication du processus de transformation des consommations intermédiaires. L'accroissement de la valeur ajoutée à quantités données de travail et de capital reflète en effet l'accroissement de la productivité des facteurs de production. La **productivité** d'un facteur de production est la quantité de biens par unité du facteur considéré. La productivité de l'ensemble des facteurs de production (capital et travail souvent), est dite **productivité globale des facteurs** : elle rend compte de l'évolution de la quantité de biens et services produits à facteurs de production donnés. La productivité reflète l'amélioration qualitative de l'appareil productif, l'amélioration de son organisation, les changements de structure de l'emploi par qualification... Pour plus de détails, voir la section 3.5.2.

Cependant la valeur ajouté n'est pas la seule ressource des entreprises lorsqu'on les considère séparément, notamment pour les grands groupes internationaux. Ces derniers investissent notamment dans des placements financiers dont ils tirent des revenus. De même, ils peuvent bénéficier de dividendes versés par leurs filiales. Enfin, ils peuvent réaliser des plus-values sur des cessions immobilières ou des cessions de participations dans d'autres entreprises.

**La valeur ajoutée garde l'avantage de donner une vision objective de l'activité productive des entreprises, hors sphère financière et hors revenus ou dépenses exceptionnels.** À ce titre, elle apparaît souvent au dénominateur de nombreux ratios économiques. La figure 3.6 illustre la situation conjoncturelle des entreprises non financières dans les années 1990. La valeur ajoutée est ici calculée au coût des facteurs (voir section 3.2.4). La crise du début des années 1990 a atteint son point bas

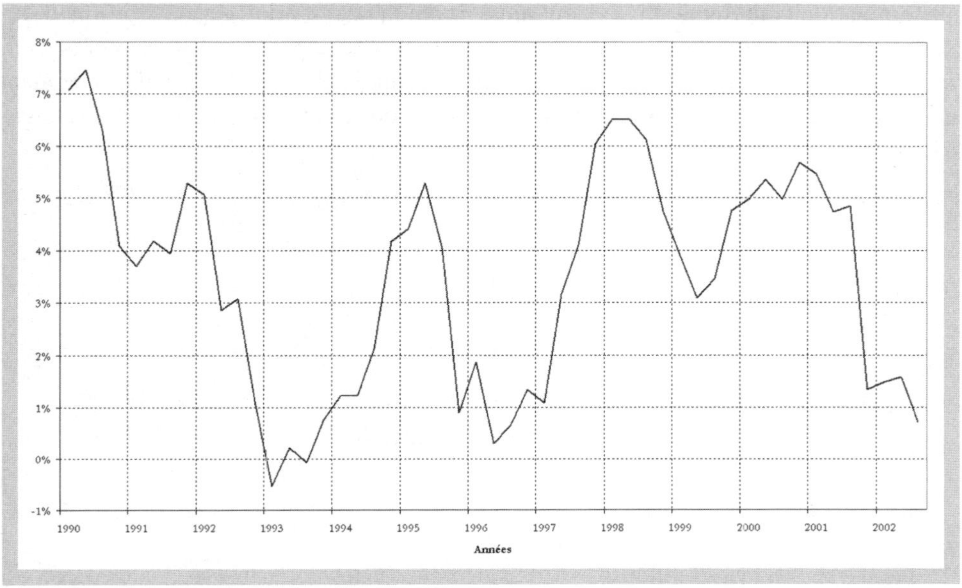


*Source : INSEE.*

**FIGURE 3.6**
La valeur ajoutée des entreprises non financières en France en glissement annuel

en 1993. C'est à partir de 1997 que l'économie française va connaître un cycle prolongé de croissance élevée, soutenue par une demande mondiale très vive puis par une consommation dynamique des ménages. À partir du milieu de l'année 2001, le rythme de croissance de la valeur ajoutée a nettement diminué dans un contexte international fragile et de forte dépréciation boursière.

Lorsqu'on enlève à la valeur ajoutée évaluée au coût des facteurs les charges salariales, on obtient l'**excédent brut d'exploitation** (**EBE**). Il reflète la rentabilité de l'exploitation courante de l'entreprise. Le rapport de l'excédent brut d'exploitation à la valeur ajoutée au coût des facteurs définit le **taux de marge**. Ce dernier indique comment la richesse produite par l'entreprise se répartit entre salaires et profits d'exploitation. Plus le taux de marge est élevé, plus la part de la richesse des entreprises allouée aux détenteurs de capital augmente. À court terme, la masse salariale pouvant être considérée comme assez rigide, une baisse du taux de marge correspond généralement à une baisse de l'activité de l'entreprise. À long terme, les variations du taux de marge peuvent résulter de l'introduction de nouvelles technologies nécessitant plus de travail qualifié ou plus de capital par exemple, ou de changements organisationnels. Depuis 1993, en France, les variations du taux de marge suivent celles de la conjoncture de manière atténuée. Pendant la crise du début des années 1990 ou le ralentissement conjoncturel de 1995-1996, les entreprises ont réduit leurs dépenses (salaires et consommations intermédiaires) et ont ainsi limité la dégradation de leurs profits d'exploitation. Cependant, les pressions concurrentielles et la progression des coûts salariaux unitaires (masse salariale sur production) a limité la hausse des bénéfices pendant les périodes d'expansion. Ces comportements ont donc conduit à atténuer les fluctuations du taux de marge.

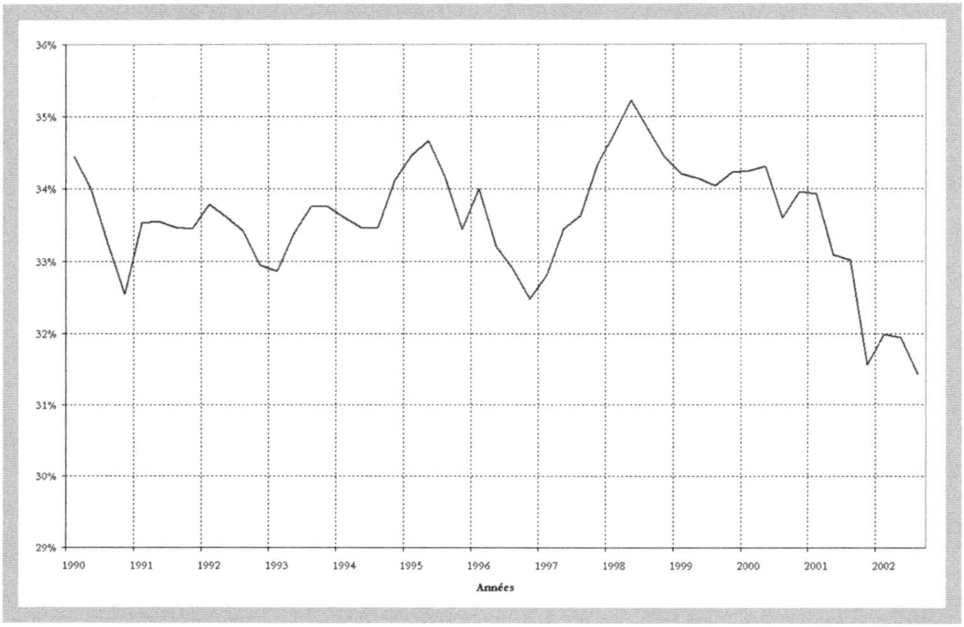


*Source : INSEE.*

**FIGURE 3.7**
Le taux de marge des entreprises non financières en France.

L'excédent brut d'exploitation est à la base de nombreux indicateurs de rentabilité. Lorsqu'on lui ajoute les reprises aux amortissements et qu'on lui enlève les dotations aux amortissements, on obtient le **résultat d'exploitation**. Les dotations aux amortissements sont les sommes qui sont allouées à la perte de valeur du capital productif. Par exemple, une machine se déprécie à chaque période si bien que l'entreprise a pour obligation de mettre de l'argent de côté afin éventuellement de pouvoir la remplacer lorsqu'elle deviendra obsolète.

Dans la deuxième moitié des années 1990, beaucoup d'entreprises se sont lancés dans une vague opération de fusions et d'acquisitions. Les grands groupes français notamment, se sont endettés afin d'acquérir des filiales, anticipant une forte hausse des profits, et donc des revenus de potentiels filiales. Malheureusement, ces acquisitions se sont faites au plus haut des cours boursiers. Les écarts d'acquisition (**goodwill** en anglais) représentant l'écart entre le prix payé pour l'acquisition d'une filiale et l'évaluation de sa valeur pour l'établissement des comptes de la maison mère, ont été fortement négatifs avec la chute brutale des cours boursiers. Les entreprises constatent alors des amortissements exceptionnels, c'est-à-dire qu'elles doivent mettre de côté une partie de leur revenu afin de couvrir la dépréciation des actifs achetés [8]. Cette opération réduit l'actif net des entreprises et elle les a conduites à des difficultés de trésorerie ou à des problèmes de financement puisque l'endettement est alors devenu moins soutenable.

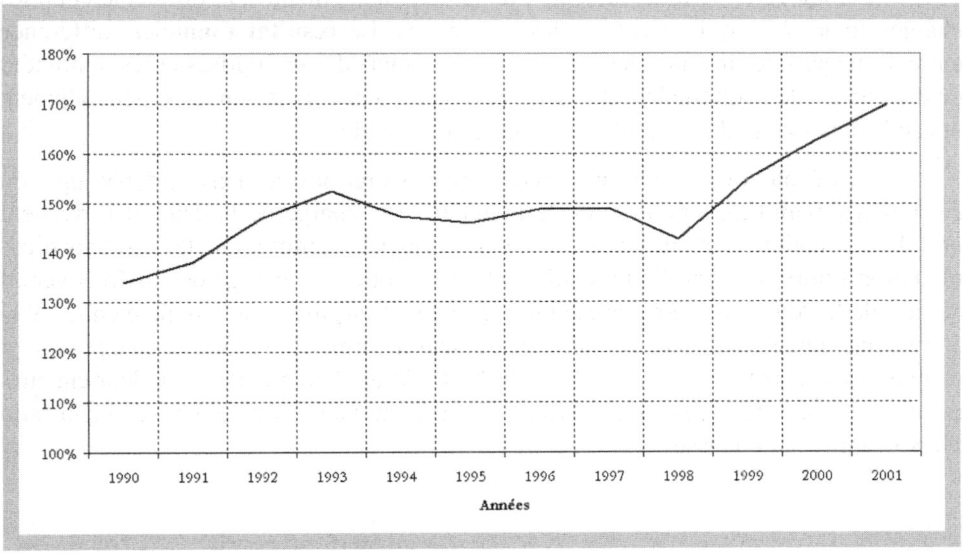


*Source : INSEE*

**FIGURE 3.8**
Évolution de l'endettement rapporté à la valeur ajoutée.

Le résultat d'exploitation traduit la **rentabilité économique du capital** et reflète la capacité de l'ensemble des capitaux quel que soit le mode de financement – emprunts, crédit bancaire, ou émission de titres de propriété –, à générer un surplus. Si l'on considère le rôle de l'entreprise dans le partage des revenus entre capital et travail, une telle définition peut être prise en compte pour calculer la part qui revient au capital.

Le ratio du résultat d'exploitation au montant des capitaux investis (fonds propres et endettement) définit un **taux de rentabilité économique**. Il rend compte à

8. L'amortissement comptable n'a qu'une valeur indicative comme instrument de mesure de la perte de valeur des outils de production dans le processus productif. Il est en effet défini par la législation fiscale, et ce que l'on appelle le Plan Comptable, ensemble de règles promulguées par le législateur pour assurer une transparence minimum des comptes de l'entreprise vis à vis de l'administration fiscale, des créanciers extérieurs, et des actionnaires. Or le capital technique réellement usé peut être sensiblement différent de cette évaluation. Il faut en outre y ajouter l'obsolescence technologique, i.e. la perte de valeur due à l'évolution du progrès technique dans les processus de fabrication.

la fois du dynamisme commercial et de la qualité de son organisation interne. Ce ratio ne prend pas en compte la situation financière de l'entreprise.

Dans la seconde moitié des années 1990, les conditions de financement et l'environnement économique porteur ont permis aux sociétés non financières de réaliser des investissements ou des acquisitions en s'endettant. Sur la période 1998-2001, l'endettement a progressé plus rapidement que la valeur ajoutée.

Durant cette période, la charge de la dette a augmentée, et du même coup les charges financières qui pèsent sur les entreprises. Le **résultat financier**, différence entre d'une part, les revenus des placements financiers des entreprises et les remontées de dividendes de leurs filiales, et d'autre part, les charges financières, est généralement négatif, mais l'a été d'autant plus pendant cette période.

Les évolutions du niveau d'endettement se retrouvent dans la dynamique du **ratio d'insolvabilité**, rapport entre le montant de la charge de la dette et l'excédent brut d'exploitation. Lorsque ce ratio est élevé, cela peut signifier que les résultats d'exploitation futurs risquent d'être insuffisants pour couvrir la charge des intérêts versés au titre de la dette. Les entreprises non financières françaises ont bénéficié entre 1993 et 1997 de la baisse des taux d'intérêt ce qui leur a permis de réduire la charge de leur dette et par conséquent leur ratio d'insolvabilité. Mais l'augmentation de leur endettement dans la seconde moitié des années 1990 a conduit à pousser de nouveau leur ratio d'insolvabilité à la hausse.

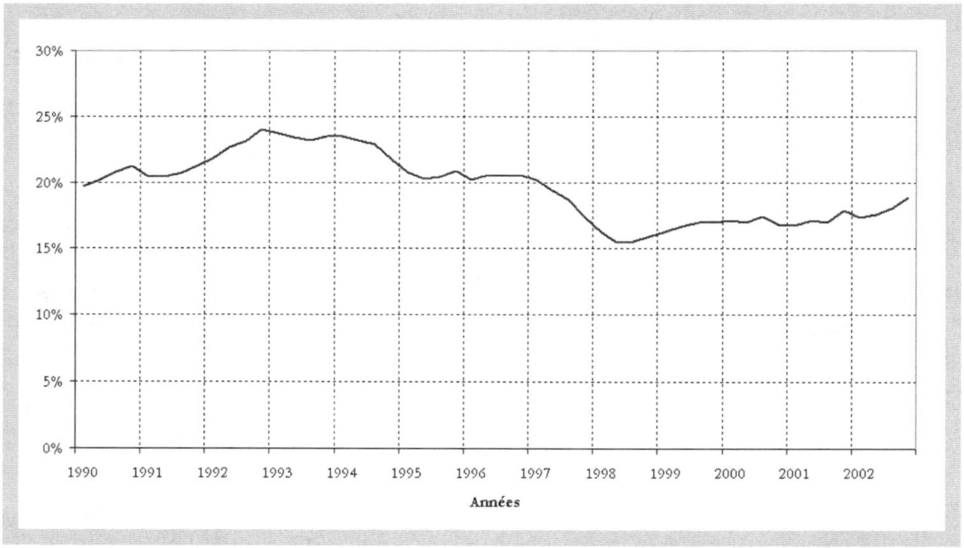


*Source : INSEE*

**FIGURE 3.9**
Ratio d'insolvabilité des entreprises non financières en France.

La somme du résultat financier et du résultat d'exploitation définit le **résultat courant avant impôt**. En rapportant le résultat courant avant impôt aux fonds propres, i.e. aux capitaux investis, on obtient un **taux de rentabilité financière**. Il évalue la capacité de l'entreprise à dégager des bénéfices et correspond plus directement à la rémunération des capitaux des propriétaires de l'entreprise.

Insistons sur les interprétations différentes du taux de rentabilité économique et du taux de rentabilité financière. Le taux de rentabilité économique traduit l'efficacité de l'entreprise à générer des profits en utilisant l'ensemble des capitaux mis à sa disposition. Le taux de rentabilité économique s'écrit :

$$TRE = \frac{RE}{D + FP} \tag{3.11}$$

avec $TRE$ le taux de rentabilité économique, $RE$ le résultat d'exploitation, $D$ la dette de l'entreprise et $FP$ ses fonds propres (capital amené par ses actionnaires).

Le taux de rentabilité financière intéresse plus particulièrement les actionnaires puisqu'il est lié aux revenus qu'ils vont pouvoir retirer de leur placement. Au dénominateur de ce taux, seuls les fonds propres interviennent :

$$TRF = \frac{RC}{FP} \tag{3.12}$$

avec $TRF$ le taux de rentabilité financière, $RC$ le résultat courant avant impôt et $FP$ les fonds propres de l'entreprise.

Considérons le cas d'une entreprise s'étant endettée au taux d'intérêt $i$ et n'ayant pas effectué de placement lui permettant de recevoir des intérêts. Son résultat financier $RF$ est alors négatif et vaut :

$$RF = -iD \tag{3.13}$$

Comme la somme du résultat d'exploitation $RE$ et du résultat financier $RF$ est égal au résultat courant avant impôt, il est facile d'en déduire le lien entre le taux de rentabilité économique et le taux de rentabilité financière :

$$TRF = \frac{RC}{FP} = \frac{RE - iD}{FP} = \frac{TRE(D + FP) - iD}{FP} = TRE + (TRE - i)\frac{D}{FP} \tag{3.14}$$

Comme le **taux d'endettement** $TE$ d'une entreprise est défini par $TE = \frac{D}{FP}$, l'équation 3.14 peut s'écrire :

$$TRF = TRE + (TRE - i)TE \tag{3.15}$$

Le taux d'endettement définit la structure de financement de l'entreprise. Il joue un rôle d'**effet de levier** car il amplifie de façon positive ou négative l'écart entre la rentabilité financière et la rentabilité économique. Si le coût de l'emprunt $i$ est inférieur au taux de rentabilité économique l'entreprise bénéficie en s'endettant de capitaux relativement moins chers sur le marché du crédit par rapport au marché des actions. Les actionnaires peuvent alors capter le gain de cet arbitrage. Beaucoup d'entreprises ont eu recours à cet effet de levier pendant la période d'euphorie de la seconde moitié des années 1990. Cependant, si l'écart entre le taux de rentabilité économique et le taux d'intérêt se retourne et devient négatif, l'effet peut alors se retourner contre les actionnaires...

La stratégie d'endettement de l'entreprise est en outre contrainte par l'interaction avec les actionnaires et les créditeurs. Les actionnaires majoritaires s'identifient aux intérêts à long terme de l'entreprise mais d'autres souhaitent parfois tirer profit de l'effet de levier en augmentant leur taux d'endettement. En revanche, les banques se soucient de la solvabilité de leurs emprunteurs et cherchent à restreindre l'endettement des entreprises, soit en les rationnant, soit en appliquant un taux d'intérêt plus élevé aux entreprises présentant un risque d'insolvabilité.

Le **résultat exceptionnel** est le solde entre des produits et des charges exceptionnels. En sommant le résultat exceptionnel avec le résultat courant avant impôt, on obtient le **résultat net comptable**. Ce dernier permet le versement des dividendes, l'investissement (dit **Formation Brute de Capital Fixe** ou **FBCF**) et le remboursement de la dette.

La figure 3.10 résume le cadre comptable simplifié de l'entreprise. L'**autofinancement** (ou **cash-flow**) mesure les ressources dégagées et restant à la disposition de l'entreprise, une fois l'ensemble de ses partenaires rémunérés (salariés, créanciers, actionnaires et administrations publiques). Il est donc égal au résultat net comptable net des dividendes versés et de la variation de la dette de l'entreprise. L'autofinancement sert à l'investissement et à la formation des stocks. Le **taux d'autofinancement** est le rapport entre l'autofinancement et l'investissement. Il représente le taux de couverture potentielle de l'investissement par un financement propre à l'entreprise.

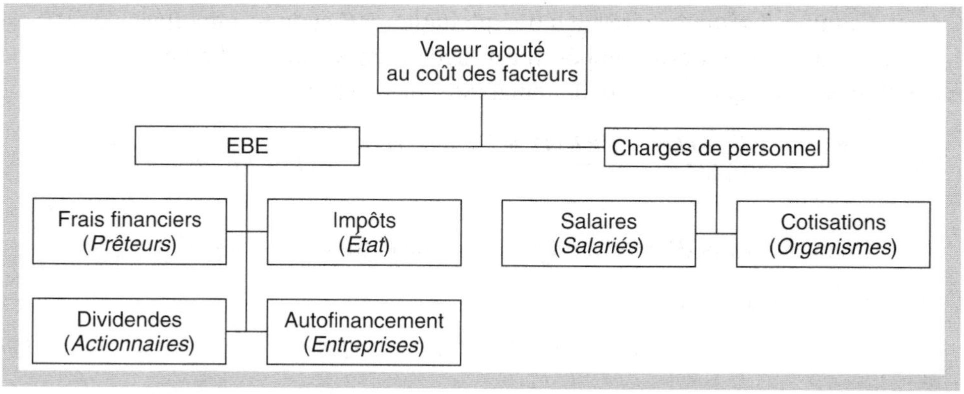


**FIGURE 3.10**
La répartition de la valeur ajoutée dans l'entreprise : schéma récapitulatif.

### 3.4.2 *La valorisation boursière des entreprises*

Parmi les agents qui apportent des capitaux aux entreprises, deux catégories doivent être distinguées :

- les détenteurs de créances à revenu fixe ;
  Ces titres ne sont pas des parts du capital social de l'entreprise. Leur détenteur n'est donc pas propriétaire de l'entreprise. Leur rémunération est considérée comme l'un des frais de gestion de l'entreprise, au même titre que les autres frais (consommations intermédiaires, salaires). Ce sont les frais financiers intégrant le résultat financier de l'entreprise.
- les détenteurs d'actions.
  Eux seuls ont le droit de toucher une part de bénéfice, une fois les autres dettes payées.

Revenons au dernier solde détaillé dans la section précédente : le résultat net comptable.

1. Le résultat net comptable permet à l'entreprise, d'une part d'augmenter ses moyens de production usés et d'autre part, de verser aux actionnaires une rémunération égale à la rémunération moyenne des capitaux sur le marché. Deux cas peuvent être envisagés :
   (a) L'entreprise verse effectivement aux propriétaires d'actions une rémunération égale au taux d'intérêt moyen éventuellement corrigé d'une prime de risque. Le capital social conservant la même valeur qu'au départ, et les actions étant rémunérées au même taux que les autres placements, les épargnants n'ont pas de raison de se débarrasser de leurs actions (dont la valeur reste inchangée).
   (b) L'entreprise conserve l'ensemble des bénéfices : elle consacre une part du résultat net comptable pour investir dans de nouvelles machines. Dans ce cas, le capital technique possédé par l'entreprise s'est accru d'autant, et le capital social doit s'accroître d'autant. Supposons par exemple que ce capital social initial ait la valeur de 100 € répartis en 10 actions de 10 € ; l'entreprise réalise un bénéfice de 20 € qu'elle conserve par-devers elle (normalement, en cas de distribution totale de ce bénéfice, les actionnaires avaient droits chacun à 2 €). Supposons ensuite que l'entreprise consacre ces 20 € de bénéfices en achats de biens d'équipement nouveaux. Elle dispose alors d'un appareil productif d'une valeur de 120 € qui lui permettra d'accroître a production de 20 %. Le capital social officiel est toujours de 100 € mais la valeur effective de l'entreprise est de 120 €. Si l'on peut acheter pour 10 € une action valant en fait 12 €, il y a de fortes chances pour que la demande de tels titres soit élevée sur les marchés boursiers. Et l'on peut supposer que le cours des actions s'accroîtra jusqu'à ce niveau. Ainsi les détenteurs d'actions n'ont pas touché de dividendes, mais la

valeur de leur titre s'est accrue d'un montant égal au dividende qui n'a pas été versé. Tout se passe comme si l'entreprise avait distribué les dividendes, puis avait demandé aux actionnaires d'acheter chacun pour 2 € de nouvelles actions, le produit de cette vente servant à acheter pour 20 € de matériel. En échange, les actionnaires peuvent escompter obtenir des dividendes plus importants à l'avenir grâce à un produit accru de 20 %.

Le choix de distribuer des dividendes ou d'investir n'est cependant pas aussi simple que dans ce cadre idéal. Dans les faits, la fiscalité peut jouer un rôle prépondérant incitant les entreprises à rémunérer leurs actionnaires par la solution la plus fiscalement avantageuse. Les choix d'investissement se font en fonction des anticipations sur la demande de biens et services adressées à l'entreprise. Les contraintes de débouchés peuvent conduire les entreprises à différer leur investissement pour éviter d'être en surcapacité de production.

**2.** Imaginons maintenant que le résultat net comptable dégagé par l'entreprise ne permette pas de verser une rémunération au moins égale au taux d'intérêt moyen du marché. Dans ce cas, les sommes distribuées aux actionnaires, ou leur contrepartie en terme de plus value sur les titres possédés (au cas où l'entreprise conserve ces profits) seront inférieures à ce qu'auraient obtenu ces mêmes actionnaires s'ils avaient investis leurs capitaux dans des placements alternatifs. Ils ont à priori intérêt à se désengager de l'entreprise… mais ils ne peuvent le faire qu'en vendant leur titre sur le marché et il est peu probable que les acheteurs extérieurs se précipitent pour les acheter : la valeur de ces titres à toute les chances de baisser. La vente de ces titres revient donc à entériner la perte de richesse résultant de la baisse du revenu de l'entreprise. On peut imaginer deux situations :

(a) Les anticipations de gains futurs dépassent de loin les pertes présentes : dans ce cas, la prise en compte du revenu intertemporel incite l'actionnaire à conserver son titre. Dans la mesure où les anticipations de gains futurs sont partagées par de nombreux autres acteurs qui vont désirer se porter acquéreur du titre, (on appelle cela la spéculation), la valeur boursière de ce titre va s'accroître… et peut être inciter notre propriétaire à vendre son titre tout de même. Mais dans ce cas, il engrange une plus value qui n'est plus la compensation d'un profit présent non distribué, mais d'un profit futur anticipé.

(b) Les anticipations de gains futurs ne sont pas meilleures… et dans ce cas, sauve qui peut… Un tel comportement, s'il engendre par mimétisme une panique boursière, amplifie les pertes au-delà de ce que la faiblesse du profit présent laissait présager, et peut conduire au dépôt de bilan de l'entreprise.

## 3.5. L'INVESTISSEMENT ET LA CROISSANCE

### 3.5.1 *L'investissement*

L'investissement permet l'accumulation du capital, c'est-à-dire l'accumulation de biens dont la durée de vie dépasse plusieurs périodes et qui ne sont pas entièrement détruits lors de leur utilisation. Néanmoins, les biens peuvent connaître une certaine usure : on parle alors de **dépréciation du capital**. Si on note pour la période $t$, $\delta_t$ le taux de dépréciation du capital, $I_t$ l'investissement et $K_t$ le capital en début de période, on peut alors traduire le processus d'accumulation du capital par l'équation suivante :

$$K_{t+1} = K_t - \delta_t K_t + I_t \tag{3.16}$$

Cette relation illustre le fait que le capital est un stock et l'investissement un flux. Cette propriété est encore plus évidente si on considère l'investissement net de la dépréciation du capital $IN_t = I_t - \delta_t K_t$. L'équation 3.16 devient alors :

$$K_{t+1} - K_t = IN_t \tag{3.17}$$

La variation du stock de capital est égale au flux d'investissement net.

L'investissement total est une composante importante du PIB puisqu'il représente environ 20 % de celui-ci en France. L'investissement des entreprises non financières atteint à lui-seul plus de 10 % du PIB. La part de l'investissement des sociétés non financières dans l'investissement total est passée d'environ 45 % à 57 % entre 1980 et 2002. Au contraire, la part de l'investissement en logement des ménages n'a cessée de diminuer durant cet intervalle. Il représente désormais environ 20 % de l'investissement total.

Outre sa part assez importante dans le PIB, l'investissement est un élément essentiel pour comprendre les évolutions conjoncturelles. Comme le montre la figure 3.12, pendant les phases de forte croissance, l'investissement est très dynamique alors que pendant les phases de récession, il est faible voire négatif. Entre 1980 et 2000, on peut estimer à environ 72 % la corrélation entre le taux de croissance du PIB et celui de l'investissement. Durant cette période, le taux de croissance de l'investissement a été environ 2,7 fois plus volatil que le taux de croissance de l'économie. Lorsqu'on recherche l'origine de la fluctuation de l'investissement, on s'aperçoit que l'essentiel de sa volatilité correspond aux mouvements de l'investissement des entreprises, et plus particulièrement des sociétés non financières.

Dans le cas des entreprises, l'investissement correspond à la FBCF (formation brute de capital fixe). Il permet l'accumulation d'un capital productif. L'accumulation du capital par les entreprises est un processus leur permettant d'augmenter leurs capacités productives dans le futur. En ce sens, la décision d'investir revêt un caractère intertemporel : l'investissement réalisé aujourd'hui par l'entreprise donne lieu à des revenus futurs dans un environnement incertain. En effet, le gain que l'entreprise peut

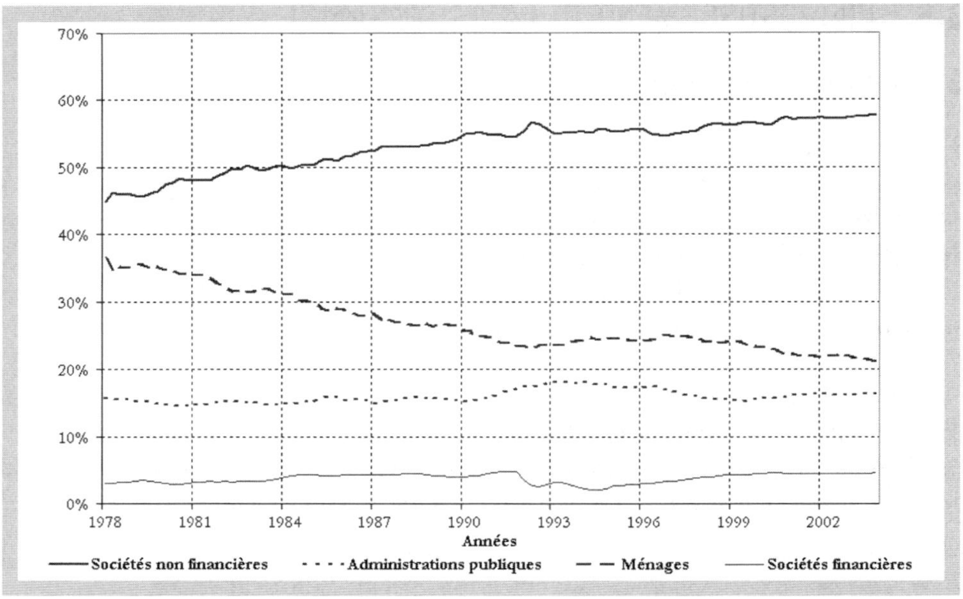


Source : INSEE.

**FIGURE 3.11**
La part de l'investissement de catégories d'agents dans l'investissement total en France.

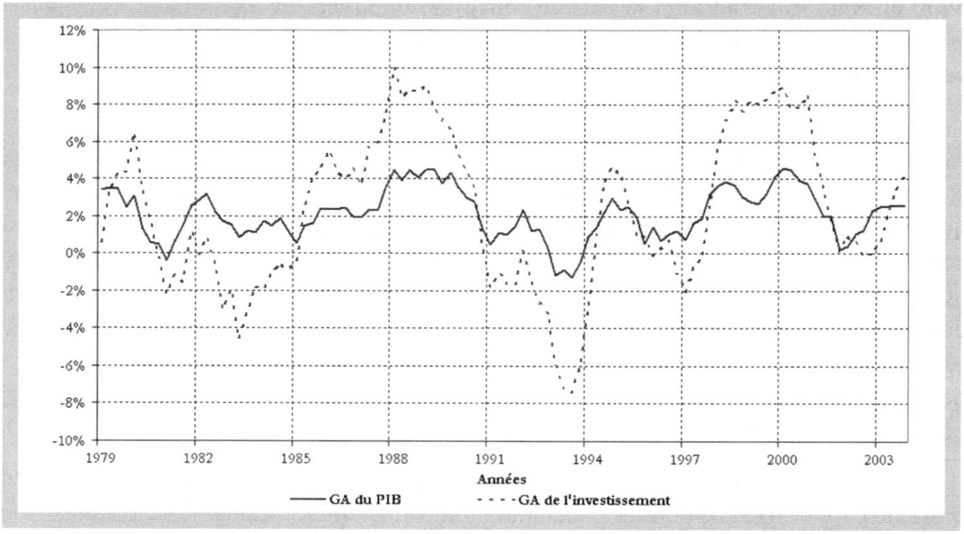


Source : INSEE.

**FIGURE 3.12**
Glissement annuel du PIB et de l'investissement en France.

espérer d'un investissement dépend aussi du prix auquel elle va vendre son bien par exemple. Cela explique que les entreprises investissent peu en période de récession puisqu'elles subissent une pression à la baisse des prix dans un cadre où l'excès d'offre par rapport à la demande de biens et services induit une concurrence accrue. Au contraire, si les entreprises envisagent le nouveaux débouchés, des rendements importants de l'investissement, elles seront plus incitées à investir. Les anticipations jouent donc un rôle essentiel dans la décision d'investir, et ce d'autant plus que l'investissement peut parfois être irréversible au sens où une machine ne peut être remboursée une fois que l'entreprise l'a achetée. Cette irréversibilité est d'ailleurs une des causes théoriques de la forte volatilité de l'investissement.

Parmi les autres déterminants de l'investissement, les débouchés peuvent être une contrainte : l'entrepreneur ne décide d'investir que s'il lui semble possible de pouvoir vendre sa production supplémentaire. Si l'entreprise est déjà en surcapacités de production, son intérêt à augmenter la taille de son appareil productif est faible. Le choix d'investir est aussi assujetti aux coûts que cette opération peut engendrer. Non seulement le coût de l'investissement doit pouvoir être amorti par les gains futurs espérés, mais l'installation du capital, sa mise au rebus, ou des problèmes de réorganisation peuvent générer des coûts d'ajustement supplémentaires. Enfin, la santé financière des entreprises joue un rôle essentiel. Si comme au début des années 2000, les entreprises doivent consacrer une partie importante de leurs ressources à leur désendettement, elles ne peuvent plus forcément dégager les moyens nécessaires à l'investissement.

## 3.5.2 *La croissance*

Le PIB étant la somme de valeurs ajoutées, la croissance du PIB – ou simplement *la croissance* – correspond à l'augmentation de la richesse produite. Selon A. Maddison [23], entre 1500 et 1998, la richesse produite par habitant a été multiplié par 27 en France. Entre le début et la fin du $XX^e$ siècle, le PIB mondial a été multiplié par plus de 17 ! Certes, ces chiffres sont à considérer avec précaution : la difficulté de la mesure de la production sur une très longue période, et l'absence d'information sur son évolution qualitative rendent la précision de ces évaluations grossière. Néanmoins, la richesse produite n'a cessé de croître, surtout à partir de la fin du $XVIII^e$ siècle et la première révolution industrielle… mais de manière inégale dans le monde : si à la fin du Moyen Age, la Chine était le pays le plus développé de la planète, ce pays a connu un rythme de croissance quasi nul jusqu'au milieu du $XX^e$ siècle.

En France, depuis la fin de la Seconde Guerre mondiale, le taux de croissance a été assez élevé, notamment pendant les Trente Glorieuses. Jusqu'en 1974, la croissance n'a jamais été négative et a atteint en moyenne 4,65 % en moyenne annuelle [9]. À partir de 1975 et le premier choc pétrolier, la croissance de l'économie française a été plus faible à environ 2,15 % en moyenne. Cette baisse de croissance peut paraître faible,

9. Il s'agit du taux de croissance de la moyenne du niveau du PIB pendant une année.

**TABLEAU 3.7**
Des inventions qui ont accéléré le progrès technique.

| | |
|---|---|
| 5000 avant J.C. | Plus anciennes roues retrouvées en Arménie. |
| 300 avant J.C. | Développement de la charrue en Europe. |
| XIIe siècle | Arrivée de la boussole en Italie. Les premières boussoles naissent en Chine au début du XIe siècle. |
| 1454 | Invention de l'imprimerie par Gutenberg et impression de 300 bibles de nature protestante. |
| Vers 1350 | Apparition des premiers hauts-fourneaux dans le Yorkshire, près de Liège et en Suède. |
| 1712 | Le Français Denis Papin dessine la première machine à vapeur. Son exil conduit à l'apparition de celle-ci en Angleterre. La première machine est construite par Thomas Newcomen. |
| XVIIIe siècle | Apparition du métier à tisser dans la région de Manchester et perfectionnement du mécanisme. |
| 1796 | Invention de la vaccination par le Britannique Edward Jenner. En 1885, Louis Pasteur mettra au point le vaccin contre la rage. |
| 1804 | La locomotive « Rocket » est conçue par Richard Trevithick. |
| 1834 | Premier mécanisme de réfrigération maîtrisé par Jacob Perkins un Américain de Londres. |
| 1876 | Le 14 février 1876 Alexandre Graham Bell dépose le brevet du téléphone quelques heures avant son compatriote Elisha Gray. |
| 1878 | Si en 1800 l'Italien Volta fabrique la première batterie, l'entrepreneur américain Thomas Edison met au point en 1878 une ampoule et construit la première centrale électrique à Manhattan. |
| 1883 | Edouard Delamare-Debouteville invente à Rouen la première « voiture ». |
| 1895 | Auguste et Louis Lumière inventent la première caméra et brevettent le cinématographe. |
| 1903 | Wilbur et Orville Wright effectuent des vols contrôlés de plus de 250 mètres. |
| 1925 | L'Écossais John Logie Baird invente la télévision. |
| 1928 | Alexander Fleming invente la pénicilline qui ne se développera qu'à partir de 1943. |
| 1943 | Le mathématicien Alan Turing crée le calculateur Colossus qui réussit à décrypter les codes des machines de chiffrage Enigma, embarquées dans les sous-marins allemands. L'ordinateur est né. Dès 1946, l'Eniac de John Mauchly et Presper Eckert, et l'Edvac de von Neumann sont 1000 fois plus puissants. |
| 1951 | La première centrale nucléaire entre en marche aux États-Unis. |
| 1957 | Spoutnik 1 est lancé par l'URSS et tourne autour de la terre. |
| 1983 | Création d'internet sur la base de son ancêtre Arpanet développé par le Pentagone en 1969. |
| 2000 | Les nanotechologies font leur apparition. |

car si le rythme de croissance s'était maintenu à partir de 1975 à sa moyenne antérieure de 4,65 %, la richesse produite en France aurait été 1,8 fois plus grande en 2000 !

Comment traduire la croissance dans le processus productif ? Si on revient à la vision classique de l'entreprise, la production peut s'écrire à partir d'une fonction de production dont les facteurs de production sont le travail et le capital. La croissance de la production peut provenir d'une utilisation plus large de ces facteurs de production ou d'une augmentation de leur efficacité productive. Cette efficacité se mesure par la **productivité apparente**, rapport entre la quantité de bien produite et la quantité de facteur de production utilisée.

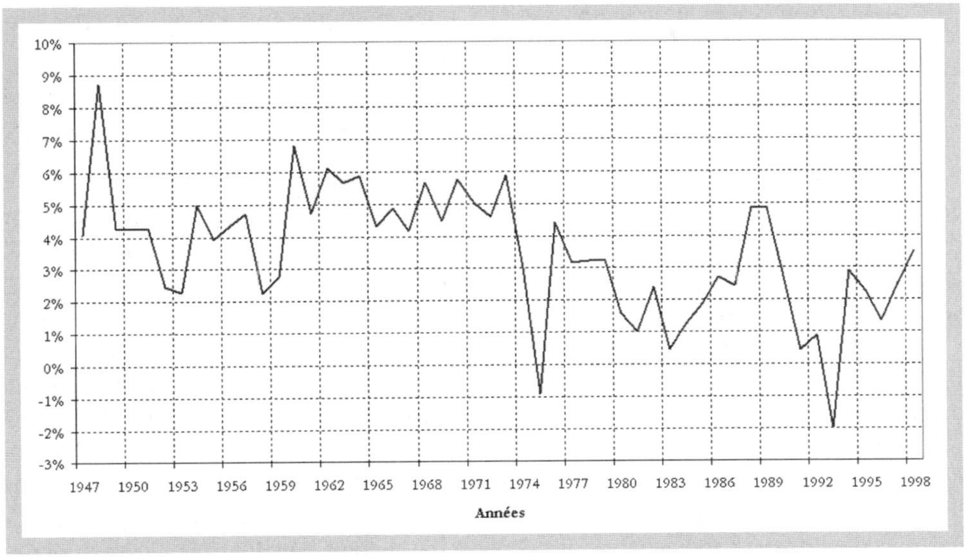


*Source : INSEE.*

**FIGURE 3.13**
La croissance en moyenne annuelle en France depuis 1946

L'emploi et la durée annuelle du travail ont connu des évolutions sensiblement identiques dans l'ensemble des pays de l'OCDE. Aux États-Unis, la croissance de l'emploi a été particulièrement impressionnante : il est passé de 14,7 millions à 133 millions entre 1870 et 1998. Dans le même temps, la durée annuelle de travail a été divisée par 2. En France, l'emploi a moins fortement cru mais le nombre annuel d'heures travaillées a suivi la même évolution qu'aux États-Unis.

Entre 1870 et 2000, la productivité horaire du travail a été multipliée par près de 24 en France, près de 18 en Europe occidentale et près de 15 aux États-Unis. Il est d'ailleurs à noter que la France dispose aujourd'hui d'une des plus forte productivité horaire du monde, devant les États-Unis [10]. Depuis 1975, la croissance de la productivité a subi une inflexion à la baisse dans les pays de l'OCDE. En France, si le rythme de croissance annuel de la productivité a été supérieur en moyenne à 5 % entre 1946 et 1974, il est devenu inférieur à 3 % par la suite. Plus récemment, on a observé en France un ralentissement des gains de productivité apparente du travail assez marqué à partir de 1992. Cette situation tient sans doute partiellement aux politiques d'emploi :

- la baisse des charges pour les travailleurs les moins qualifiés ont tendu à augmenter ou préserver ce type d'emplois et donc abaissé la productivité moyenne agrégée ;

10. Notons tout de même la fragilité des statistiques sur le nombre d'heures de travail annuel qui rend les comparaisons de productivité horaire très délicates.

- le développement du temps partiel par des politiques fiscales actives a pu diminuer le temps de travail annuel moyen ;
- la politique de réduction du temps de travail entre 1998 et 2000 a aussi contribué, malgré des gains de productivité horaire, à la baisse de la productivité par tête.

Le capital physique accumulé permet à la fois de produire à une plus grande échelle, de rendre le travail plus efficace et il favorise le progrès technique. Entre 1950 et 2000, la productivité du capital a augmenté de 42 % en France alors qu'elle est restée assez stable aux États-Unis. La plupart des autres pays de l'OCDE ont connu des hausses assez sensibles de la productivité du capital. Le cas particulier des États-Unis peut s'interpréter comme un processus de rattrapage de la part des autres pays : dans ce cas, l'accumulation de capital est d'autant plus intense que le pays est initialement moins développé. Ce fait stylisé que la théorie de la croissance exogène modélise [35] n'est pas toujours vérifié : par exemple, on ne voit pas aujourd'hui de signe de convergence des pays africains vers les standards occidentaux. On peut alors se demander si un minimum de capital et de connaissance n'est pas nécessaire pour pouvoir participer à un processus de convergence avec les économies les plus développées par exemple…

La séparation entre la productivité du travail et celle du capital n'est pas forcément évidente : pour observer clairement la productivité du travail par exemple, il faudrait raisonner à capital constant. Or les deux facteurs de production évoluent simultanément, si bien qu'il est préférable d'analyser la productivité par rapport à l'ensemble des facteurs de production. On parle alors de **productivité globale des facteurs**. La définition d'une telle variable n'est cependant pas simple et exige qu'on fasse des hypothèses sur la forme de la fonction de production.

Au niveau théorique, deux approches tentent d'expliquer la croissance. La première approche illustre comment les caractéristiques démographiques et le niveau d'avancement technologique déterminent la croissance. Dans ce cadre, le progrès technique est déterminé de manière exogène et des dynamiques de convergence entre pays sont possibles à mettre en évidence. Le modèle de croissance exogène le plus connu est celui de Solow. La seconde approche tente de modéliser le progrès technique afin de faire ressortir une dynamique auto-entretenue de la croissance. Elle s'attache à des phénomènes tels que l'impact de l'éducation, de l'investissement public, des processus d'innovation sur la croissance. Dans ce cadre, le rattrapage des économies initialement les moins riches n'est pas automatique. Parmi les nombreux auteurs de cette approche, Schumpeter tient une place importante.

## 3.6 LES CHOIX DE L'ENTREPRISE*

### 3.6.1 *Facteurs de production, à objectif de production donné*

Nous allons, comme dans le cas des ménages, illustrer les problèmes de choix de l'entreprise. Supposons dans cette section que l'entreprise se fixe un objectif de production $Q$. Elle est dotée d'une technologie de production modélisée par la fonction de production $F(x)$ de $\mathbb{R}^n_+$ dans $\mathbb{R}_+$ avec $x$ le vecteur des facteur de production (ou inputs) de l'entreprise. La fonction de production synthétise le processus de production en donnant la quantité de biens produits résultant de la combinaison des facteur de production. $F$ est supposée strictement croissante, strictement concave et nulle en $x = 0$. Dans le cas d'une fonction de production néo-classique, le vecteur $x$ vaut $(K, L)$ par exemple avec $K$ le stock de capital et $L$ la quantité de travail. L'ensemble $\Omega$ des facteurs de production requis pour produire la quantité $Q$ est défini par :

$$\Omega(Q) = \left\{x \in \mathbb{R}^n_+ / F(x) \geq Q\right\} \tag{3.18}$$

Comme dans le cas des ménages, définissons l'isoquante $I$ de production de niveau $Q$ qui correspond à l'ensemble des combinaisons d'inputs permettant de produire exactement $Q$. Bien sûr, les combinaisons de facteurs de production efficaces se situent sur l'isoquante puisque tout gaspillage d'inputs doit être évité : l'entreprise ne désire pas payer une quantité d'un input qu'elle n'utilise pas.

$$I(Q) = \left\{x \in \mathbb{R}^n_+ / F(x) = Q\right\} \tag{3.19}$$

Nous pouvons représenter les ensembles de facteurs requis dans un graphique à deux dimensions dans le cas d'un vecteur $x$ de dimension deux. La figure 3.14 illustre le cas de facteurs de production complémentaires. Le point de production efficace est $E$. En $A$, l'input $x_2$ est gaspillé. En $B$, l'input $x_1$ est gaspillé.

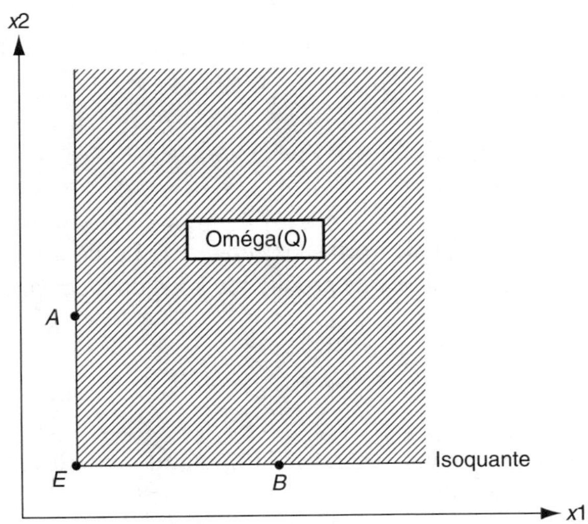


**FIGURE 3.14**
Une fonction de production à facteurs complémentaires.

La figure 3.15 représente le cas plus général de facteurs de production substituables. Comme pour les ménages, définissons le taux marginal de substitution technique $\tau_{12}$ de l'input 2 par rapport à l'input 1, comme la quantité d'inputs 2 nécessaire pour remplacer une unité d'input 1 tout en préservant constant le niveau de production. Il correspond à la pente du gradient de l'isoquante. Sa définition est donnée par l'équation 3.20.

$$\tau_{12} = -\frac{dx_2}{dx_1} = \left.\frac{\frac{\partial F}{\partial x_1}}{\frac{\partial F}{\partial x_2}}\right|_{F(x)=Q} \qquad (3.20)$$

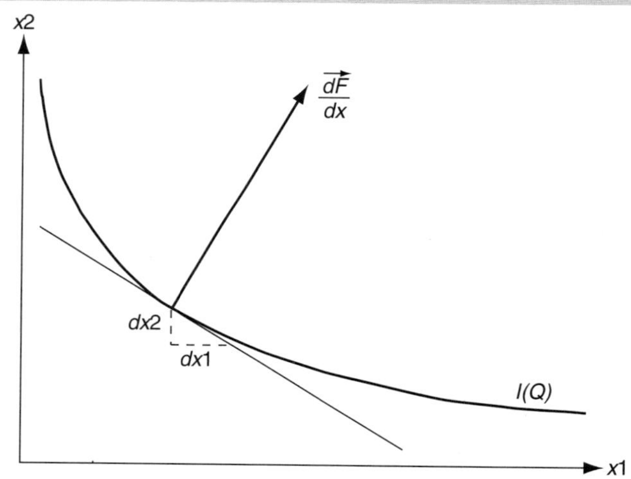


**FIGURE 3.15**
Une fonction de production à facteurs substituables.

Introduisons le vecteur des prix des inputs $w$. Le coût de l'entreprise lorsqu'elle utilise le vecteur des facteurs de production $x$ est donnée par le produit scalaire de $w$ par $x$ :

$$C = w.x = \sum_{i=1}^{n} w_i x_i \qquad (3.21)$$

Dans ce cadre, nous allons chercher la **demande conditionnelle de facteurs** $x(Q, w)$ pour un niveau de production $Q$ et un vecteur des coûts $w$. Le programme de l'entreprise consiste à minimiser ses coûts sous la contrainte qu'elle doit au minimum produire $Q$. Il s'écrit :

$$\begin{aligned} &\min_{x} \quad w.x \\ &s.c\ Q \leq F(x) \end{aligned} \qquad (3.22)$$

La résolution de ce programme découle de la recherche de l'optimum du lagrangien $\mathcal{L}(x, \lambda)$ :

$$\mathcal{L}(x, \lambda) = w.x - \lambda [F(x) - Q] \tag{3.23}$$

Les conditions du premier ordre sont données par :

$$\begin{cases} \forall i \in \{1, .., n\}, & \frac{\partial \mathcal{L}}{\partial x_i} = 0 \\ \frac{\partial \mathcal{L}}{\partial \lambda} = 0 \end{cases} \tag{3.24}$$

$$\Rightarrow \begin{cases} \forall i \in \{1, .., n\}, & w_i = \lambda \dfrac{\partial F}{\partial x_i} \\ F(x) = Q \end{cases} \tag{3.25}$$

Nous trouvons bien, comme annoncé plus haut, que le point solution appartient à l'isoquante de niveau de production $Q$ (équation (3.25)). L'élimination de $\lambda$ conduit à l'égalisation des taux marginaux de substitution technique aux rapports des prix des inputs (ici nous choisissons le premier input comme référence) :

$$\Rightarrow \begin{cases} \forall i \in \{2, .., n\}, & \dfrac{\frac{\partial F}{\partial x_i}}{\frac{\partial F}{\partial x_1}} = \tau_{i1} = \dfrac{w_i}{w_1} \\ F(x) = Q \end{cases} \tag{3.26}$$

La résolution du système (3.26) permet d'en déduire la combinaison d'inputs choisie par l'entreprise pour produire $Q$. Dans le cas de deux facteurs de production, nous pouvons reprendre la figure 3.15. Traçons les droites d'équation $w.x = C$ avec la constante $C$ représentant le coût des allocations d'inputs sur la droite définie précédemment. La figure 3.16 permet d'interpréter la solution du programme de l'entreprise.

Si le coût est $\overline{C}$, la droite de coût définie ne coupe pas l'ensemble des facteurs requis pour produire $Q$. Il s'agit donc d'un coût trop faible et aucun point de cette droite ne peut être solution du programme de l'entreprise. Si le coût est $\tilde{C}$, l'intersection avec l'ensemble des facteurs requis pour produire $Q$ correspond au segment $[A, B]$ : chaque point de ce segment est dans l'ensemble des facteurs requis $\Omega$. Néanmoins, aucun point de ce segment n'est une solution optimale, puisque les points situés sur l'arc $(AB)$ de l'isoquante, permettent de produire $Q$, et peuvent être coupés par une droite de coût $C < \tilde{C}$. La solution est donc donnée par la limite entre les deux cas développés précédemment, où la droite de coût est tangente à l'isoquante de production. Au point solution, le gradient de la droite de coût $C^*$ est colinéaire à celui de l'isoquante : cela justifie donc l'égalité des taux marginaux de substitution technique aux rapports des prix des facteurs de production.

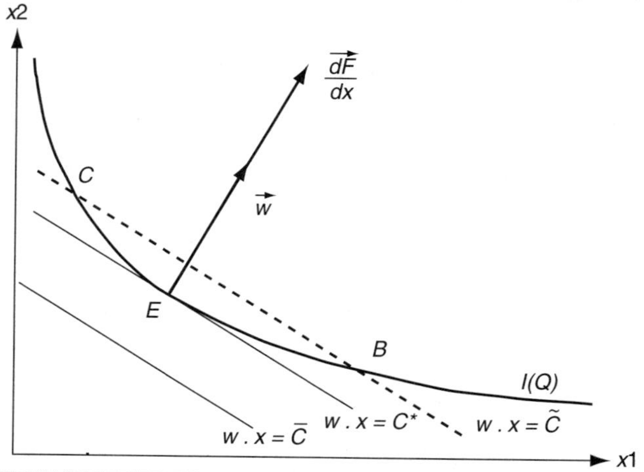


**FIGURE 3.16**
Une vision graphique de la résolution du programme de l'entreprise.

## 3.6.2 *L'entreprise en concurrence parfaite*

La section précédente a montré comment une entreprise choisit son allocation de facteurs de production pour une quantité à produire $Q$. Cependant, la réalité est tout autre et l'entreprise doit aussi choisir le niveau de sa production. Nous allons donc étudier ce point dans un cadre assez classique de la théorie économique : la **concurrence pure et parfaite**.

Le sens commun du mot *concurrence* évoque la compétition ou la lutte, i.e. des comportements actifs et dynamiques sur un marché : baisser son prix, améliorer la qualité des produits… Le sens théorique de la « concurrence » prend pourtant des formes multiples. Selon la définition donnée par Paul Samuelson, l'entreprise en concurrence pure et parfaite prend le prix de sa production comme donné (**price taker**) ; en concurrence imparfaite, elle manipule ce prix (**price maker**) :

*On dit qu'une entreprise est sur un marché de concurrence pure et parfaite lorsqu'elle fait face à une courbe de demande horizontale. On dit qu'une entreprise se trouve sur un marché en concurrence imparfaite lorsqu'elle fait face à une courbe de demande décroissante. (Paul Samuelson)*

Les courbes de demande dont parle Paul Samuelson sont tracées dans la figure 3.17. Si la courbe de demande à laquelle fait face l'entreprise est horizontale, l'entreprise peut choisir la quantité de biens qu'elle veut produire mais pas le prix auquel elle peut les vendre. En revanche, dans le cas d'une courbe de demande de biens décroissante, elle peut choisir une combinaison prix-quantité.

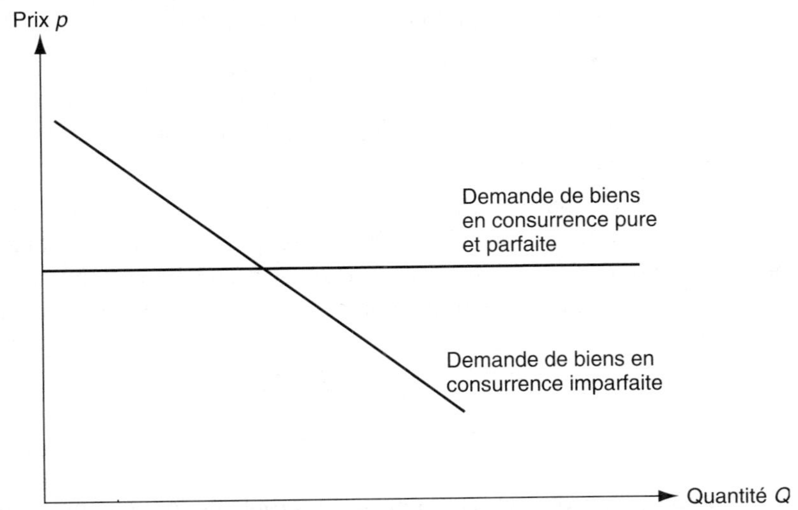


**FIGURE 3.17**
La demande de biens dans un diagramme prix-quantités.

Nous sommes donc loin du sens commun du mot « concurrence » lorsqu'on parle de concurrence pure et parfaite. En effet, dans ce cadre, toutes les entreprises auront le même prix : en concurrence pure et parfaite, l'entreprise prend uniquement une décision sur les quantités qu'elle désire produire ; elle cherche à maximiser son profit, pour une quantité qu'elle détermine, à un prix fixé par le marché. La concurrence s'exerce ici par les prix.

Les conditions sous lesquelles la concurrence sera dite « pure et parfaite » sont énoncées selon les quatre axiomes ci-dessous. Si un seul de ces axiomes n'est pas satisfait, la concurrence est dite « imparfaite ».

1. **atomicité des marchés** : il y a un très grand nombre de consommateurs et de producteurs. Si par exemple, il n'existe qu'un producteur, il n'est pas soumis à la concurrence d'autres entreprises. S'il y en a deux, ils pourraient facilement s'entendre pour fixer un prix qui leur est profitable.
2. **homogénéité des produits** : il faut que les produits ne soient pas différentiables pour le consommateur afin qu'il soit indifférent à acheter les produits d'un producteur ou d'un autre si le prix est le même.
3. **information complète** : tous les consommateurs et les producteurs connaissent l'ensemble des prix des autres. Si des consommateurs ne connaissent le prix que d'une seule entreprise, ils ne peuvent pas savoir s'ils achètent leurs produits chers.

4. **libre-entrée sur le marché** : si une entreprise peut produire le même bien moins cher, elle peut rentrer immédiatement sur le marché.

Bien évidemment, la concurrence pure et parfaite est un cadre idéal qui n'est jamais vérifié dans la réalité, ou au mieux tout juste approché. Néanmoins, ce cadre pratique en théorie économique fournit un benchmark par rapport aux situations de monopole, d'entente, de concurrence déloyale…

Nous allons donc considérer une entreprise dans une situation de concurrence pure et parfaite. Elle doit tirer le plus de profit $\pi$ de ses ventes, sachant qu'elle vend sa production au prix $p$ fixé, qu'elle achète ses facteurs de production selon le vecteur des prix $w$ et qu'elle est sujette à la fonction de production de la section précédente $F(x)$. Son programme s'écrit :

$$\begin{array}{l} \max\limits_{(Q,x)} \quad (\pi = pQ - w.x) \\ s.c\ Q \leq F(x) \end{array} \tag{3.27}$$

De nouveau, écrivons le lagrangien du problème de maximisation sous contrainte :

$$\mathcal{L}(Q, x, \lambda) = pQ - w.x - \lambda\,[Q - F(x)] \tag{3.28}$$

Les conditions du premier ordre fournissent le système 3.29 :

$$\begin{cases} \forall i \in \{1, .., n\}, \quad w_i = \lambda \dfrac{\partial F}{\partial x_i} \\ F(x) = Q \\ p = \lambda \end{cases} \tag{3.29}$$

Il est naturel de retrouver les conditions du premier ordre du problème de la section précédente puisqu'il s'agit d'un sous-cas du problème présent, i.e. une fois la quantité $Q$ de la production déterminée. L'élimination du multiplicateur de Lagrange conduit au système :

$$\begin{cases} \forall i \in \{1, .., n\}, \quad p = \dfrac{w_i}{\dfrac{\partial F}{\partial x_i}} \\ F(x) = Q \end{cases} \tag{3.30}$$

Nous arrivons ainsi à la condition usuelle de la concurrence pure et parfaite qui indique que le prix est égal au coût marginal de l'input $i$, i.e. le coût en facteur de production $i$ pour produire une unité de bien supplémentaire.

Quel sera le profit de l'entreprise à l'équilibre ? Pour répondre à cette question, étudions le problème de manière dynamique. Si le prix du bien est nul, l'entreprise ne produit rien et son profit est nul. Si le prix est strictement positif, deux cas se présentent :

1. Quel que soit le niveau de production choisi, l'entreprise n'arrive pas à dégager un profit. Elle choisira alors de ne rien produire.

2. Supposons le prix assez élevé pour que l'entreprise puisse dégager du profit pour certaines quantités produites. Dans ce cas, d'autres entreprises désireraient faire le même profit. Comme l'entrée sur le marché est immédiate, une nouvelle entreprise pourrait choisir d'entrer sur le marché et de vendre sa production à un prix très légèrement inférieur à celui tarifé par les autres entreprises. Elle capterait ainsi tout le marché et ferait un profit important. Si toutes les entreprises raisonnent de cette manière, cela les conduit à baisser sans cesse leur prix. Elles le feront jusqu'à ce que leur profit soit nul (raisonner par l'absurde).

En conclusion, nous venons d'illustrer un mécanisme d'équilibre de l'offre et de la demande. Dans le cas de la concurrence pure et parfaite, une entreprise a deux possibilités : soit elle ne produit pas : elle ne fait donc pas partie du marché ; soit elle produit, mais alors son profit au sens néoclassique est nul.

Il s'agit là d'un résultat de base de la microéconomie.

## Mots clés :

- Valeur ajoutée
- Production
- CA
- Bénéfices
- Profits
- EBE
- Marché des capitaux
- Fonction de production
- PIB
- PNB
- Facteurs de production
- Rentabilité financière du capital
- Rentabilité économique du capital
- Valeur versus volume
- Prix courants versus prix constants
- Offre versus demande
- Concurrence pure et parfaite
- Concurrence imparfaite
- Goodwill
- Taux de marge
- Résultat d'exploitation
- Résultat financier
- Ratio d'insolvabilité
- Résultat courant avant impôt
- Résultat net comptable
- Taux d'autofinancement
- Effet de levier

## Des questions pour mieux retenir

1. Quelle est la différence entre la production et le chiffre d'affaire ?
2. Comment est définie l'entreprise en théorie économique ?
3. Quelle relation peut-on établir entre le rendement d'une action et le taux d'intérêt ?
4. Qu'est-ce que la VA ?
5. Quelle est la différence entre le PIB et le PNB ?
6. Que représente précisément *la croissance* ?

7. Quelles sont les trois approches du PIB ?
8. Qu'est-ce que le taux de marge au sens de la comptabilité d'entreprise ?
9. Quelle différence y a-t-il entre le taux de rentabilité économique et le taux de rentabilité financière ?
10. Qu'est-ce que l'autofinancement ?
11. Par quelle équation peut-on représenter l'accroissement du capital ?
12. L'investissement est-il moins ou plus volatil que le PIB ?
13. Sur longue période, comment peut-on décomposer la croissance ?

## Résumé du chapitre

L'entreprise est une entité à part entière, distincte des salariés et des actionnaires. Au sens néoclassique, elle peut être représentée par une fonction de production avec comme facteurs de production, le capital et le travail. La principale ressource de l'entreprise est la valeur ajoutée. Elle la distribue ensuite entre les administrations publiques, les salariés et les actionnaires. La ressource restante, l'autofinancement, est alors utilisée pour le désendettement ou l'investissement. Le taux de rentabilité économique traduit l'efficacité économique de l'entreprise. Il peut parfois dévier du taux de rentabilité financière (rendement des actions).

Investir a une conséquence à moyen terme, puisqu'une fois le capital en place, il y a peu de possibilité de réversibilité. Pour cette raison notamment, l'investissement est plus volatil que le PIB et est souvent déterminé par un modèle accélérateur. L'investissement conditionne la dynamique d'accumulation du capital, et donc la croissance à long terme. Sur longue période, l'évolution de la productivité globale des facteurs, du capital et du travail permettent de traduire les évolutions de la croissance.

# 4

# LES ADMINISTRATIONS PUBLIQUES

*Tous les hommes politiques appliquent sans le savoir les recommandations d'économistes souvent morts depuis longtemps et dont ils ignorent le nom.*

JOHN MAYNARD KEYNES

SOMMAIRE


**4.1** Les activités des administrations publiques

**4.2** Dépenses publiques, budget de l'État et déficits publics

**4.3** Les comptes de l'administration

**4.4** La politique budgétaire

Les administrations publiques comprennent non seulement l'État, mais aussi les administrations publiques locales (mairies, régions,…) ainsi que les organismes de sécurité social. Dans une vision plus large, nous pouvons aussi inclure dans ce chapitre les institutions sans but lucratif au service des ménages qui peuvent être considérées comme des « administrations privées ». Il s'agit des associations de consommateur, des partis politiques, des syndicats, des associations de bienfaisance, des organismes de charité… Elles fournissent des services non marchands aux ménages et tirent le plus souvent leurs ressources de dons ou de cotisations volontaires. Leur offre de biens et services non marchands les rapproche des administrations publiques au sens strict, si bien qu'on peut considérer dans ce manuel qu'elle font partie de la catégorie « administrations publiques ». Cette approximation se justifie entre autre par le faible poids qu'occupent ces institutions dans l'économie : leur valeur ajoutée constitue 0,35 % du PIB en France. Après avoir décrit les administrations publiques, nous analyserons l'efficacité de la politique budgétaire.

## 4.1 LES ACTIVITÉS DES ADMINISTRATIONS PUBLIQUES

Comme nous l'avons vu dans le chapitre précédent, les pouvoirs publics ont la responsabilité d'une partie des activités de production de biens et services. Cette prise en charge est généralement justifiée par la nature même de ces activités. C'est le cas notamment des services non marchands, au sens où il n'existe pas de marchés où puissent s'échanger ces services considérés par ailleurs comme utiles ou même indispensables au fonctionnement de la société en général :

1. les **services régaliens** (police, justice, armée, gestion politique des rapports sociaux),
2. les services rendus par de grandes infrastructures dont la construction requiert des investissements difficilement rentabilisables à court terme et/ou dont le prix des services rendus ne peut pas être déterminé spontanément par le marché : par exemple, la construction de voies ferrées nécessitant des investissements lourds ; ou encore, le service audiovisuel public dont la qualité exigée ne serait pas garantie sur un marché concurrentiel.

Lorsque les bénéficiaires d'un service public sont identifiables, une participation financière peut être demandée. Mais cette participation n'est pas forcément égale au coût réel, et le coût résiduel éventuel est couvert par la fiscalité.

Les administrations sont également chargées d'effectuer un **transfert de ressources** entre les agents : entre jeunes et plus âgés, entre bas revenus et hauts revenus, entre biens portants et malades, entre habitants de régions pauvres et riches… Ces transferts peuvent être réalisés sous forme monétaire mais également en nature (cantines scolaires, dispensaires…). Dans ce dernier cas, une participation de la part des bénéficiaires est possible, comme dans le cas précédent.

On peut également ajouter à cette liste les activités que mènent les administrations publiques pour mettre en œ uvre les politiques macroéconomiques de régulation visant à réduire la fluctuation des cycles économiques et donc ses conséquences sociales. Gérer les finances publiques, la monnaie et le taux de change pour permettre d'accroître le revenu national et l'emploi sont, somme toute, des services spécifiques rendus par les administrations publiques.

Enfin nous avons déjà évoqué précédemment la production de biens et services marchands par l'État. Les justifications sont essentiellement politiques, et ces situations naissent à des moments particuliers de la vie politique et sociale : ainsi la nationalisation des Usines Renault a été décidée à la libération, en raison du comportement des propriétaires pendant la seconde guerre mondiale. Nous avons vu dans le chapitre consacré aux entreprises, qu'une typologie simple et opératoire nous amène à classer ces entreprises publiques dans le groupe des entreprises.

Si l'on exclut le dernier cas (celui de la production de biens marchands), on peut retrouver quelques traits communs aux activités de l'administration publique. Elle est dotée de moyens identiques aux entreprises (personnel salarié, bâtiments, machines) et elle utilise des biens et services assimilables aux consommations intermédiaires. Cependant, la demande de services non marchands par les consommateurs, qui révèle leurs préférences, l'organisation de la production et le mode de couverture des coûts de production ne s'effectuent pas par le marché mais par des procédures politiques et administratives. L'une des procédures de révélation des préférences est constituée par les élections : cette procédure de choix d'un projet politique parmi un ensemble de propositions alternatives permet aux ménages de définir le panier de biens non marchands dont ils veulent pouvoir disposer, ainsi que le coût de ce panier de biens, et ce pour une durée déterminée (celle du mandat des élus par exemple). Une fois le choix opéré, l'administration aura pour fonction de réaliser ce programme pour le compte des ménages représentés par leurs mandants.

**En résumé**

- ✓ la catégorie *Ménages* symbolise les individus consommant et accumulant des richesses ;
- ✓ la catégorie *Entreprises* symbolise ces mêmes individus produisant et répartissant la valeur ajoutée ;
- ✓ les *administrations publiques* symbolisent les individus choisissant, produisant, et répartissant des services non marchands.

## 4.2 DÉPENSES PUBLIQUES, BUDGET DE L'ÉTAT ET DÉFICITS PUBLICS

### A. Les dépenses publiques

Les dépenses de consommation publiques constituent une composante importante de la demande de biens et services. Ce sont les biens et services consommés par les ménages mais à la charge des administrations publiques. La somme des dépenses de consommation publiques et des prestations des administrations publiques définit la dépense publique. La dépense publique contient donc le montant des transferts effectués par les administrations publiques. Ceci explique la différence entre les dépenses de consommation publique qui interviennent dans l'approche demande du PIB (équation (3.9)) qui représente environ 20 % du PIB et les dépenses publiques qui contiennent en plus les prestations sociales et qui constituent environ 50 % du PIB en France.

Comme il n'y a pas de marché pour les biens et services non marchands, on peut évaluer leur prix à leur coût de production. Le tableau 4.1 donne la structure du coût des dépenses publiques en France pour l'année 1999. Le tableau 4.2 montre l'importance des dépenses publiques dans le PIB.

Dans le tableau 4.1, les consommations intermédiaires sont constituées par exemple de papier, d'électricité pour les locaux de l'administration. Les intérêts versés proviennent des emprunts effectués par l'État ou par les collectivités locales. En 1999, ce poste équivaut à plus de 3 % du PIB, ce qui implique que la France, hors charge de la dette, dégagerait un excédent budgétaire. On peut noter de fortes disparités entre les pays industrialisés présents dans le tableau 4.2. La comparaison des parts des dépenses publiques dans le PIB est cependant sujette aux conventions comptables des pays, notamment si les dépenses publiques comprennent les dépenses de sécurité sociale ou non...

### B. L'État : son budget

Le tableau 4.3 donne la structure des recettes de l'État en 1999. Les recettes fiscales en constituent l'essentiel, avec notamment la TVA dont la part est d'environ 44 %. Le deuxième poste par ordre d'importance est celui de l'impôt sur le revenu payé par les ménages. Les « Autres impôts directs » contiennent les taxes sur les salaires et l'impôt de solidarité sur la fortune entre autre. Les « remboursements, dégrèvements » incluent essentiellement les remboursements de TVA sur les exportations. Les recettes non fiscales sont constituées entre autre, des revenus générés par la française des Jeux et les retenues sur salaires des agents de l'État pour les pensions. Enfin, les prélèvements sur les recettes de l'État représentent des transferts au profit des collectivités locales et de la Communauté Européenne.

Le **budget** est un ensemble de comptes qui décrivent les emplois et les ressources de l'État. La **loi de finance initiale** définit chaque année ces emplois et ces ressour-

**TABLEAU 4.1**
Structure des dépenses publiques de la France en 1999 (unité : milliard d'euro).

| | |
|---|---|
| Consommations intermédiaires | 74,8 |
| Salaires et cotisations sociales | 184,8 |
| Subventions et aides à l'investissement | 40,6 |
| Intérêts versés | 45,1 |
| Prestations sociales | 332,6 |
| Autres dépenses | 47,8 |
| Total | 725,5 |

**TABLEAU 4.2**
Part des dépenses publiques dans le PIB en 1996.

| | |
|---|---|
| France | 51,0 % |
| États-Unis | 35,8 % |
| Japon | 26,9 % |
| Zone euro | 49,7 |
| Allemagne | 45,6 % |
| Royaume-Uni | 42,7 % |
| Italie | 50,9 % |
| Moyenne | 42,15 % |

**TABLEAU 4.3**
Structure des recettes de l'État en France en 1999.

| | Milliards d'euros |
|---|---|
| **Recettes fiscales nettes (A) dont :** | 277,5 |
| Impôts sur le revenu | 60,4 |
| Impôts sur les sociétés | 41 |
| Autres impôts directs | 26,1 |
| TIPP | 29,9 |
| TVA | 121,9 |
| Enregistrements, timbres | 29,9 |
| Remboursements, dégrèvements | –20,8 |
| **Recettes non fiscales (B)** | 32,8 |
| **Prélèvements sur recettes (C)** | –51,5 |
| **Recettes nettes de l'État (A + B – C)** | 258,8 |

ces. Elle s'appuie sur des prévisions économiques pour l'année à venir. Le tableau 4.4 montre la loi de finance 2000. La charge de la dette est nette des emprunts étrangers dus à l'État. Les interventions sont constituées des subventions, des aides sociales, des primes à la construction… L'équipement civil concerne la construction et l'entretien de routes nationales par exemple. Contrairement au principe d'universalité [1], certaines recettes sont affectées à des dépenses précises. C'est le cas pour la TIPP dont les revenus vont au fonds spécial d'investissement routier, ou de la redevance télévision versées au secteur audiovisuel public. Les recettes affectées à une dépense sont rassemblées dans les comptes spéciaux.

**TABLEAU 4.4**
La loi de Finance 2000.

| | Milliards d'euros |
|---|---|
| **Charge nette de la dette** | 42 |
| **Budgets civils dont :** | 212 |
| Personnel et fonctionnement | 114 |
| Interventions | 83 |
| Équipements civils | 15 |
| **Défense** | 43 |
| **Total du budget général (A)** | 298 |
| **Solde des comptes spéciaux du Trésor (B)** | –0,5 |
| **Total des charges** | 297 |
| **Recettes nettes de l'État (C)** | 259 |
| **Solde général du budget de l'État (C – A – B)** | –39 |

## C. Le déficit public

Le déficit publique est égal à la différence entre les recettes et les dépenses de l'ensemble des administrations publiques. Il tient compte non seulement de la situation de l'État, mais aussi de celle des administrations publiques locales et des organismes de sécurité sociale. Le budget de l'État est voté, mais la maîtrise du déficit public n'est alors pas totale, puisque le déficit public dépend aussi de la situation budgétaire des administrations publiques locales et de la sécurité sociale. Depuis 1996, les administrations publiques locales sont assez proches de l'équilibre ce qui influe assez peu sur le déficit public. En revanche, le déficit de la sécurité sociale est assez marqué en France.

Le déficit public des pays de la zone euro est contraint par les critères de Maastricht. En 2000, le déficit public de la France a été de 2,4 % du PIB, ce qui est

1. Le principe d'universalité traduit le fait qu'aucune recette n'est allouée à une dépense spécifique.

conforme à la valeur seuil de 3 %. Le tableau 4.5 montre que depuis le premier choc pétrolier en 1975 la France a connu un déficit budgétaire chronique. En 1995 et 1996, elle dépassait le critère de déficit de 3 % de Maastricht, avant la convergence vers des niveaux inférieurs à 3 %. Le taux de prélèvement obligatoire de l'économie correspond à la part des recettes totales dans le PIB. Il a augmenté continûment depuis 1970. Notons pour finir l'importance de la charge de la dette : sans elle, la France dégagerait un excédent budgétaire (on dit aussi que la France est en excédent budgétaire primaire, i.e. hors charge de la dette). En 1980, la dette représentait 20 % du PIB contre 60 % environ en 2003. La situation a donc fortement évolué à la fin du $XX^e$ siècle.

**TABLEAU 4.5**
Dépenses et recettes des administrations publiques en pourcentage du PIB.

| | 1970 | 1975 | 1980 | 1985 | 1990 | 1995 | 1996 | 1998 |
|---|---|---|---|---|---|---|---|---|
| **Dépenses totales dont :** | 40,3 | 45,1 | 47,2 | 53,6 | 51,2 | 55,2 | 55,6 | 54,2 |
| – Salaires | 9,3 | 10,8 | 12 | 12,8 | 11,5 | 12,5 | 13,9 | 13,7 |
| – Prestations sociales | 14,8 | 17,4 | 19,2 | 22,1 | 21,2 | 23,2 | 18,8 | 18,5 |
| – Intérêts | 1,1 | 1,2 | 1,5 | 2,9 | 2,9 | 4 | 3,9 | 3,6 |
| **Recettes totales** | 41,1 | 42,7 | 47,2 | 50,7 | 49,7 | 49,9 | 51,4 | 51,5 |
| **Capacité (+) ou besoin (–) de financement** | +0,9 | –2,4 | 0 | –2,9 | –1,5 | –5,3 | –4,2 | –2,7 |

Au début des années 2000, le critère de Maastricht a été dépassé : comment l'expliquer ? On peut distinguer deux causes aux déficits publics : un **déficit conjoncturel** et un **déficit structurel**. Le déficit conjoncturel peut être dû par exemple à une croissance moins forte que prévue : une fois le budget de l'État voté pour l'année à venir, en cas de surestimation de l'hypothèse de croissance considérée pour élaborer la loi de finance, les administrations publiques dépensent plus qu'elles ne reçoivent. Il est par conséquent assez corrélé aux cycles économiques. Le déficit structurel correspond à des problèmes chroniques de l'économie tels qu'un taux de chômage élevé, une faible croissance démographique par exemple, une forte charge de la dette…

La figure 4.1 illustre graphiquement comment il est possible de définir les déficits structurels et conjoncturels. Supposons que les dépenses publiques dépendent peu du cycle économique, les APU reconduisant systématiquement une grande part de leurs dépenses d'une année sur l'autre (ce qui est le cas de la France à 90 %). En revanche, les recettes varient selon le cycle économique : par exemple, le revenu des ménages fluctuant avec le cycle et le taux moyen de l'impôt sur le revenu étant à peu près constant [2], les recettes de l'impôt sur le revenu vont fluctuer avec le cycle économique.

2. Aux effets de structures près, l'impôt sur le revenu n'étant par exemple pas linéaire avec le revenu des ménages en France.

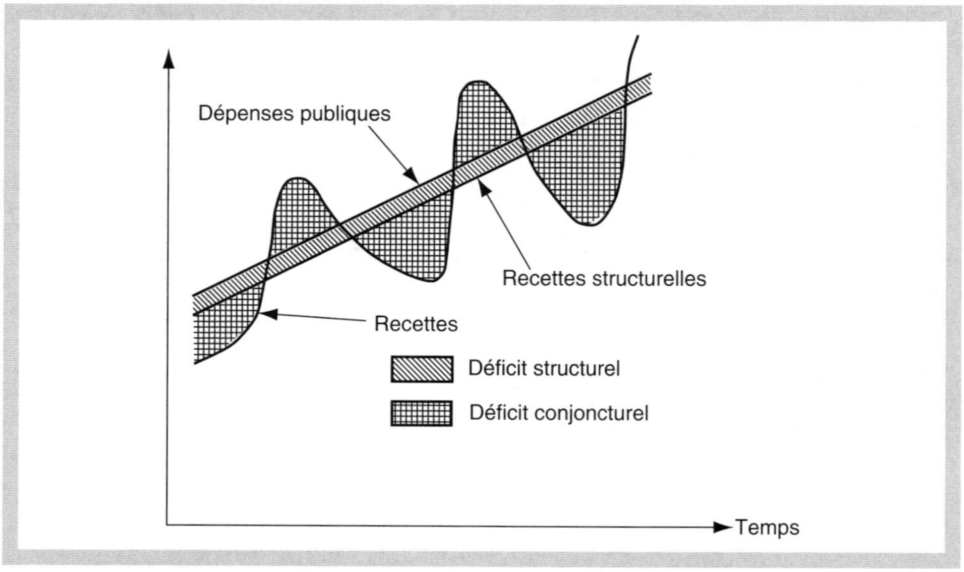


**FIGURE 4.1**
Les déficits structurels et conjoncturels.

La tendance moyenne des recettes donne les recettes structurelles représentées par une droite parallèle à celle des dépenses publiques pour des raisons de **soutenabilité de la politique budgétaire**. En effet, si la tendance moyenne des dépenses est continuellement supérieure à celle des recettes, la situation peut ne pas être stable sur le long terme. L'aire comprise entre les droites de dépenses publiques et de recettes structurelles représente le déficit structurel. L'aire hachurée par des carreaux représente alors le déficit conjoncturel, i.e. la partie dépendant des variations du cycle économique.

Lorsque la croissance de l'économie est bonne, le déficit conjoncturel est faible. Supposons que le déficit public soit alors légèrement inférieur à 3 %. Si par la suite, l'économie se porte moins bien, alors le déficit conjoncturel augmentera et dépassera le critère de Maastricht. Dans une situation où l'économie souffre, augmenter les impôts ou diminuer les dépenses publiques aggraverait encore plus la situation économique. Les autorités publiques préfèrent dans ce cas faire plus de déficit.

Il s'agit de la situation connue par l'Allemagne et la France au début des années 2000. La politique budgétaire devrait être **contra-cyclique** si on désire limiter les fluctuations de l'activité économique (voir deux sections plus loin) : lorsque la croissance est faible on augmente le déficit afin de soutenir l'activité mais lorsque la croissance est forte, on cherche à diminuer le déficit. Si on mène une politique budgétaire **pro-cyclique** en phase haute, c'est-à-dire qu'on ne fait pas d'efforts lorsque la croissance est forte, on se retrouve piégé lorsque l'activité ralentit.

# 4.3 LES COMPTES DE L'ADMINISTRATION

La section suivante donne une vision comptable administrations publiques cohérente avec les tableaux emplois-ressources des autres agents. Le cadre comptable adopté nous conduit à exclure la production et la distribution de biens et services du compte des administrations publiques : ces entreprises publiques font partie de la catégorie « entreprises ». Afin de définir un cadre synthétique, les impôts seront affectés au versement de salaires et à l'achat de biens et services (consommation finale des administrations publiques même si ces biens et services sont in fine consommés par les

**TABLEAU 4.6**
Tableau emplois-ressources pour l'État.

| Emplois | Ressources |
|---|---|
| $Sub$ | $T_m + T_f$ |
| $w_g L_g$ | |
| $i.B_g + i.D_g$ | |
| $D$ | |
| Solde $S_g$ | |

**TABLEAU 4.7**
Tableau emplois-ressources recensant l'utilisation de l'épargne publique.

| Emplois | Ressources |
|---|---|
| $I_g$ | $S_g$ |
| | $\Delta D_g$ |
| | $\Delta(B)_g$ |
| Solde = 0 | |

| | |
|---|---|
| $Sub$ | Transfert en faveur des ménages |
| $T_f$ | Impôts des entreprises nets des subventions |
| $T_m$ | Impôts des ménages |
| $S_g$ | Épargne publique |
| $w_g$ | Salaires publics |
| $L_g$ | Emploi public |
| $i$ | Taux d'intérêt domestique |
| $B_g$ | Titres à revenus fixes émis par l'administration |
| $D_g$ | Dettes de l'administration contractée auprès du système bancaire |
| $G$ | Dépense publique |
| $I_g$ | Investissements bruts. Ici on inclut les amortissements |

ménages), et le reste est normalement redistribué. Il peut y avoir un déficit ou un excédent budgétaires : il y a donc des échanges d'actifs financiers et monétaires avec les autres agents et le cas échéant avec le reste du monde. Dans ce modèle simplifié, les administrations publiques sont réduites à leur plus simple expression : celle d'un agent modifiant la répartition primaire des revenus (redistribution entre ménages), et absorbant une partie des ressources au profit des ménages. Dans le cadre comptable décrit dans les tableaux, le déficit publique est égal à l'épargne des administrations publiques nette de leur investissement.

## 4.4 LA POLITIQUE BUDGÉTAIRE

La politique budgétaire comprend aussi bien la gestion des dépenses des administrations publiques que celle des prélèvements. Elle est un instrument de régulation de la demande globale de biens et services [3], ayant pour objectif de stabiliser l'économie, i.e. d'amoindrir les conséquences cycliques de la croissance. C'est avec la mise en œuvre de la politique américaine du *New Deal* à la fin de années 1930 que la politique budgétaire a pris une nouvelle dimension. Les idées keynésiennes, et plus tardivement les chocs pétroliers des années 1970, ont ensuite contribué à lui donner toujours plus d'importance. Auparavant, la politique budgétaire se limitait d'une part à assurer les services indispensables au bon fonctionnement de l'État et de l'économie, et d'autre part à influencer, quoique assez marginalement avant le XXe siècle, la répartition des revenus.

Aujourd'hui, les administrations publiques tentent de rassembler les conditions d'une croissance soutenue, tout en maintenant une inflation faible. Pour éviter entre autre les fluctuations cycliques de l'économie sur l'emploi qui ont un coût social d'ajustement sur le marché du travail, elles ont une gestion dynamique des finances publiques. En effet, elles peuvent modifier les dépenses budgétaires et la fiscalité, qui influence la demande finale de biens et services. Nous allons dans un premier temps définir les effets de la politique budgétaire avant de les nuancer, essentiellement en se préoccupant du financement d'une augmentation des dépenses publiques ou une diminution de la fiscalité.

### 4.4.1 *Les effets de la politique budgétaire*

Plaçons-nous dans le cadre de l'analyse keynésienne de la politique budgétaire (analyse de court terme) en supposant que l'offre s'ajuste sans délai aux variations de la demande de biens et services, sans générer d'inflation.

Les deux leviers de la politique budgétaire sont les dépenses de consommation publiques et les recettes nettes des transferts. La modifications de ces postes par les

3. Voir l'approche demande du PIB. (section3.3.4)

administrations publiques peut avoir un impact important sur l'économie. En effet, les dépenses de consommation des administrations publiques représentent autour de 20 % du PIB, alors que les recettes fiscales en représentent un peu plus de 50 % en France par exemple. Les impôts sont constitués des taxes sur les produits (par exemple la TVA et les droits de douane), des cotisations sociales employeurs et salariés, des impôts sur le revenu, sur le capital et sur le patrimoine). La part des impôts dans le PIB correspond au **taux de prélèvement obligatoire**. Diminuer les prélèvements fiscaux est équivalent théoriquement à augmenter les transferts. C'est pour cela que nous considérons les recettes fiscales nettes des transferts.

Considérons une petite économie décrite par trois équations : l'équation (4.1) représente l'équilibre sur le marché des biens et des services. Les ménages sont supposés consommer selon une fonction de consommation keynésienne (4.2). Le revenu des entreprises, i.e. le PIB, est intégralement redistribué aux ménages, après prélèvement d'impôts nets des subventions des administrations publiques (équation (4.3)).

$$PIB = Y = C + G + I + \Delta S + X - Z \tag{4.1}$$

$$C = \alpha RD + C_0 \quad \text{avec} \quad 0 < \alpha < 1 \tag{4.2}$$

$$RD = Y - T \tag{4.3}$$

$Y, C, G, I, \Delta S, X, Z, RD$ et $T$ représentent respectivement le PIB, la consommation des ménages, les dépenses de consommation publiques, l'investissement, les variations de stocks, les exportations, les importations, le revenu disponible des ménages et les taxes nettes des subventions sur le revenu nationale, ce dernier étant égal au PIB (approche revenu).

Supposons dans un premier temps que l'investissement, les variations de stocks, les exportations et les importations sont indépendants du PIB. Cela revient à considérer une économie fermée où les choix d'investissement sont faits une période auparavant et où les variations de stocks sont constantes. Grâce à l'équation (4.3), nous pouvons substituer le revenu disponible dans la fonction de consommation. En injectant cette dernière dans l'équation (4.1) et en isolant le PIB, nous en déduisons l'égalité (4.4).

$$Y = \frac{1}{1-\alpha}\,(G - \alpha T + C_0 + I + \Delta S + X - Z) \tag{4.4}$$

Les administrations publiques peuvent agir sur les dépenses publiques et sur les recettes fiscales nettes des subventions. L'impact de la politique budgétaire est obtenu en différenciant l'équation (4.5) au voisinage de la situation initiale. Si $\Delta$ symbolise l'opérateur des variations d'une variable par rapport à la situation initiale, nous obtenons :

$$\Delta Y = \frac{1}{1-\alpha}\,(\Delta G - \alpha \Delta T) \tag{4.5}$$

Considérons tout d'abord une augmentation pure des dépenses publiques, c'est-à-dire sans financement par hausse des recettes nettes :

$$\begin{cases} \Delta G > 0 \\ \Delta T = 0 \end{cases}$$

Nous en déduisons alors la variation positive du PIB induite par cette politique budgétaire expansionniste.

$$\Delta Y = \frac{\Delta G}{1-\alpha} \tag{4.6}$$

La variation des dépenses publiques induit par conséquent un effet multiplicateur sur le PIB puisque ce dernier s'accroît relativement plus que les dépenses publiques. La valeur du multiplicateur, dit « **multiplicateur budgétaire keynésien** », est de $\frac{1}{1-\alpha} > 1$.

Considérons maintenant une diminution pure des recettes fiscales :

$$\begin{cases} \Delta G = 0 \\ \Delta T < 0 \end{cases}$$

Nous en déduisons alors la variation positive du PIB induite par cette politique budgétaire (ou fiscale) toujours expansionniste.

$$\Delta Y = \frac{\alpha}{1-\alpha}\Delta T \tag{4.7}$$

Nous retrouvons un effet qualitativement identique à l'accroissement des dépenses publiques. La valeur du multiplicateur, dit « **multiplicateur fiscal keynésien** », est de $\frac{\alpha}{1-\alpha}$. Comme $0 < \alpha < 1$, le multiplicateur fiscal est ici inférieur au multiplicateur budgétaire. Ceci étant, la politique budgétaire n'est pas forcément préférable à la politique fiscale. D'autres éléments sont à prendre en compte pour une telle comparaison. Une baisse des impôts peut avoir par exemple un effet psychologique positif sur les ménages, ce qui n'est pas introduit dans ce cadre simple mais illustratif.

## 4.4.2 *Les limites de la politique budgétaire*

Ce petit modèle décrit l'idée keynésienne selon laquelle, dans une situation de sous-emploi et de hausse limité des salaires, une politique budgétaire expansionniste soutient l'activité économique sans pression inflationniste. Cette situation correspond à celle de l'efficacité maximale de la politique budgétaire. Si on représente dans un diagramme $(PIB, prix)$ les courbes d'offre et de demande en biens et services, un choc de dépenses publiques déplace la courbe de demande vers la droite. Si la courbe d'offre est horizontale, on obtient un effet maximale de l'expansion budgétaire sur l'activité. Après l'expansion budgétaire, le nouvel équilibre est au point $E$ dans la figure 4.2.

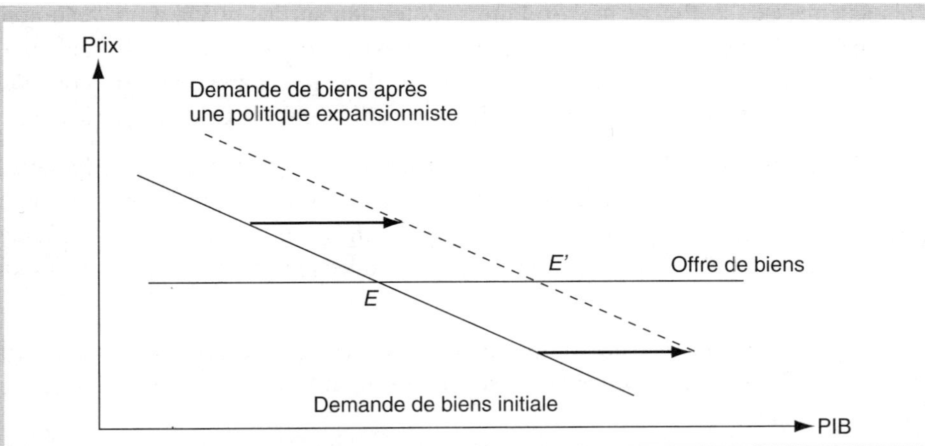


**FIGURE 4.2**
Une politique expansionniste sans inflation.

Néanmoins des rigidités peuvent affecter l'offre de biens et services (choix de production et d'investissement décidés lors de la période précédente, situation de plein emploi ne permettant pas d'ajuster facilement la production à la hausse…). Il est alors nécessaire d'introduire les prix dans notre modélisation. Dans ce cas, une politique expansionniste induit une hausse des prix car l'offre ne peut s'ajuster à la demande. La figure 4.3 illustre ce phénomène dans un graphique à deux dimensions définissant l'équilibre entre l'offre et la demande de biens. Une politique expansionniste déplace toujours la courbe de demande vers la droite. Cependant la courbe d'offre n'est plus horizontale

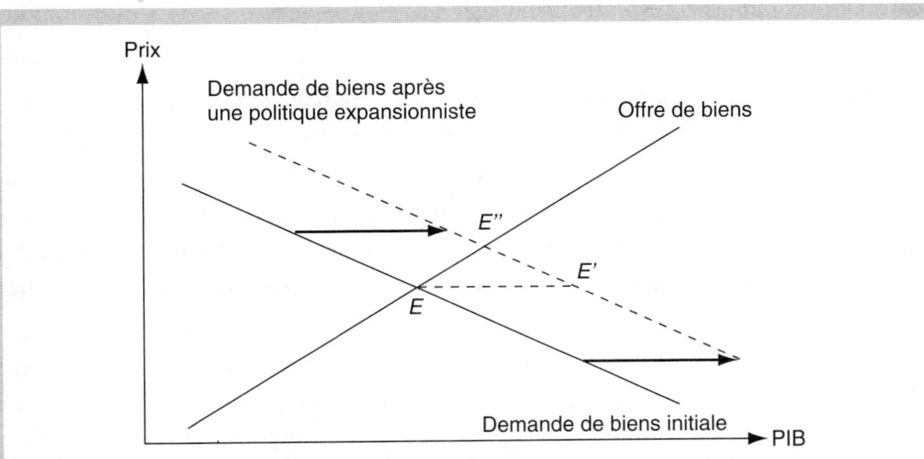


**FIGURE 4.3**
Les effets inflationnistes d'une politique expansionniste.

car l'ajustement de l'offre ne peut se faire sans tension sur les prix. Le nouveau point d'équilibre se situe en $E$ : il y a toujours un effet expansionniste sur le PIB, mais il est plus faible que l'équilibre précédent défini par $E$. L'augmentation des prix conduit à diminuer l'efficacité de la relance budgétaire. On parle d'**effet d'éviction** par les prix.

D'autres contraintes réduisent l'efficacité des politiques budgétaires. Premièrement, les dépenses et les recettes des administrations publiques sont assez rigides. En effet, environ 90 % des dépenses publiques sont reconduites d'une année sur l'autre par exemple en France. Cette rigidité empêche une fluctuation très importante des dépenses et des recettes publiques.

Deuxièmement, les décisions prennent du temps. En France, les collectifs budgétaires qui peuvent modifier la loi de finance initiale sont un moyen d'accélérer l'action budgétaire.

Troisièmement, les hypothèses concernant les postes de la demande autres que la consommation et les dépenses publiques sont sans doute excessives. Nous pouvons par exemple supposer que les importations dépendent de l'activité économique du pays : lorsque la conjoncture est bonne, les entreprises vont importer les consommations intermédiaires dont elles ne disposent pas à un prix avantageux sur le marché national, voire qui ne sont pas produites dans l'économie domestique. De même, une forte croissance de la consommation peut conduire les ménages à acheter plus de biens étrangers non produits dans le territoire national. Les importations dépendent alors positivement du PIB (nous supposons tout de même que $\beta < \alpha$) :

$$Z = \beta Y \quad \text{avec} \quad 0 < \beta < \alpha \tag{4.8}$$

Il est alors simple de vérifier que le multiplicateur budgétaire et le multiplicateur fiscal sont plus faibles et respectivement égaux à $\frac{1}{1-\alpha+\beta}$ et $\frac{\alpha}{1-\alpha+\beta}$. Les importations conduisent à un **effet d'éviction** sur la production nationale : la demande supplémentaire en biens et services stimule la production nationale, mais aussi la production à l'étranger. L'effet de relance sur l'économie domestique est donc plus faible.

Enfin, une politique expansionniste pose le problème de son financement, une administration publique ne pouvant augmenter de manière déraisonnable et continuellement ses dépenses sans corriger plus tard cette augmentation. En outre, si les effets directs d'une relance budgétaire sont positifs, elle a néanmoins des conséquences perverses qui peuvent réduire ces effets.

Jusqu'à présent, nous avons plutôt étudié des relances budgétaires non financées. Cependant, le financement de la politique expansionniste conduit à un transfert de ressources du secteur privé vers le secteur public. Pour financer une expansion budgétaire, les administrations publiques disposent de trois moyens :

- D'abord, l'État peut émettre des obligations et ainsi augmenter sa dette. Dans ce cas, en imposant des conditions d'emprunts attrayant pour les épargnants, les administrations publiques détériorent les conditions de crédits et d'obtention des capitaux par les entreprises sur le marché financier [4]. La politique budgétaire expansionniste a un impact positif sur le taux d'intérêt de long terme. Cette situation induit un déséquilibre sur le marché de la monnaie (voir chapitre suivant) qui a des conséquences négatives sur l'investissement et dans certains cas, sur la consommation des ménages, ce qui réduit l'efficacité de la politique budgétaire [5]. Comme dit précédemment, la réduction des investissements des entreprises ou celle de la consommation des ménages conduit à un effet d'éviction de la relance budgétaire.

- Ensuite, l'État peut recourir à la création monétaire et prélever une taxe inflationniste sur les agents. Nous reviendrons sur ce point dans le chapitre suivant.
- Enfin, les administrations publiques peuvent avoir recours à l'impôt.

Analysons le cas d'un financement par hausse de la fiscalité $\Delta T$ d'une augmentation des dépenses publiques $\Delta G$. Dans ce cas, l'effet multiplicateur est donné par l'équation (4.9).

$$\Delta Y = \frac{1}{1-\alpha}\left[\Delta G(1-\alpha)\right] \tag{4.9}$$

$$= \Delta G \tag{4.10}$$

Le multiplicateur budgétaire est donc réduit, et le PIB est augmenté d'un montant égal à celui de l'augmentation des dépenses publiques. Et si le prélèvement fiscal s'opère ultérieurement ? Dans ce cas, si les agents sont rationnels, ils anticiperont une future hausse des impôts. Ils vont par conséquent épargner davantage. On parle alors d'**effet ricardien**, cohérent avec la théorie du cycle de vie décrite dans le premier chapitre : les acteurs économiques intégrant que les administration publiques augmenteront tôt ou tard les impôts pour financer la politique expansionniste, ils ne modifient pas leur consommation ou leurs investissements malgré la relance budgétaire.

Au final, si potentiellement une relance budgétaire peut n'avoir qu'un effet modéré sur l'activité lorsqu'on prend en compte tous les mécanismes qui réduisent le multiplicateur budgétaire initialement calculé. Aux États-Unis ou en zone euro, une hausse de un point de PIB des dépenses de consommation publique a un effet maximal estimé d'environ 0,7 à 0,8 points de PIB sur deux ans.

### 4.4.3 *Les stabilisateurs automatiques*

Si la politique budgétaire cherche à atténuer de manière active les variations des cycles économiques, il existe d'autres mécanismes économiques qui limitent les fluctuations du PIB : ce sont les **stabilisateurs automatiques**. Leurs effets ne sont pas

4. La réaction des autorités monétaires par une hausse des taux d'intérêt de court terme face à une monté des prix peut aussi avoir un effet supplémentaire d'éviction.

5. Ces mécanismes sont parfaitement décrits dans un modèle IS-LM.

forcément d'une grande amplitude, mais ils jouent un rôle important sur la fluctuation du déficit publique par exemple. Ils passent essentiellement par la fiscalité et les transferts. La figure 4.4 illustre ces mécanisme de stabilisation dans le cas d'une récession économique, mais leurs effets sont bien évidemment opposés dans le cas d'une expansion économique.

A taux d'imposition inchangés, le ralentissement de la croissance réduit automatiquement les recettes fiscales, et cela d'autant plus que les impôts sont progressifs. Le revenu des agents subit une diminution moindre, ce qui freine la baisse de la demande finale en soutenant la consommation et l'investissement. Cet effet vient par conséquent diminuer l'impact de la récession. Il s'agit du stabilisateur fiscal. L'autre stabilisateur passe par les transferts sociaux : la hausse du chômage induit une hausse des allocations chômages qui viennent augmenter le revenu des ménages. La consommation des ménages est soutenue, diminuant l'impact de la récession.

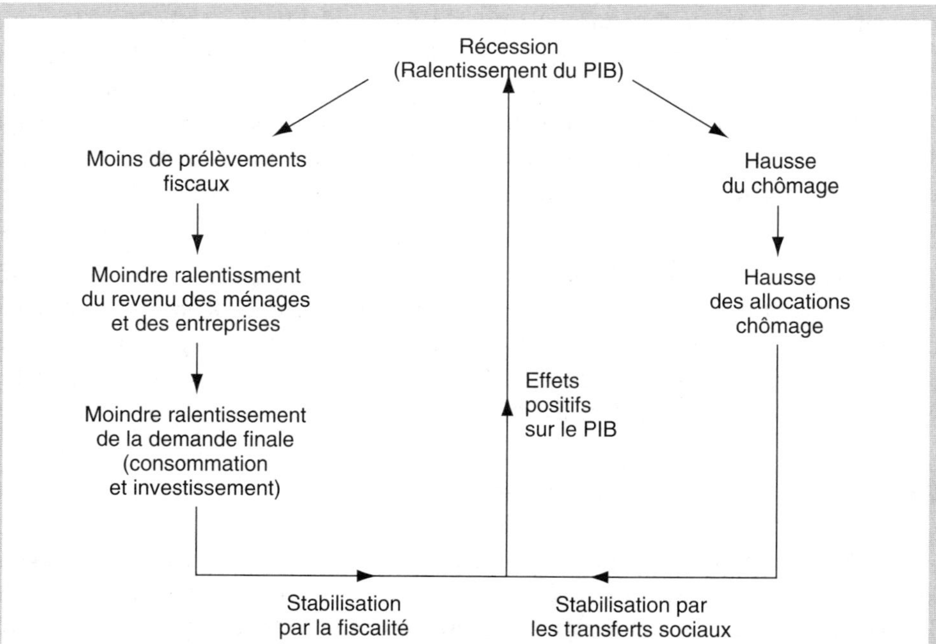


**FIGURE 4.4**
Les stabilisateurs automatiques.

## Mots clés :

- Administration publique
- Services régaliens
- Transfert de ressources
- Déficit conjoncturel
- Déficit structurel,taux de prélèvement Obligatoire
- Multiplicateur budgétaire
- Multiplicateur fiscal
- Effet ricardien
- Stabilisateurs automatiques.

## Des questions pour mieux retenir

1. Donner des exemples d'activités non marchandes.
2. Quelle est la différence entre les dépenses de consommation publique et la dépense publique ?
3. Qu'est-ce que le déficit public ? Le déficit conjoncturel ? Le déficit structurel ?
4. Quelles sont les différents effets d'éviction d'une relance budgétaire ?

## Résumé du chapitre

Les administrations publiques sont en charges des activités non marchandes. Leur rôle principal est la redistribution de ces activités parmi les entreprises et les ménages essentiellement. Le solde des dépenses et des recettes des administrations est soit un excédent, soit un déficit. Dans le cas d'un déficit, celui-ci peut être soutenable tant que la croissance nominale est plus élevée, stabilisant ou réduisant le ratio dette sur PIB. Les administrations ont un outil afin de diminuer les fluctuations de l'activité : la politique budgétaire. Néanmoins celle-ci est soumise à de nombreuses limites qui réduisent son efficacité.

# 5

# LE SYSTÈME MONÉTAIRE ET FINANCIER

*L'inflation est partout et toujours un phénomène monétaire, et il n'y a pas par conséquent, de lutte contre l'inflation sans politique monétaire restrictive.*

MILTON FRIEDMAN

**SOMMAIRE**


**5.1** La monnaie

**5.2** Le fonctionnement d'une économie dotée d'un stock de monnaie

**5.3** La création monétaire

**5.4** Les comptes du système bancaire agrégés

**5.5** La théorie quantitative de la monnaie*

**5.6** Temps et taux d'intérêt : un approfondissement*

L'objectif principal de ce chapitre est de comprendre le fonctionnement d'une économie monétaire. Après avoir défini la monnaie, nous nous intéresserons aux rôles du système financier et aux mécanismes de création monétaire. Pour comprendre l'action de la politique monétaire, la dernière section développe de multiples analyses autour des taux d'intérêt.

# 5.1 LA MONNAIE

## 5.1.1 *Les formes de la monnaie*

Qu'est-ce que la monnaie ? Répondre à cette question nous amène à étudier les formes que la monnaie a prises par le passé (tableau 5.1). Les premières formes de monnaie étaient constituées par des matières naturelles durables et précieuses. Elles devaient d'une part pouvoir être conservé de manière durable et d'autre part pouvoir préserver une certaine valeur dans le temps. Les premières pièces frappées à partir de métaux précieux étaient des médailles pour payer les mercenaires et avaient plus une valeur représentative des succès aux combats qu'une fonction économique [1]. Ce n'est qu'au Moyen-Age que les seigneurs ont pris pleinement conscience de l'avantage de pouvoir battre monnaie (d'où le terme seigneuriage sur lequel nous revenons plus tard). Notons d'ailleurs que la présence de la création de l'euro dans ce tableau marque un événement majeur où un ensemble d'États ont abandonné leur pouvoir de battre monnaie et de contrôler pleinement la politique monétaire.

**TABLEAU 5.1**
La monnaie et l'histoire.

| | |
|---|---|
| ≈ 9000 av. J.C. | Le blé et le bétail : premiers moyens de paiement connus. |
| ≈ 3000 av. J.C. | Développement de banques à grains (Babylone, Mésopotamie). |
| 1200 av. J.C. | Les cauris (coquillages du groupe des porcelaines) sont utilisés en Chine en guise de monnaie. |
| 687 av. J.C. | Les premières pièces sont frappées en Lydie (Asie mineure) d'après Aristote. Elles sont en electrum (mélange d'or et d'argent). |
| ≈ 600 av. J.C. | Les pièces lydiennes se répandent en Grèce alors que les pièces métalliques font leur apparition en Chine. |
| 546 av. J.C. | La capture du roi lydien Crésus par les Perses répand sa monnaie en Perse. |
| ≈ 810 | Premier contrat d'échange entre devises : deux frères empruntent à Gînes en livres et remboursent en bizants à Constantinople. |
| 1762 | Création de la banque Barings, plus ancienne banque britannique... jusqu'en 1995 et sa faillite... |
| 1792 | Création de la bourse de New-York. |
| 1999 | Création de l'euro. |
| 2002 | L'euro remplace douze monnaies. |

1. S'il arrive au lecteur de flâner entre le musée d'Orsay et la cathédrale Notre-Dame à Paris, il pourra s'arrêter avec curiosité au musée de la monnaie !

De nos jours, les formes de la monnaie sont de plus en plus diversifiées : le billet ou les pièces (la **monnaie fiduciaire** [2]), les chèques (**monnaie scripturale**) par exemple. Mais avec l'invention de la carte bancaire, les dépôts placés sur les comptes courants sont finalement équivalents à la monnaie fiduciaire. Et l'argent placé sur un livret rémunéré mais accessible de suite (livret A par exemple) ? On peut le retirer au guichet et payer immédiatement avec… Tout dépend donc des conventions : plus un actif sera **liquide**, i.e. immédiatement disponible pour une transaction, plus il pourra être considéré comme de la monnaie.

Il est d'usage pour les banques centrales de construire des agrégats monétaires qui mesurent la quantité de monnaie détenue par les agents non financiers. On en dénombre trois que l'on peut décrire de la manière suivante :

- **M1** est constitué des pièces, billets et comptes à vue. Cet agrégat défini la forme de la monnaie la plus liquide.
- **M2 = M1 + dépôts à vue + dépôts à court terme.** Les dépôts à vue sont des dépôts dont le préavis de retrait est de moins de trois mois (livret A, CODEVI,…). Quant aux dépôts à court terme, ce sont les bons de caisse et d'épargne, et des comptes à termes, dont la durée est inférieure à 2 ans.
- **M3 = M2 + essentiellement SICAV monétaire.** Le sigle « SICAV » désigne une Société d'Investissement à CApital Variable. Il s'agit d'une société anonyme dont l'objet est de gérer un patrimoine constitué de titres négociables sur le marché monétaire, donc à échéance courte et sans risque de non-remboursement, puisque ces titres sont garantis par le Trésor Public ou l'État.

Ce qui importe dans cette définition des formes de la monnaie, c'est la capacité de dépense rapide des ménages (**liquidité**). Néanmoins, certains de ces agrégats contiennent des actifs financiers que l'on peut assimiler à des placements. Le fait que ces placements sont rémunérés et résultent de l'épargne des ménages, renvoie à l'idée que les ménages n'ont pas un besoin immédiat de l'argent placé. Néanmoins, ces placements étant facilement mobilisables, ils peuvent être considérés comme de la monnaie. La frontière entre dépense rapide et rémunération de la monnaie est donc assez floue.

### 5.1.2 *Les trois fonctions de la monnaie*

Une définition alternative pourrait trouver source dans les différentes fonctions de la monnaie. Il est d'usage d'en distinguer trois. La monnaie est à la fois :

- un moyen de paiement ;
- une unité de compte, et donc de mesure de valeur ;
- une réserve de valeur.

2. Littéralement, monnaie en laquelle on a foi.

En effet, lorsque nous sommes en possession de monnaie, nous pouvons la dépenser afin d'acquérir un bien ou un service. L'utilisation de la monnaie permet de réduire les coûts de transaction et de limiter le temps alloué aux transactions.

Arrivé devant un magasin, nous pouvons évaluer le prix des différents biens ou services proposés. La monnaie permet de quantifier et de hiérarchiser la valeur des biens, des services et des titres à travers le système des prix.

Enfin, si rien ne nous plaît, nous pouvons repartir sans acheter et garder l'argent pour un autre moment. La monnaie constitue donc aussi une réserve de valeur qui pourra éventuellement être utilisée ultérieurement.

Cette classification en trois fonctions n'est pas forcément pertinente pour définir avec clarté la monnaie : un paiement correspond à un flux, alors qu'une réserve de valeur renvoie à un stock. Il est donc préférable de s'en tenir à l'approche des banques centrales, même si comme nous l'avons vu, la définition repose sur des critères ad hoc. Cette approche constitue une référence.

## 5.2 LE FONCTIONNEMENT D'UNE ÉCONOMIE DOTÉE D'UN STOCK DE MONNAIE

Dans un premier temps, considérons la monnaie comme un simple stock de moyens de paiement dont la quantité est exogène, c'est-à-dire fixée à l'avance. Nous pouvons par exemple faire l'hypothèse qu'en début d'analyse, chaque agent est doté d'une quantité donnée de moyens de paiement. Cette quantité peut être matérialisée par de la monnaie de papier, ou des pièces de métal, ou ne résulter que d'un simple jeu d'écriture dans un livre de compte gérer par un administrateur centralisé commun à l'ensemble des agents. La nature du moyen de paiement n'a pas d'importance. La somme globale de ces moyens de paiement demeure ensuite inchangée pendant l'ensemble du raisonnement. Ces agents sont également dotés de biens produits au cours de la période antérieure.

Supposons que tous les biens font l'objet d'une transaction et que toute la monnaie est utilisée pour ces échanges. Chaque transaction prend la forme d'une offre de biens : par exemple sur le schéma (5.1), l'offre de biens [3] $a$ d'un agent $A$ auprès de l'agent $B$, contre une certaine quantité de monnaie $M_b$, ou plus précisément d'une **offre de monnaie**, offre de $M_b$ par $B$ contre $a$. Symétriquement, chaque transaction enfin peut être analysée du côté de la demande, ou plutôt des demandes : dans cet exemple, la demande de biens par $B$, et la **demande de monnaie** par $A$.

L'introduction de cette monnaie permet d'assurer le **principe multilatéral des transactions** : elle permet de dépasser l'économie de troc dans laquelle l'agent $B$ ne peut se procurer le bien $a$ dans la quantité qu'il désire que s'il trouve face à lui un agent

3. Dans un modèle plus réaliste, nous pouvons imaginer d'autres échanges concernant le travail, ou des créances financières. Nous resterons ici dans le cas le plus simple possible.

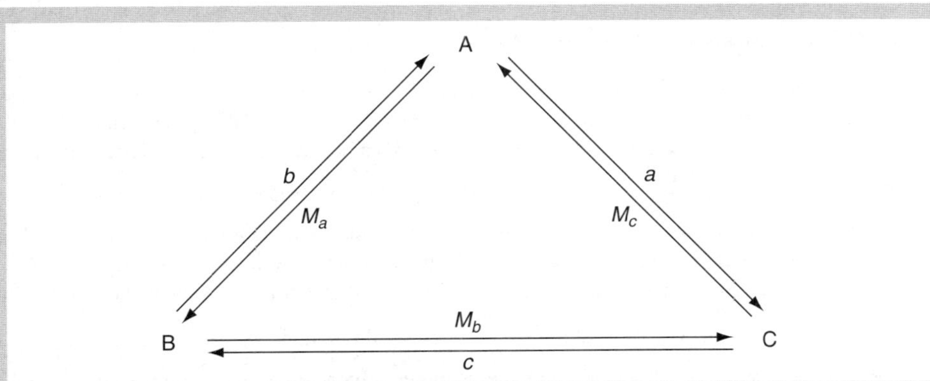


**FIGURE 5.1**
La monnaie et les échanges.

*A* possédant ce bien, et prêt à accepter la quantité de bien *b* que propose *B*. Lorsque nous introduisons la monnaie, l'agent *B* peut cette fois vendre un bien ou service, à *A* ; il utilisera le produit de cette vente $M_a$ au cours d'un achat auprès de *C*, pour se procurer *c*. L'argent $M_b$ gagné par *C* pourra alors être utilisé pour acheter un bien ou un service à *A*. Les possibilités des échanges sont démultipliées et ces échanges peuvent se faire de manière désynchronisée.

Cependant, en désynchronisant pour chaque agent offre et demande de biens, la monnaie introduit un décalage lourd de conséquences entre obtention et utilisation des ressources : si notre agent *B* veut vendre sa production à un agent *A*, il obtiendra une somme $M_a$ qu'il n'est plus obligé d'utiliser immédiatement pour acheter d'autres biens. Alors que la production de *B* aurait un débouché automatique dans le troc, rien ne garantit plus à l'agent *B* qu'il pourra écouler sa production et disposer ainsi d'une ressource monétaire équivalente à la valeur du bien qu'il achète. Dans le troc, les produits s'échangeaient contre les produits, et donc *in fine*, le travail contre le travail : il ne pouvait y avoir de chômage ou de sous-utilisation de capital. Dans notre économie monétaire, l'agent *B* n'a aucune garantie de vendre sa propre production et donc de pouvoir continuer à travailler.

L'introduction de la monnaie pose enfin la question des proportions respectives de monnaie et de biens. Supposons que chaque signe [4] monétaire serve à effectuer une transaction au cours d'une période. La quantité globale de monnaie doit être égale à la somme des transactions pendant cette même période, i.e. à la somme des biens produits et échangés. Si 10 € ont permis d'échanger 10 kg de biens, chaque kg de bien vaut 1 € et chaque € un kg de bien. S'il y avait eu 20 € pour la même quantité de biens, chaque bien aurait valu deux fois plus de signes monétaires, soit 2 € : c'est là ce que l'on appelle la **valeur nominale** (en unité de monnaie) d'un bien.

4. Au sens de la représentation matérielle de quelque chose (ici la monnaie) ayant un caractère conventionnel.

## Valeur nominale et valeur réelle

Considérons deux périodes : dans la première période, 100 kg de biens ont été échangés et chaque kg de biens vaut 1 €. Dans la deuxième période, 100 kg de biens ont été échangés grâce à 120 €. La valeur nominale d'un kg de biens dans la deuxième période est de $p = \frac{120}{100} = 1,2$ €. Comme on peut le remarquer, plus de monnaie a circulé en deuxième période... mais pas plus de biens ! Ce phénomène renvoie au concept d'inflation : dans cet exemple, l'euro perd de sa valeur, puisqu'il en faut plus pour acheter une même quantité de biens. Le taux d'inflation $\pi$ (souvent nommé « inflation » tout court) est égal à $\frac{1.2}{1} - 1 = 20\ \%$. Il faut donc 20 % d'euros supplémentaires pour pouvoir acheter la même quantité de biens qu'en première période.

Dans cet exemple, la croissance de l'économie est nulle puisque la même quantité de biens est produite d'une période sur l'autre. Pour trouver la valeur réelle des biens en deuxième période, il faut donc **déflater** la valeur nominale par l'inflation, i.e. effectuer l'opération : $\frac{p}{1+\pi} = 1$ €. Ainsi, 1 kg de biens en deuxième période vaut 1 € de la première période (on dit aussi 1 € constant) : on respecte ici les volumes de biens. La croissance est donc nulle puisqu'il a été échangé 100 € en première période et 120 € en deuxième période qui correspondent à 100 € de première période. Lorsque nous parlerons de **valeur réelle**, il faudra donc penser qu'on retranche les effets de l'inflation.

Cette distinction entre valeur nominale et valeur réelle correspond à celle entre agrégat en valeur et en volume vu dans la section 3.3.3.

Introduisons maintenant le taux de change dans un exemple à deux périodes. Le taux de change d'un pays correspond à la quantité de monnaie domestique nécessaire pour se procurer une unité de monnaie étrangère. Pour un pays de la Zone euro, l'unité du taux de change par rapport au dollar est donc : €/$. En période 1, 10 unités de bien ont été échangées contre 10 $ et 10 € respectivement aux États-Unis et dans la Zone euro. En seconde période, 10 nouvelles unités ont cette fois été échangées contre 15 € et 20 $. Selon le raisonnement de l'encadré précédent, le dollar a perdu plus de valeur que l'euro. Qu'en est-il du taux de change ? En première période, il valait 1 €/$. En seconde période, il vaut 15/20 = 0,75 €/$. Les habitants de la Zone euro ont donc besoin de moins d'argent pour obtenir des devises américaines. En conclusion, une plus forte inflation dans un pays correspond en général à une dépréciation de sa monnaie à long terme.

Remarquons pour finir que selon les conventions de définition du taux de change, une augmentation du taux de change correspond à une dépréciation, une diminution à une appréciation.

**Le temps, c'est de l'argent !**

Un euro que nous recevons aujourd'hui vaut plus qu'un euro que nous recevrons demain : avec un euro, nous savons ce que nous pouvons consommer aujourd'hui, alors que demain, l'inflation aura peut-être diminué la valeur de la monnaie. Dès lors, si nous prêtons 1 € aujourd'hui en échange d'un euro demain, nous exigerons une compensation. Ce phénomène fonde le taux d'intérêt nominal $i$ qui représente alors le poids que nous donnons au futur : plus le taux d'intérêt augmente, moins l'avenir coûte cher aujourd'hui, car nous aurons alors plus d'argent demain. Considérons 1 € aujourd'hui. Il vaut $1+i$ euros demain puisqu'en le plaçant, il nous rapportera $i$ euros en plus. La valeur de $\frac{1}{1+i}$ aujourd'hui vaut par conséquent 1 euro demain.

Si nous voulons tenir compte de l'inflation qui déprécie la valeur de la monnaie. On peut introduire le taux d'intérêt réel $r$ défini par $1+r=\frac{1+i}{1+\pi}$ avec $\pi$ le taux d'inflation. Par un même raisonnement, aujourd'hui, la valeur actuelle réelle d'un euro de demain est : $\frac{1}{1+r}$.

# 5.3 LA CRÉATION MONÉTAIRE

## 5.3.1 *Le seigneuriage*

Considérons un second cadre plus élaboré, où les agents économiques ont délégué à un prince la responsabilité d'émettre la monnaie. La crédibilité de la monnaie en tant qu'intermédiaire des échanges, repose alors sur le prestige de l'émetteur. La quantité de monnaie émise correspond aux besoins de financement de dépenses du prince. Le prince substitue ainsi l'émission de monnaie à l'accroissement des impôt – risquant tout aussi éventuellement de mécontenter le peuple – ou à l'émission de dette.

En effet, en créant de la monnaie, le prince peut acheter des biens, mais dans le même temps, la masse monétaire s'accroît. Si cet accroissement est supérieur à celui de la quantité de biens, la valeur de la monnaie diminuera (cf. les remarques précédentes). Le système que nous venons de décrire constitue manifestement un mode de prélèvement public sur les richesses créées par la société civile. Mais ce système permet à cette dernière de disposer d'un moyen de paiement pour l'ensemble des autres transactions. Pour autant qu'il reste limité, ce prélèvement réel [5] effectué par le prince, correspond en quelque sorte à la rémunération qu'il perçoit en échange d'une part de la mise à disposition du public d'un moyen de paiement, et d'autre part de la caution qu'il apporte à la valeur de cette monnaie.

4. Au sens de la représentation matérielle de quelque chose (ici la monnaie) ayant un caractère conventionnel.
5. C'est-à-dire en nature puisqu'en dernière instance, il permet au prince de disposer de biens et services.

De manière plus formel, soit $M$ le stock de monnaie de l'économie et $P$ l'indice des prix. En différenciant le stock réel de monnaie $\frac{M}{P}$, on obtient :

$$\Delta\left(\frac{M}{P}\right) = \frac{\Delta M}{P} - \frac{M}{P}\frac{\Delta P}{P} \tag{5.1}$$

soit,

$$\Delta M = \underbrace{P\Delta\left(\frac{M}{P}\right)}_{\text{Perte de valeur du stock de monnaie réel}} + \underbrace{M\frac{\Delta P}{P}}_{\text{taxe inflationniste}} \tag{5.2}$$

L'émission de monnaie $\Delta M$ se décompose en deux termes : le premier correspond à la perte de valeur du stock de monnaie, le second est égal à la masse monétaire auquel est appliqué le taux d'inflation. Ce dernier terme correspond à la taxe inflationniste prélevée par le prince sur les agents.

En résumé, en quoi la caution du prince est elle utile ?

1. Si le prince est prudent et n'émet pas trop de monnaie, i.e. ne prélève pas trop de biens sur la société civile, et si en outre, il empêche des agents privés d'imiter cette monnaie pour se procurer des biens sans avoir à travailler, la quantité de monnaie en circulation reste limitée et donc l'**érosion monétaire** due à l'inflation reste contrôlée.

2. Dans le cas contraire, le système se détériore puisque la monnaie, dont on perçoit le rôle central pour le développement des échanges multilatéraux, perd sa **crédibilité**. La société risque alors de revenir au troc et, en raison de la faible commodité de ce système, de diminuer son niveau d'activité.

## 5.3.2 *Intermédiation, transformation de l'épargne, et gestion des moyens de paiement*

### A. L'intermédiation financière et la transformation de l'épargne

Décidons désormais de congédier le prince et d'introduire un système monétaire. Supposons au départ que les agents disposent d'un stock de moyens de paiement exogène (comme dans le paragraphe 3.2.2.) et que certains d'entre eux détiennent plus d'encaisses monétaires qu'ils n'ont de dépenses programmées dans la période. Introduisons un intermédiaire financier (une banque par exemple) entre les agents économiques disposant d'un excès de ressources monétaires par rapport aux utilisations immédiates qu'ils envisagent (on dira qu'ils disposent d'une capacité de financement positive) et d'agents ayant au contraire un programme de dépenses supérieures à leurs avoirs (c'est-à-dire qui ont des besoins de financement). Si la capacité de financement totale des premiers agents est égale au besoin de financement total des seconds, l'intermédiaire financier peut transférer les ressources monétaires entre les agents. Il s'agit du rôle d'**intermédiation financière** du système financier.

Supposons maintenant que les offres de financement des uns (les épargnants) ne correspondent pas qualitativement et quantitativement aux besoins de financement des autres, les prêteurs préférant les placements d'un montant limité, à durée courte à risque minimum, et les emprunteurs, les emprunts d'un montant élevé, à long terme et risqués (par exemple pour investir dans de nouveaux produits). Que peut faire l'intermédiaire financier ?

S'il a confiance dans les emprunteurs, c'est-à-dire qu'il les considère comme **solvables** (capacité à rembourser les emprunts), l'intermédiaire financier va emprunter l'épargne à court terme des premiers pour satisfaire les besoins à long terme des seconds. Il prend cependant un risque : celui de voir les épargnants exiger le remboursement de leur épargne avant que les emprunteurs n'aient remboursé leurs dettes (risque de **liquidité**). Il peut néanmoins escompter pouvoir faire face à ce danger grâce à de nouveaux dépôts venant régulièrement compenser les retraits des déposants [6]. ***L'intermédiaire financier transforme ainsi de l'épargne peu risquée de court terme, en investissements risqués de long terme.***

## B. La gestion des moyens de paiement

Nous avons supposer jusque-là que l'intermédiaire financier ne faisait que servir justement *d'intermédiaire* entre épargnants et emprunteurs, et qu'il **transformait** l'épargne à court terme, en prêts à long terme. Les institutions financières sont aussi les gestionnaires des moyens de paiement : c'est par exemple le cas des banques qui gèrent les dépôts de particuliers ou d'entreprises. La quantité de monnaie détenue par un agent et stockée à la banque – i.e. inscrite dans le livre de compte tenu par la banque – est une ressource disponible pouvant être mise temporairement au service d'un autre agent qui en aurait momentanément besoin. La Banque peut en effet prêter l'argent déposé par un agent. L'emprunteur, en dépensant l'argent prêté, va à nouveau donner des liquidités à un nouvel agent. Ce dernier, en dépensant fournira des liquidités à un autre agent qui peut laisser l'argent gagné à la banque… qui peut à son tour prêter encore cet argent !

Que vient-on d'expliquer ?

Le fait que sans contrôle, une banque peut créer de nouvelles ressources monétaires à disposition des emprunteurs potentiels, et donc créer de la monnaie (c'est d'ailleurs pour cela que certains agrégats monétaires des banques centrales incluent les dépôts à court terme des banques). Elle doit prendre garde d'être capable de faire face aux retraits d'argent au moment où ils se produisent – i.e. éviter une situation d'**illiquidité**. Elle doit en outre prendre garde d'être capable à la fin de rembourser l'ensemble des sommes qu'elle a empruntées en récupérant elle-même les sommes prêtées – et donc éviter une situation d'**insolvabilité**. Mais elle a naturellement tout intérêt à prendre de tels risques, dès lors que les intérêts auxquels elle rémunère les dépôts sont inférieurs aux intérêts et commissions qu'elle perçoit sur les prêts.

---

6. Nous excluons pour l'instant l'existence d'autres banques auprès desquelles notre banque emprunterait de quoi couvrir ces retraits, ou un recours à des financements du Reste du Monde

### C. L'équilibre macroéconomique

Penchons-nous maintenant sur le problème de l'équilibre macroéconomique provoqué par de tels mécanismes. Comme dans l'exemple précédent, le revenu des agents est la contrepartie de leur participation à la production et les encaisses monétaires détenues sont constituées de la part non utilisée de ce revenu. L'existence d'encaisses oisives signifie donc que des biens et services antérieurement produits ne sont pas utilisés. Le prêt de ces sommes à un autre acteur peut donc permettre d'utiliser ces stocks de biens… L'épargne monétaire était donc déséquilibrante, et le crédit est rééquilibrant.

### D. Conclusion

Sans aller plus loin, retenons donc que l'introduction d'un système monétaire implique la création de monnaie qui, si elle est trop importante, altère significativement la valeur de la monnaie en circulation.

Parmi les institutions qui forment ce que l'on appelle le système monétaire, on distingue les banques commerciales de la Banque centrale. Cette dernière est la banque des banques au sens où sa fonction est de refinancer les banques commerciale – i.e. de jouer le rôle de **prêteur en dernier ressort** par achat des créances lorsque les banques commerciales ont besoin de liquidités. Ce fût par exemple le cas pendant la crise du système financier en 2007-2008 : certains marchés étant asséchés, les Banques centrales ont prêté des liquidités aux agents afin qu'ils puissent se financer. La Banque centrale joue le rôle d'un prince assez sage pour garantir le pouvoir d'achat de la monnaie. Elle en tire en échange les moyens de limiter la multiplication monétaire issue du pouvoir qu'ont les banques d'accroître le montant des crédits accordés.

Précisons pour finir que comme intermédiaire, le système monétaire et financier manipule des créances et des dettes, c'est-à-dire des éléments de patrimoine. Il est évident que les rôles d'intermédiation et de transformation évoqués correspondent à une production de services (service de mise en relation des agents, service de mutualisation des risques des prêteurs…). Mais nous passerons sous silence ce rôle « productif de valeur ajoutée » des banques dans le système comptable décrit dans ce manuel (l'introduire amène une complexité peu fondamentale). Dans le cadre de l'approche comptable adoptée dans ce manuel, le compte des activités bancaires ne fera que refléter le rôle d'intermédiation, et ne sera donc constitué que d'un tableau recensant les variations de créances et de dettes des agents du système monétaire.

## 5.4 LES COMPTES DU SYSTÈME BANCAIRE AGRÉGÉS

Les comptes que nous allons présenter sont donc très simplifiés et font l'hypothèse que les banques ne produisent pas de valeur ajoutée. Elles ne sont donc pas rémunérées, ce qui signifie que les taux d'intérêt débiteurs (des déposants), sont égaux aux taux d'intérêt créditeurs (des banques). Nous allons considérer que l'ensemble de la monnaie est gérée par notre banque représentative unique. Puisqu'il faut bien trouver une origine à la détention d'un stock exogène de liquidités initiales, il suffit de faire l'hypothèse que notre banque met à la disposition des autres agents de la monnaie, en échange de créances : les créances sont la propriété de la banque, la monnaie celle des autres agents non financiers. Ensuite, la banque prend sur elle d'octroyer du crédit supplémentaire en utilisant les dépôts disponibles et non utilisés dans ses comptes. Le système fonctionne donc en circuit fermé, et la banque semble avoir la totale maîtrise du phénomène.

Pourtant notre économie est une économie ouverte : nous en rendrons compte en supposant que notre banque accepte d'acheter tous les actifs étrangers que les agents domestiques ou que les agents du Reste du Monde veulent échanger contre de la monnaie nationale, et ce à un taux de change fixe.

Le tableau que nous construirons ainsi est un simple tableau de variations d'actif et variations de passif : la banque ne fait que transformer des actifs (moins liquides) en d'autres types d'actifs (plus liquides) : elle accepte des créances étrangères (à valoir sur les ressources futures du reste du monde) et des créances à moyen ou long terme (à valoir sur la production future domestique) contre de la monnaie, créances sur les ressources actuellement disponibles.

Le compte que nous venons de présenter s'appelle également la **situation monétaire** (ici en flux, c'est-à-dire en variation) : cette situation monétaire résume l'ampleur de la création monétaire de l'ensemble des agents du système bancaire (banques commerciales et banque centrale, c'est-à-dire en incluant la « banque des banques »). Elle détaille en échange les opérations qui ont provoqué cette création monétaire (« les contreparties de la masse monétaire »).

**TABLEAU 5.2**
Tableau emplois-ressources du système bancaire agrégé.

| Emplois | Ressources |
|---|---|
| $e\Delta R$<br>$\Delta D_m + \Delta D_f + \Delta D_g$ | *Monnaie* |
| Solde = 0 | |

**NB :** La présentation simplifiée que nous venons de donner n'est pas totalement cohérente avec les comptes des agents non financiers précédents (ménages, entreprises et État) : ceux-ci payent en effet des frais financiers qui imposeraient de présenter le compte courant des banques. Nous incluront cette écriture dans le compte macroéconomique que nous proposons dans la deuxième partie.

**TABLEAU 5.3**
Liste des variables.

| | |
|---|---|
| $e\Delta R$ | Variation d'actif étrangers |
| $\Delta D_m + \Delta D_f + \Delta D_g$ | Prêts bancaires en faveur des ménages, des firme et de l'État |
| *Monnaie* | Compte courant |

## 5.5 LA THÉORIE QUANTITATIVE DE LA MONNAIE*

Nous allons étudier une des plus vieille théorie économique concernant l'impact de la monnaie sur les prix. L'idée selon laquelle un changement sur l'offre de monnaie entraîne un changement du niveau des prix constituait un raisonnement fondamental de la théorie économique classique. La théorie quantitative de la monnaie fut remise à l'honneur grâce au travail de deux américains : Irving Fisher qui publiait en 1911 *The Purchasing Power of Money* où il établit l'équation des échanges, et surtout Milton Friedman, prix nobel en 1976 qui favorisa le courant de pensée monétariste.

Pourtant la théorie quantitative de la monnaie trouve son origine au XVIe siècle avec l'afflux d'or du nouveau monde, considéré à l'époque comme la cause de la hausse des prix en Europe. L'idée fondamentale que les prix augmentent lorsque la masse monétaire s'accroît fut reprise d'abord par Irving Fisher. Selon son analyse, le principal motif de détention de la monnaie par les agents est dû aux transactions qu'ils effectuent. Cette analyse repose sur l'idée que détenir de la monnaie est inutile puisque cela ne rapporte rien. Irving Fisher développe donc une première version de la théorie quantitative de la monnaie basée sur l'**équation des échanges 5.3**.

$$Mv = pQ \tag{5.3}$$

$M$, $v$, $p$ et $Q$ représentent respectivement la quantité de monnaie en circulation, la vitesse de circulation de la monnaie, le niveau général des prix et le volume des transactions.

La vitesse de circulation de la monnaie peut paraître comme un concept assez abstrait à première vue. En fait, elle correspond au nombre de fois où les moyens de paiements sont utilisés dans une période donnée. Pour avoir une intuition de l'équation des échanges, supposons que la masse monétaire $M$ est composée de $M$ pièces de un euro. Soit $n_i$ le nombre de fois où la pièce $i$ a été utilisée. La valeur des transactions $Val$ est alors donnée par l'équation 5.4.

$$Val = \sum_{i=1}^{M} n_i \tag{5.4}$$

Si nous définissons la vitesse d'utilisation $v$ de la monnaie comme étant proportionnelle au nombre moyen d'utilisation de chaque pièce, nous pouvons écrire avec $k$ une constante positive :

$$v = \frac{k}{M}\sum_{i=1}^{M} n_i \tag{5.5}$$

Cette équation ne fait qu'illustrer la situation suivante : plus les pièces sont utilisées, plus la valeur des transactions augmente, ou de manière équivalente, plus la monnaie circule vite. Si nous supposons en outre que la valeur des transactions est proportionnel selon un facteur $l$ à la production en valeur $pQ$, nous obtenons alors :

$$v = \frac{k}{M} lpQ \tag{5.6}$$

$k$ pouvant être choisi de manière arbitraire selon une convention de définition de la vitesse de circulation, en prenant $k = \frac{1}{l}$, nous retrouvons l'équation des échanges 5.3.

Cette petite analyse permet aussi de préciser la nature de la masse monétaire dans l'équation des échanges : il s'agit d'une demande de monnaie par les agents utilisateurs. Si nous supposons l'équilibre sur le marché de la monnaie respecté, l'offre est alors égal à la demande de monnaie. Il devient inutile de préciser si nous considérons l'offre ou la demande de monnaie. Néanmoins, dans le cas contraire, gardons à l'esprit que l'équation des échanges caractérise la demande de monnaie.

Si nous faisons maintenant des hypothèses sur certaines composantes de l'équation des échanges, nous pouvons alors préciser le lien entre les prix et la quantité de monnaie en circulation dans l'économie. Deux hypothèses conduisent à la théorie quantitative de la monnaie. Les classiques supposaient que la vitesse de circulation de la monnaie était constante car déterminée par la stabilité des habitudes de paiement et par l'absence d'encaisses monétaires non utilisées par les agents. Si nous supposons en outre que la production est constante à court terme à cause par exemple de rigidités sur le marché du travail, nous en déduisons la proportionnalité entre la masse monétaire et les prix :

$$p = \mu M \quad \text{avec} \quad \mu = \frac{v}{Q} \tag{5.7}$$

Quelques nuances doivent être apportées à la théorie quantitative de la monnaie. Les études empiriques tendent à montrer une corrélation entre masse monétaire et niveau des prix, mais probablement pas une proportionnalité stricte. En outre, la théorie quantitative de la monnaie repose sur l'hypothèse forte de constance de la vitesse de circulation de la monnaie, ce qui n'est a priori pas évident.

Néanmoins, la théorie quantitative de la monnaie est un fondement essentiel dans la conduite de la politique monétaire. Au-delà des limites évoquées, elle renvoie à deux idées importantes. D'abord, la monnaie est « neutre » à long terme, i.e. que la masse monétaire n'a pas d'impact sur les valeurs réelles telles que la production $Q$ ou le $PIB$, mais sur les valeurs nominales ($pQ$ ou $pPIB$) et les prix. Ensuite, l'augmentation de la masse monétaire conduit à l'augmentation des prix. Les agents disposant d'une plus grande quantité de monnaie que leurs besoins ne l'exigent, ils vont utiliser leurs moyens de paiement disponibles pour consommer davantage. Cependant, l'offre de biens et services étant déterminée par des facteurs réels (travail, capital) supposés rigides à court terme, l'équilibre sur le marché des biens et services s'effectue par la hausse des prix. L'émission monétaire conduit ainsi à l'inflation.

Concluons cette section en notant que nous avons fait abstraction de la possibilité de conserver la valeur correspondant à l'excès d'encaisses monétaires sous une forme plus avantageuse que la monnaie. Si nous supposons que la détention de monnaie dépend du rendement moyen des placements financiers (le taux d'intérêt moyen $i$), nous pouvons alors en déduire une relation plus générale que celle de la théorie quantitative de la monnaie où la masse monétaire devient une fonction décroissante du taux d'intérêt :

$$M = f(p, Q, i) \quad (5.8)$$

$$+ + - \quad (5.9)$$

## 5.6 TEMPS ET TAUX D'INTÉRÊT : UN APPROFONDISSEMENT*

### 5.6.1 *« Les » taux d'intérêt*

Dans les parties précédentes, nous avons été assez flous sur le concept de taux d'intérêt. Nous avons supposé par exemple que les ménages ou les entreprises paient un taux d'intérêt « moyen » sur leur dette. La réalité économique est cependant plus complexe car il existe une multitude de taux d'intérêt : les taux d'intérêt peuvent être nominaux ou réels ; ils peuvent différer selon leur **maturité** (court terme ou long terme), selon l'emprunteur (administrations publiques, ménages, entreprises,...), selon la monnaie de référence... Cette section a pour objectif de clarifier quelles formes peut prendre le taux d'intérêt.

Les taux d'intérêt diffèrent d'abord selon la maturité de la dette à laquelle ils sont attachés. Typiquement, on distingue par exemple le taux à 3 mois et le taux à 10 ans. Ces taux ont généralement des valeurs différentes : les agents ont une préférence pour la liquidité. Plus la durée d'un emprunt est élevée et plus le prêteur exigera un taux d'intérêt élevé : il exprime ainsi le coût de ne pas disposer de son argent pendant une durée plus longue. Ensuite, le prêteur supporte le risque que l'emprunteur ne puisse rembourser son prêt. Si les incertitudes pour la période future sont importantes, il exigera un taux d'intérêt à long terme supérieur par rapport aux taux à court terme. En d'autres termes, il exigera le paiement d'une prime de risque.

Il existe un lien d'arbitrage entre les taux à court terme et les taux longs. En effet, considérons une économie où cohabitent une multitude de taux d'intérêt : des taux d'intérêt courts, pour des emprunts remboursés la période qui suit la contraction de l'emprunt, et des taux d'intérêt sur plusieurs périodes. Notons $i_t^n$ le taux d'intérêt de la période $t$ pour un prêt remboursé $n$ périodes plus tard. A priori, des agents neutres au risques doivent être indifférent entre :

- emprunter sur $n$ périodes à long terme, i.e. contracter un prêt dont l'échéance est $n$ périodes plus tard ;
- emprunter pendant $n$ périodes à court terme, i.e. rembourser à chaque période le prêt précédent et emprunter de nouveau à court terme.

L'équivalence précédente se traduit de la manière suivante sur deux périodes : il est équivalent d'emprunter un euro sur deux périodes, ou d'emprunter un euro pour une période et emprunter de nouveau au début de la seconde période au taux court de seconde période. Les anticipations jouent un rôle crucial car ce raisonnement est tenu au début de la première période alors que le taux court de seconde période n'est pas encore connu. Notons $i_t^{n,a}$ le taux d'intérêt de la période $t$, **anticipé** en période $t = 1$ pour un prêt remboursé $n$ périodes plus tard. La relation d'arbitrage reposant sur le raisonnement précédent se traduit par l'égalité :

$$\left(1 + i_1^2\right)^2 = \left(1 + i_1^1\right)\left(1 + i_2^{1,a}\right) \tag{5.10}$$

Si on étend l'équation précédente à $n$ périodes, on obtient :

$$\left(1 + i_1^n\right)^n = \prod_{t=1}^{n}\left(1 + i_t^{1,a}\right) \tag{5.11}$$

Analysons de manière plus approfondie cette relation d'arbitrage. Supposons que les taux courts soient fixés par la banque centrale de l'économie (ce qui est généralement le cas). Si les agents anticipent une hausse des taux courts dans le futurs, les taux long de la période présente augmente, alors que le taux court de la période reste inchangé. Au contraire, si les agents anticipent une baisse des taux courts dans le futur, les taux longs baissent. Les anticipations des acteurs financiers jouent donc un rôle important dans la détermination des taux longs. Le graphique 5.2 indique d'ailleurs que l'évolution à la baisse ou à la hausse des taux longs débute généralement juste avant celle des taux courts : ils reflètent ainsi les anticipations des agents, avant les décisions des banques centrales sur leur taux directeur (i.e. le taux de refinancement, taux auquel les banques par exemple empruntent à la Banque centrale).

Le taux long à 10 ans est clairement moins volatile que le taux court à 3 mois : en tant que moyenne géométrique des taux courts anticipés, le taux long est plus stable que le taux court. Ensuite, comme expliqué plus haut, les taux longs peuvent être déconnectés des taux courts si les anticipations des agents sur les taux courts futurs sont différentes du taux court actuel. Enfin, une augmentation perçue comme durable des taux courts a un impact plus fort sur les taux longs qu'un choc ponctuel. Ces deux derniers points sont illustrés par la situation de crise du SME (Système Monétaire et

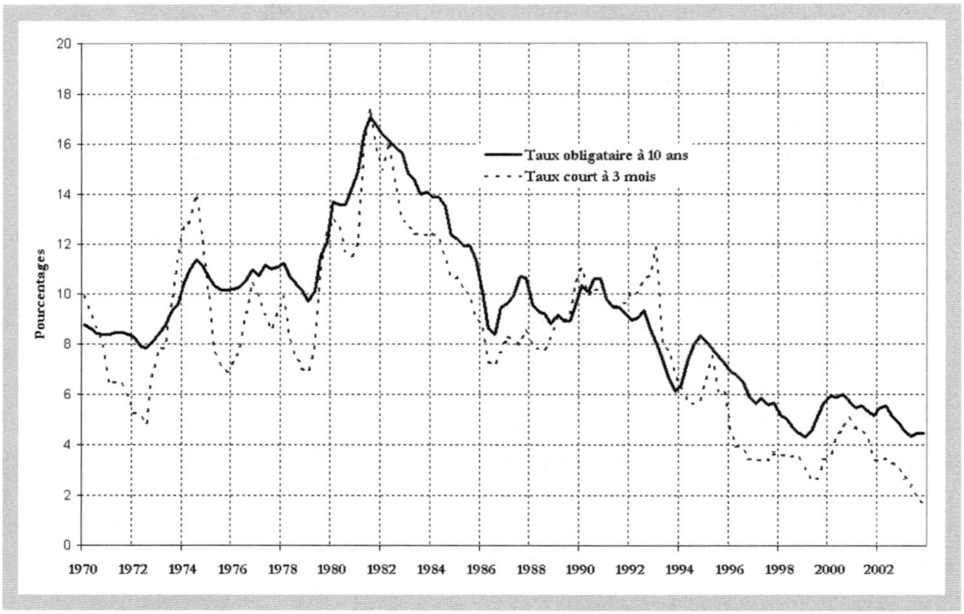


*Source : INSEE*

**FIGURE 5.2**
Les taux à 10 ans et à 3 mois en France.

Financier [7]) en 1992 : on s'aperçoit que les taux courts augmentent brusquement alors que les taux longs baissent. Cette déconnexion s'explique notamment par le fait que les agents anticipaient à long terme des taux courts plus faibles pour soutenir l'activité et considéraient la hausse du taux court qui a affecté la France pour défendre son change comme transitoire (nous revenons au chapitre 5 sur les liens entre change et taux d'intérêt).

La relation d'arbitrage que nous avons développé occulte un aspect important des anticipations : le risque. D'une part, s'endetter sur 20 ans ou sur 1 mois ne conduit pas au même risque de non-remboursement pour les banques ; d'autre part, l'emprunteur désire se prémunir contre les fluctuations du taux d'intérêt. Ainsi, une prime de risque peut augmenter les taux longs. Une variation de la prime de risque peut avoir un impact non négligeable sur le niveau du taux long dans un pays.

Au total, le niveau des taux longs est déterminé par la prime de risque et les anticipations sur les taux courts. La convergence des primes de risque sur les taux long observée dans les pays de la Zone euro est à ce titre particulièrement intéressante. Au début des années 1990, l'Italie avait une forte prime de risque sur son taux d'intérêt

7. Ce système visait à maintenir une certaine parité du taux de change entre les pays européen : nous y revenons ultérieurement de manière précise dans le chapitre 5.

relativement à l'Allemagne, notamment pour des problèmes de crédibilité de la politique monétaire. À partir du milieu des années 1990, la crédibilité croissante de l'Union monétaire a entraîné une convergence des taux longs européens, la prime de risque-pays relative à l'Italie par rapport à l'Allemagne tendant par exemple à diminuer. De manière générale, avec l'introduction du SME qui visait à favoriser la stabilité des changes et surtout avec l'UEM (Union Economique et Monétaire) basé autour de l'euro et de la BCE (Banque Centrale Européenne), l'ensemble des taux longs européens ont convergé.

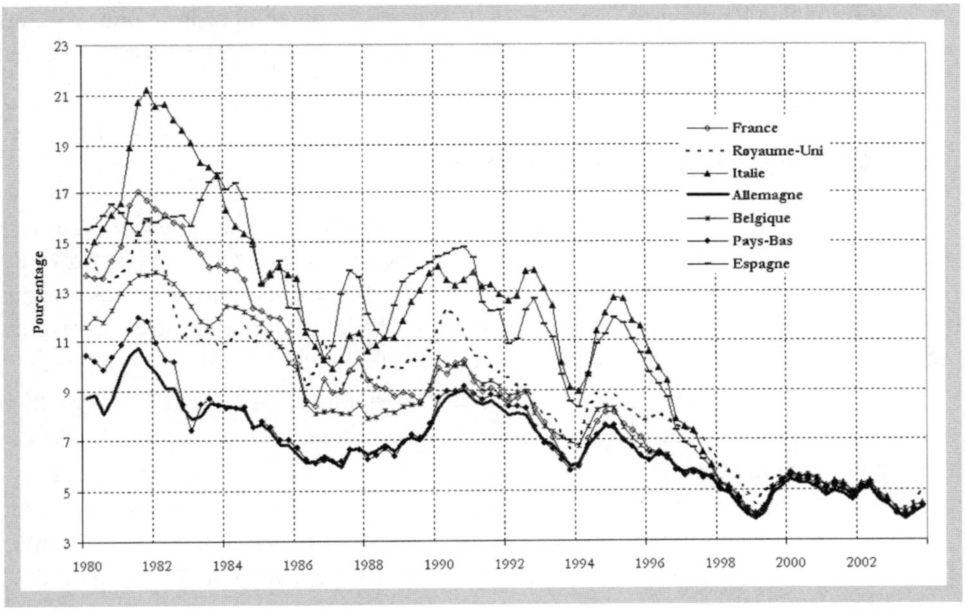


*Source : INSEE*

**FIGURE 5.3**
Les taux longs de plusieurs pays européens.

## 5.6.2 *Les arbitrages intertemporels*

Cette section permet un retour sur l'encadré « le temps, c'est de l'argent » en précisant comment le taux d'intérêt joue le rôle de taux d'actualisation dans les raisonnements à plusieurs périodes. Nous allons voir à travers plusieurs exemples concrets comment il permet d'évaluer le prix du futur en prix courant. Ce sera aussi l'occasion d'introduire les contraintes intertemporelles, concept classique en économie.

Dans les développements des premiers chapitres sur les ménages et les entreprises, nous avons montré comment modéliser les choix de consommation ou ceux des facteurs de production. Ces choix étaient inscrits dans un horizon temporel simple :

tout s'effectuait à la même date. La réalité est bien sûr toute autre et une approche dynamique prenant en compte la dimension temporelle des échanges est préférable à l'approche statique à une seule date.

Notons cependant que même dans l'approche statique, il est possible d'introduire la dimension temporelle en supposant que certains biens sont des contrats passés à la période présente pour une période ultérieure. On parle alors de « **contrat à terme** » contrairement au marché au comptant pour lesquels l'échange de biens et services ainsi que leurs paiements sont immédiats. Dans un contrat à terme, le paiement s'effectue à une date initiale et l'échange a lieu plus tard. Si ce cadre paraît approprié pour certains marchés financiers par exemple, il n'est en général pas vraiment réaliste : souvent l'échange de biens a lieu en même temps que le paiement.

## A. L'arbitrage consommation/épargne

La théorie du cycle de vie développée dans la section (2.5.2) nous enseigne que le niveau de la consommation des ménages ne dépend pas seulement de leurs revenus courants, mais aussi de leurs revenus futurs. Si on suppose que l'ensemble des revenus futurs des ménages sont connus sans incertitude, le lien temporel entre les revenus présents et futurs se fait au moyen de l'épargne ou de l'endettement.

Supposons que les ménages vivent deux périodes et qu'ils font face à un bien unique, « agrégation » des différents biens de l'économie. L'analyse peut être facilement conduite pour plusieurs biens et plus de deux périodes, mais sans apport conceptuel supplémentaire. Les ménages consomment $C_1$ à la période $t = 1$ et $C_2$ à la période $t = 2$. Le prix du bien unique est noté $p_1$ (respectivement $p_2$) en période 1 (respectivement 2). Les revenus des ménages sont notés $R_1$ (respectivement $R_2$) en période 1 (respectivement 2).

Les revenus et les prix sont supposés certains : aucun aléa ne touche les prix et les revenus futurs, i.e. de seconde période ici. Cette hypothèse peut revenir à considérer que les ménages ne font pas d'erreurs de prévision sur les prix et les revenus futurs : leurs **anticipations sont parfaites**. On peut aussi prendre une hypothèse moins forte en supposant que les ménages ne font pas d'erreurs de prévision en moyenne : les anticipations sont alors rationnelles. L'hypothèse d'**anticipations rationnelles** (*J. Muth* [32]) a peu de chance d'être vérifiée dans la réalité, mais elle fournit un cadre théorique « idéal », très utilisé en économie dynamique. L'hypothèse d'une forme particulière d'anticipations est nécessaire : si la formation des anticipations des agents était complètement arbitraire, on pourrait expliquer à peu près tout et n'importe quoi ! L'hypothèse d'anticipations rationnelles permet d'imposer une cohérence entre les anticipations des agents et les observations, mais le caractère extrême des anticipations rationnelles est une caractéristique forte qu'il convient de garder à l'esprit.

D'autres formes d'anticipation peuvent être modélisées. Par exemple, les **anticipations adaptatives.** Ces ancicipations se fondent sur les évolutions passées constatées. Cela signifie que le niveau futur anticipé des prix et des revenus est mécaniquement ajusté à l'écart entre le niveau des prix et des revenus d'aujourd'hui et ceux anticipés antérieurement pour la période actuelle. En d'autres termes, l'évolution des prix et des revenus est déterminée à partir de l'erreur d'anticipation faite à la période précédente. Ce type d'anticipation peut avoir pour propriété d'impliquer des erreurs systématiques des agents dans un même sens, ce qui n'est pas toujours réaliste.

Partant de notre hypothèse d'anticipations parfaites, les ménages peuvent transférer une partie de leurs revenus soit au moyen de l'épargne, soit au moyen de l'emprunt. Notons indifféremment $S$ l'épargne et l'emprunt des ménages en première période. Si $S > 0$, il s'agit d'une épargne ; si $S < 0$, il s'agit d'un emprunt. Supposons aussi que le taux d'intérêt $i$ s'appliquant à l'épargne est identique à celui s'appliquant à l'emprunt.

Dans ce cadre, la contrainte budgétaire à chaque période indique que les emplois des ménages sont nécessairement inférieurs à leurs ressources. L'hypothèse de non-satiété des ménages (voir section 2.4.4) conduit à l'égalité à chaque période de leurs revenus et de leurs emplois :

$$p_1C_1 + S = R_1 \tag{5.12}$$

$$p_2C_2 = R_2 + S(1+i) \tag{5.13}$$

En éliminant $S$, on trouve la **contrainte de budget intertemporelle** du ménage :

$$p_1C_1 + \frac{p_2}{1+i}C_2 = R_1 + \frac{R_2}{1+i} \tag{5.14}$$

Cette contrainte possède la propriété d'**absence d'illusion monétaire**. En effet, si on multiplie l'unité de compte par un réel strictement positif $\lambda$, on ne change pas l'égalité. Considérons les prix et les revenus exprimés dans une unité différente :

$$\tilde{p}_1 = \lambda p_1 \tag{5.15}$$

$$\tilde{p}_2 = \lambda p_2 \tag{5.16}$$

$$\tilde{R}_1 = \lambda R_1 \tag{5.17}$$

$$\tilde{R}_2 = \lambda R_2 \tag{5.18}$$

La contrainte budgétaire intertemporelle (5.14) garde la même forme dans la nouvelle unité monétaire :

$$\tilde{p}_1C_1 + \frac{\tilde{p}_2}{1+i}C_2 = \tilde{R}_1 + \frac{\tilde{R}_2}{1+i} \tag{5.19}$$

Cette propriété a une implication immédiate. En effet, la contrainte budgétaire intertemporelle (5.14) est écrite sous forme *nominal*, c'est-à-dire en unité monétaire courante de chaque période. Elle peut être écrite sous forme réelle en prenant le prix de première période comme prix de référence. Notons pour cela $\pi$ le taux d'inflation. Il est défini par l'équation :

$$1 + \pi = \frac{p_2}{p_1} \tag{5.20}$$

En divisant l'équation (5.14) par $p_1$, on obtient :

$$C_1 + \frac{p_2}{p_1(1+i)} C_2 = \frac{R_1}{p_1} + \frac{R_2}{p_1(1+i)} \tag{5.21}$$

En introduisant le taux d'intérêt réel $r$ définit par $1 + r = \dfrac{1+i}{1+\pi}$, on aboutit à la relation :

$$\underbrace{C_1 + \frac{1}{(1+r)} C_2}_{\text{Somme des consommations actualisées}} = \underbrace{\frac{R_1}{p_1} + \frac{1}{1+r}\frac{R_2}{p_2}}_{\text{Somme des revenus actualisés}} \tag{5.22}$$

Pour interpréter cette relation, il suffit de remarquer que $\dfrac{1}{1+r}$ est le taux d'actualisation de la seconde période à la première période. En effet, 1 € en première période permet d'obtenir $1 + i$ € de seconde période. En terme réel, pour tenir compte de la valeur d'un euro de seconde période en terme d'euro de première période, il faut tenir compte de l'inflation. Ainsi en terme réel, 1 € en première période permet d'obtenir $1 + r$ € de première période. $\dfrac{1}{1+r}$ est donc ce qu'il faut épargner en première période pour obtenir 1 € en terme réel. C'est la valeur du futur en première période ! Les relations (5.14) et (5.22) indiquent soit en termes nominaux ou en termes réels que la somme des revenus présents et futurs actualisés sont égaux à la somme des consommations présentes et futurs.

Notons $U(C_1, C_2)$ l'utilité des consommateurs sur les deux périodes. Le programme du consommateur correspond à la maximisation de cette utilité sous la contrainte de budget intertemporelle :

$$\max_{s.c. C_1 + \frac{1}{(1+r)} C_2 = \frac{R_1}{p_1} + \frac{1}{1+r}\frac{R_2}{p_2}} U(C_1, C_2) \tag{5.23}$$

Ce programme et la forme de la contrainte budgétaire intertemporelle nous indique comment les ménages font un arbitrage intertemporel entre les deux périodes : une hausse du taux d'intérêt réel entraîne une baisse du prix du futur relativement aux prix actuels, ce qui incite les ménages à substituer les biens futurs aux biens présents et donc à consommer plus demain et moins aujourd'hui. On parle d'**effet de substitution**. Dans le même temps, une hausse du taux d'intérêt réel diminue le revenu total sur les deux périodes (ou revenu permanent) des ménages, ce qui entraîne une diminution pour une des deux périodes au moins de la consommation des ménages. On parle d'**ef-**

**fet de revenu**. Si l'effet de substitution est sans ambiguïté, ce n'est pas le cas de l'effet revenu. Dans notre exemple la combinaison des deux effets peut conduire à :

1. soit une diminution pour les deux périodes de la consommation ;
2. soit une diminution de la consommation pour la première période, mais une hausse pour la seconde ;
3. soit une hausse de la consommation pour la première période, mais une diminution pour la seconde.

L'effet global sur la consommation des ménages d'une variations du taux d'intérêt réel dépend de la situation d'emprunteur ou de débiteur des ménages et de leurs préférences de consommation entre présent et futur : d'une part, la hausse du taux d'intérêt réel augmente le revenu des épargnants mais diminue le revenu de ceux qui empruntent en première période ; d'autre part, la préférence pour le présent ou le futur des ménages a une influence sur la répartition qu'il font de leur baisse de revenu sur leur consommation de première ou de seconde période.

La figure 5.4 illustre graphiquement ces deux effets dans le cas particulier où la consommation de première période diminue et celle de seconde période augmente. Dans le cas général, il existe une courbe d'isoutilité tangente en 1 point à la contrainte de budget intertemporelle. Ce point de tangence détermine la solution au programme du consommateur (5.23). Initialement, le taux d'intérêt réel est $r$ et le point de consommation est le point $E$. La hausse du taux d'intérêt de $r$ à $r'$ se décompose en

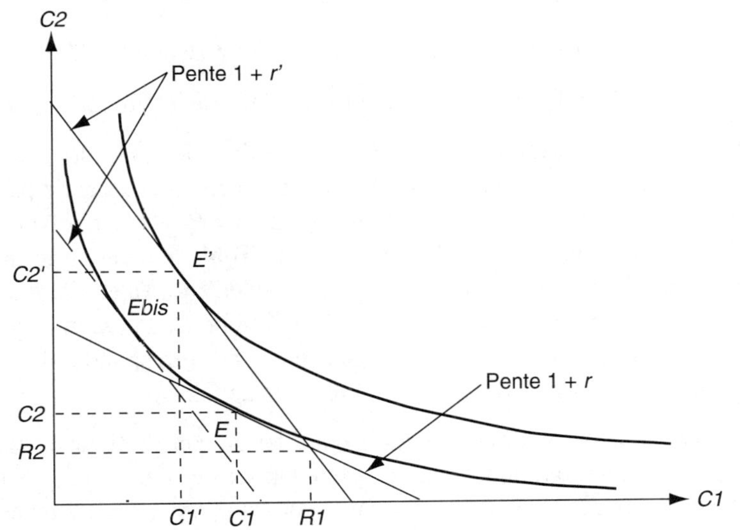


**FIGURE 5.4**
L'effet revenu et l'effet substitution.

deux mouvements du point d'équilibre. Une variation du taux d'intérêt réel a une influence à la fois sur la pente de la courbe correspondant à la contrainte de budget intertemporelle et sur l'ordonnée du point d'intersection entre cette courbe et l'axe des ordonnées. D'une part, l'effet de substitution fait évoluer l'équilibre de $E$ à $E_{bis}$ : à utilité constante, une variation du taux d'intérêt correspond à une variation de la pente de la droite de budget qui pivote le long de la courbe d'isoutilité jusqu'au point $E_{bis}$. D'autre part, le passage de $E_{bis}$ à $E'$ caractérise l'effet revenu : il se traduit par un déplacement de la contrainte à pente donné. L'effet est donc plus ambigu car le nouveau point d'équilibre dépend de la forme des courbes d'isoutilité.

## B. L'arbitrage investissement/placement financier

L'objectif principal d'une entreprise est de produire des biens et services. Elle a besoin d'investir dans des projets rentables afin de dégager de nouvelles ressources qui lui permettront à nouveau d'investir. Néanmoins, si la production est un objectif central, pour que l'entreprise investisse, les revenus générés par son investissement doivent théoriquement être supérieurs à un placement financier qu'elle pourrait effectuer par ailleurs.

Si l'investissement conduit à une suite de revenus $R_t$ sur $n$ périodes, en notant $r$ le taux d'intérêt réel supposé constant, la somme actualisée $\Re$ des revenus s'en déduit facilement :

$$\Re = \sum_{t=1}^{n} \frac{R_t}{(1+r)^t} \quad (5.24)$$

Si le coût de l'investissement est $c_I$, l'entreprise aura intérêt à investir si $\Re > c_I$, soit $\frac{\Re}{c_I} = QT \geq 1$. $QT$ est appelé **Q marginal de Tobin**. Il traduit l'accroissement de la valeur de l'entreprise rapporté à un investissement. Ce ratio est néanmoins assez difficile à évaluer, sans compter qu'il ne tient pas compte des anticipations sur le revenu futur de l'investissement, forcément risqué. À défaut de pouvoir facilement calculer ce ratio, on calcule généralement le **Q de Tobin** qui rapporte la valeur de marché de l'entreprise à la valeur de son capital productif. La valeur de marché est un indicateur de l'ensemble des revenus futurs de l'entreprise. Le capital productif est généralement évalué par son coût de remplacement et correspond à la somme des investissements effectués nets de la dépréciation du capital.

Une hausse du taux d'intérêt réel de court terme dans le futur devrait avoir un impact négatif sur l'investissement *ex ante*. Cette hausse des taux courts réels équivaut à une hausse présente des taux longs. Pourtant si on compare le taux d'investissement, rapport de l'investissement au PIB et le taux d'intérêt long réel en France par exemple, on trouve plutôt une corrélation positive entre investissement et taux d'intérêt réel ! (voir figure (5.5)) En fait, une hausse des taux d'intérêt peut correspondre à une anticipation par les agents d'une conjoncture plus favorable. Les agents anticipent que la

Banque centrale de l'économie relèvera ses taux plus tard. Un investissement fait aujourd'hui permettra de produire dans un environnement économique favorable à la production, ce qui explique la corrélation positive entre investissement et taux d'intérêt. L'évaluation même du dénominateur du Q de Tobin pose de nombreux problèmes de fiabilité des données. De manière général, l'investissement ne se prête pas facilement à la modélisation.

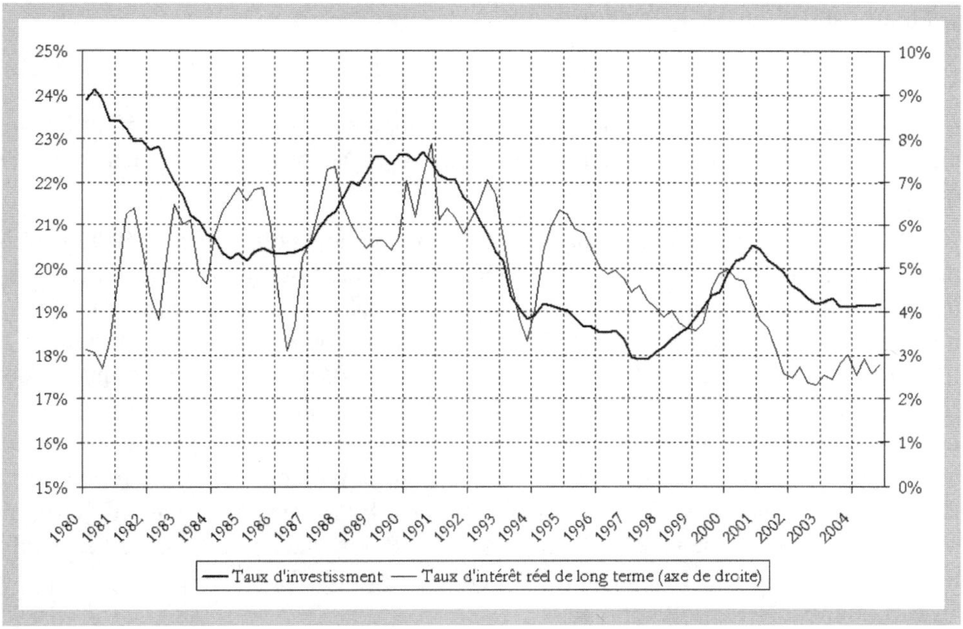


Source : INSEE

**FIGURE 5.5**
Le taux d'investissement et le taux long réel en France.

## C. L'arbitrage déficit/excédent budgétaire

Comme les ménages, les administrations publiques dépensent, mais comme eux, elles sont soumises à une contrainte de budget intertemporelle. Cette contrainte a une forme différente car contrairement à un ménage, l'horizon de vie des administrations publiques est généralement infini.

Notons $D_{g,t}$ la dette des administrations publiques à la date $t$. Le solde budgétaire des administrations publiques est noté $SB_{g,t}$. Il correspond à leur besoin ou leur capacité de financement : il est égale à leur épargne nette de leurs investissements. S'il est négatif, on parle de déficit budgétaire et dans le cas contraire, d'excédent budgétaire. Le solde budgétaire peut être décomposé entre le paiement des intérêts sur la dette et un résidu $SP_{g,t}$ qu'on appelle le **solde primaire**. Le taux d'intérêt moyen qui s'applique à la dette des administrations publiques est noté $i_t$ :

$$SB_{g,t} = SP_{g,t} - i_t D_{g,t-1} \tag{5.25}$$

L'introduction du solde primaire permet de séparer la partie financière du solde budgétaire qui est affectée par la taille de la dette, et par conséquent par les soldes budgétaires antérieurs à la période considérée. Dans ce cadre, la dynamique de la dette publique est définie par l'équation 5.26.

$$D_{g,t} = D_{g,t-1} - SB_{g,t} = (1 + i_t)D_{g,t-1} - SP_{g,t} \tag{5.26}$$

La dette des administrations publiques augmente lorsqu'il y a déficit budgétaire, i.e. lorsque les administrations publiques ne dégagent pas un excédent primaire qui soit supérieur à la charge de leur dette.

Prenons l'exemple d'un pays qui désire mener une politique budgétaire entraînant la formation d'un déficit primaire à chaque période. Pour un ménage, un comportement similaire qui consiste à emprunter à chaque période est impossible : il doit un jour au l'autre rembourser sa dette. Pour un pays, la problématique est différente : si l'augmentation de la dette est « raisonnable » à chaque période, il peut emprunter indéfiniment… En effet, une hausse de la dette peut être considérée comme raisonnable si le PIB nominal de l'économie $PIB_{nom,t}$ croît à un rythme égal ou supérieur à la dette : plus le PIB nominal est élevé, plus les impôts sont importants et permettent de payer la charge supplémentaire d'intérêt due aux déficits. En reprenant l'équation (5.26), on peut exprimer le ratio de la dette publique sur le PIB nominal afin de clarifier les conditions d'une dynamique de la dette raisonnable, c'est-à-dire non divergente par rapport au PIB nominal :

$$\frac{D_{g,t}}{PIB_{nom,t}} = (1 + i_t)\frac{D_{g,t-1}}{PIB_{nom,t-1}}\frac{PIB_{nom,t-1}}{PIB_{nom,t}} - \frac{SP_{g,t}}{PIB_{nom,t}} \tag{5.27}$$

En notant $d_t$ le ratio dette sur PIB nominal, $sp_t$ le ratio solde primaire sur PIB nominal, $g_t$ le taux de croissance du PIB réel (ou « taux de croissance » tout court !) et $\pi_t$ le taux d'inflation [8], on obtient :

$$d_t = \frac{1 + i_t}{(1 + g_t)(1 + \pi_t)}d_{t-1} - sp_t \tag{5.28}$$

On repère dans l'équation (5.28) le taux d'intérêt réel $r_t$ défini par $1 + r_t = \dfrac{1 + i_t}{1 + \pi_t}$. On obtient donc finalement :

$$d_t - d_{t-1} = \frac{r_t - g_t}{(1 + g_t)(1 + \pi_t)}d_{t-1} - sp_t \tag{5.29}$$

8. Le taux de croissance du PIB nominal $g_{nom,t}$ est donc défini par l'équation $1 + g_{nom,t} = (1 + g_t)(1 + \pi_t)$.

Le ratio dette sur PIB nominal peut ne pas augmenter même si les administrations publiques dégagent un déficit primaire. Il suffit que $\frac{r_t - g_t}{1 + g_t} d_{t-1}$ soit suffisamment négatif. En d'autres termes, il suffit que la croissance soit suffisamment forte par rapport au taux d'intérêt pour compenser l'accroissement de dette par le déficit primaire.

En revanche, si le taux de croissance de l'économie est inférieur au taux d'intérêt réel, un déficit budgétaire perpétuel ne peut conduire qu'à un accroissement de la dette à chaque période. Même si le solde primaire est nul, il y a un effet « **boule de neige** [9] » qui traduit une explosion de la dette… Cette situation n'est pas soutenable (on parle de **soutenabilité de la politique budgétaire**). Dans ce cas, un jour où l'autre, il faudra soit plus de croissance, soit un excédent primaire plus important.

En France, l'effet « boule de neige » explique en grande partie la hausse du ratio dette sur PIB depuis 1990. Ce ratio est passé de 35,5 % en 1990 à plus de 60 % en 2007. Cette hausse de 25 % environ du ratio de la dette sur le PIB est expliquée pour 15 % par l'effet « boule de neige » qui est la conséquence d'une charge de la dette accru et pour 10 % environ à l'accumulation des déficits primaires (terme $\sum_{t=1991}^{2004} sp_t$ dans l'équation (5.30)) :

$$d_{2004} - d_{1990} = \sum_{t=1991}^{2004} \frac{r_t - g_t}{1 + g_t} d_{t-1} - \sum_{t=1991}^{2004} sp_t \qquad (5.30)$$

### Le critère de Maastricht

Supposons une économie dont le taux de croissance potentiel, i.e. sa croissance moyenne sur longue période soit de 3 % et dont le taux d'inflation moyen est de 2 %. Supposons que le ratio dette sur PIB soit de 60 %. A quelle condition sur le solde budgétaire le ratio dette sur PIB est constant ?
Reprenons l'équation (5.26)

$$D_{g,t} = D_{g,t-1} - SB_{g,t} \qquad (5.31)$$

En notant $sb_t$ le ratio solde budgétaire sur PIB, par un raisonnement identique à celui tenu dans cette section, la dynamique du ratio dette sur PIB est défini par :

$$d_t = \frac{1}{(1 + g_t)(1 + \pi_t)} d_{t-1} - sb_t \qquad (5.32)$$

Comme nous souhaitons respecter la règle $d_t = d_{t-1} = 60\ \%$, que $g_t = 3\ \%$ et que $\pi_t = 2\ \%$, on en déduit que $sb_t = \left(\frac{1}{(1,003)(1,002)} - 1\right) 0,6 \simeq 3\ \%$.

On retrouve ainsi le fameux 3 % de la règle de Maastricht qui limite les déficits publics des pays de la Zone euro. Si les conditions de croissance et d'inflation sont vérifiées, alors le ratio dette sur PIB est à long terme en dessous de 60 % si les pays suivent cette règle. Ce niveau est arbitraire, mais a été considéré comme raisonnable par les pays membres au moment du traité de Maastricht.

9. On parle aussi de « spillover effect «.

Plusieurs problèmes se sont posés récemment : d'abord, une hypothèse de 3 % de croissance potentiel pour la Zone euro est une hypothèse forte depuis 2000. En outre, certains pays ont dépassé ce critère en 2003, notamment parce qu'ils n'avaient pas suffisamment réduit leur déficit pendant la forte période d'expansion 1997-2001. La brutale chute de croissance qui s'en est suivi a mécaniquement augmenté les déficits publics (voir section 4.2) et ces pays ont dépassé le critère de Maastricht. On voit qu'un critère en terme de déficit public tenant compte du cycle économique permettrait de faire les efforts budgétaires lorsque cela est le plus facile, i.e. en période d'expansion budgétaire. Mais la définition même du cycle peut poser un problème d'interprétation de ce critère. Cette difficulté explique sans doute pourquoi un tel critère n'a pour l'instant pas été retenu.

## 5.6.3 *La politique monétaire*

Si on veut résumer l'effet du taux d'intérêt réel sur la demande de biens et services, on observe généralement à court terme qu'une hausse des taux d'intérêt réduit à la fois la consommation des ménages et l'investissement des entreprises *ex ante*. Ces deux postes représentant une part importante du PIB, l'impact sur la demande de biens et services d'une hausse des taux réels est ainsi négatif.

On comprend dès lors que les banques centrales utilisent parfois le taux d'intérêt pour limiter les fluctuations des cycles économiques : elles ont tendance à augmenter le taux d'intérêt pendant les phases d'expansion et à le réduire pendant les phases de récession. Les politiques monétaires sont généralement contracycliques. Néanmoins, il faut tenir compte du fait que la réponse de la consommation des ménages et de l'investissement des entreprises à une variation du taux d'intérêt. L'effet d'une variation des taux sur le PIB est en moyenne maximal au bout de 2 ans. Les anticipations jouent donc un rôle essentiel pour mener une politique monétaire efficace à court terme.

Les anticipations des agents et en particulier de la Banque centrale jouent aussi un rôle important dans la détermination des taux courts et par conséquent des taux longs. La courbe des taux donne la valeur des taux d'intérêt suivant leur maturité. Généralement, la prime de risque des taux longs par rapports aux taux courts étant positive, si les taux courts sont constants, la valeur des taux d'intérêt augmente avec leur maturité. De ce fait, une courbe des taux croissante est dite « normale ». Au contraire, une courbe des taux décroissante est dite « inversée ». L'orientation de la courbe des taux peut traduire les anticipations des agents.

Lorsqu'à la fin d'une phase d'expansion prononcée, les agents anticipent qu'à l'avenir, la politique monétaire va se détendre, i.e. que la Banque centrale va baisser les taux courts pour stimuler l'activité. La courbe des taux peut alors être inversée. Dans le cas contraire, à la fin d'une phase de récession, la courbe des taux devrait être normale. C'est typiquement le genre de phénomène que l'on a observé lors de la forte

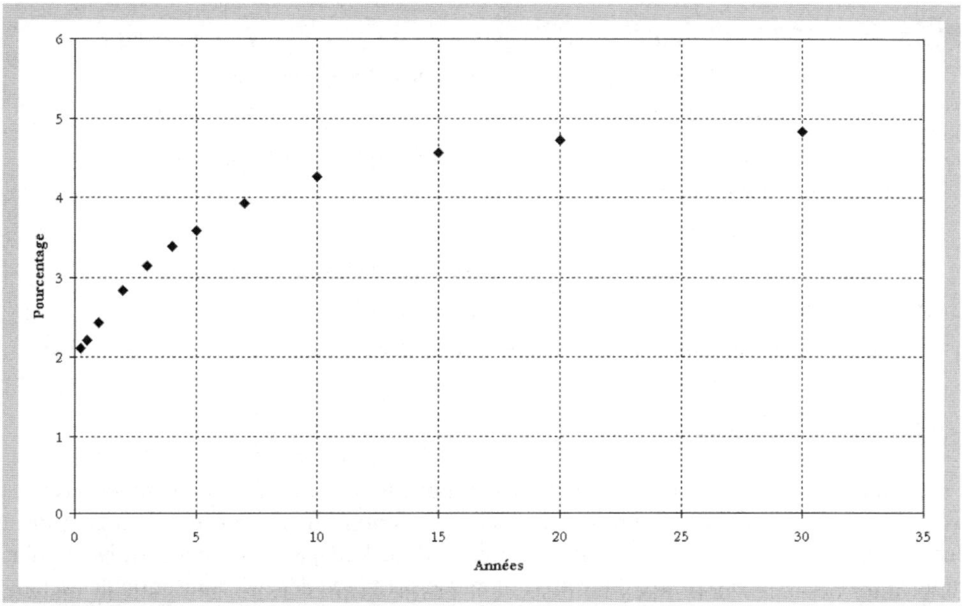


**FIGURE 5.6**
La courbe des taux dans la zone euro (septembre 2004).
*Pour les maturités inférieures ou égales à 1 ans, il s'agit du taux Euribor. Pour les maturités plus longues, les calculs sont faits à partir des swaps de taux.*

expansion de la fin des années 1980 dans le pays de l'OCDE, et lors de la phase de récession au début des années 1990 qui a suivi.

La courbe des taux peut ainsi permettre de révéler les anticipations des agents et peut jouer à ce titre le rôle de signal indiquant les retournements de conjoncture. Mais comme elle ne dépend pas seulement des anticipations des agents, son pouvoir prédictif reste limité. Dans la pratique, elle ne permet pas d'anticiper parfaitement la date des points de retournement de l'économie et l'intensité de l'activité future, mais elle peut fournir des indications utiles.

**Mots clés**

- Offre de monnaie
- Monnaie scripturale
- Monnaie fiduciaire
- Valeur nominale
- Intermédiation
- Illiquidité
- Insolvabilité
- Théorie quantitative de la monnaie
- Équation des échanges.

## Des questions pour mieux retenir

1. Quelles sont les différentes formes de la monnaie ? Ses fonctions ?
2. Comment définir la monnaie ?
3. Quelle est la différence entre la valeur nominale et la valeur réelle ?
4. Comment peut-on définir le prix du futur ?
5. Qu'est-ce que le seigneuriage ?
6. Quelles sont les fonctions principales du système monétaire ?
7. Qu'est-ce que la théorie quantitative de la monnaie ?
8. Pourquoi les taux longs sont-ils moins volatils que les taux courts ?

## Résumé du chapitre

La monnaie est un objet difficile à définir tant par ses formes que par ses fonctions. Les trois agrégats des banques centrales font généralement office de référence. Ils sont construit sur les actifs les plus liquides, c'est-à-dire ceux dont la capacité de dépense est la plus rapide possible. À la différence du troc, la monnaie permet la désynchronisation des échanges entre les agents et assure la multilatéralité des transactions. Une croissance rapide de la quantité de monnaie disponible dans l'économie crée généralement de l'inflation. Le système financier au sens large est donc en charge de contrôler la quantité de monnaie en circulation afin de limiter les risques inflationnistes. Il a aussi un rôle d'intermédiaire financier et de transformation de l'épargne peu risquée de court terme en investissements risqués et de long terme. Si un problème de liquidité intervient, la banque centrale joue le rôle de prêteur en dernier ressort. La banque centrale a aussi généralement la responsabilité de la politique monétaire. Le canal principal de son action est de faire varier son taux directeur afin de modifier les conditions de financement dans l'économie. Par exemple, une hausse des taux a un impact négatif sur la consommation des ménages, sur l'investissement en logement des ménages et sur l'investissement des entreprises.

# 6

# LES ÉCHANGES EXTÉRIEURS

*L'histoire du commerce est celle de la communication des peuples.*

MONTESQUIEU

**SOMMAIRE**

**6.1** L'économie mondiale
**6.2** Économie et relations internationales
**6.3** Le commerce international de biens et services
**6.4** Le compte de l'extérieur
**6.5** Le compte courant et le commerce intertemporel*
**6.6** Les différents régimes de change
**6.7** Taux de change et taux d'intérêt*

La dernière catégorie abordées dans ce chapitre permet de rendre compte des relations avec les agents extérieurs à l'économie domestique. Cette catégorie représente le point de destination et de départ de flux entre l'espace économique domestique et l'extérieur. Ces flux portent sur des marchandises, des créances privées à court, moyen ou long terme, des titres publics, ou de la monnaie. Pour résumer les différentes transactions du pays domestique avec le reste du monde, nous allons définir la **balance des paiements**. Néanmoins, dans un premier temps, nous allons donner une description de l'économie mondiale et évoquer les aspects statiques des relations économiques entre pays.

# 6.1 L'ÉCONOMIE MONDIALE

## 6.1.1 *Le développement de l'économie mondiale*

Les premiers systèmes d'économie appliqués aux communautés humaines se caractérise par leur condition d'autarcie. Néanmoins, le champ des échanges a sans cesse augmenté. Circonscrits aux familles et aux tribus, les échanges étaient dans un premier temps essentiellement effectués sous la forme de troc. L'apparition de monnaie, par la multi-latéralisation des échanges et les possibilités de stockage ont permis de dépasser l'économie de troc et les échanges se sont développés entre régions puis entre pays.

Historiquement, le problème des transports a longtemps limité les échanges commerciaux. Par exemple, au $XII^e$ siècle, la route de la soie permettait l'acheminement de soie et d'épices vers l'Europe, mais cet acheminement prenait une année ! Au $XV^e$ siècle, le développement des techniques maritimes et la baisse des temps et des coûts de transport qui en a résulté ont permis un essor significatif des échanges internationaux, l'Europe jouant un rôle prépondérant. La découverte du nouveau monde a amplifié ce mouvement. L'apport technologique du moteur à vapeur a contribué plus tard à un nouvel essor des échanges internationaux. Les espaces économiques ont été dès lors de plus en plus intégrés créant par conséquent un espace économique international. L'amélioration des moyens de transports et de communication (télégraphe, téléphone, internet...) ont réduit considérablement les problèmes de transport.

Le second frein majeur aux échanges internationaux est constitué des différentes taxations qui touchent les biens échangés. Les statistiques sont assez fragiles, mais il ne fait aucun doute que les tarifs douaniers ont connu une baisse importante. L'exemple du $XX^e$ siècle est à ce titre significatif : les tarifs douaniers moyens sont passer de 40 % en 1940 à 3 % dans les années 2000.

Depuis un siècle, l'intégration des économies nationales est croissante :

1. Les étapes de fabrication de produits s'effectuent dans différents pays. Les échanges de produits semi-finis contribuent en partie à l'essor du commerce international.
2. Le commerce des biens finis a été en forte expansion. Cette expansion est concomitante à une spécialisation des pays pour certains types de production.
3. Le financement des activités productrices est de plus en plus international.

L'expansion des échanges de produits finis et semi-finis participent au changement de nature des biens échangés au cours du $XX^e$ siècle. Si au début du siècle des produits primaires constituaient les deux tiers des échanges, ils représentent moins du quart des échanges aujourd'hui. La part des produits manufacturés est passée elle d'un tiers à plus de deux tiers des échanges.

Les investissements directs à l'étranger (IDE) représentent une alternative au commerce international. Les flux d'investissements directs étrangers sont un moyen pour les entreprises étrangères de produire dans un pays particulier. Le but d'une telle opération peut parfois être simplement de contourner les réglementations particulières à tel ou tel pays. Ces investissements contribuent à l'intégration croissante des processus productifs. Ils participent aussi aux développements des échanges de capitaux à long terme, les investissements ayant une durée de rentabilité assez longue généralement.

### 6.1.2 *L'économie mondiale aujourd'hui*

La croissance des flux d'échanges a été plus rapide que celle de la production sur le siècle dernier. Les économies nationales sont donc de plus en plus inter-dépendantes. Néanmoins, cet inter-dépendance est relative. On observe en effet une régionalisation des flux d'échanges. Trois zones principales de commerce émergent de l'observation des flux d'échanges (figure 6.1) :

- une zone Amérique centrée sur les États-Unis ;
- une zone euro-africaine centrée sur l'Europe ;
- une zone Asie-Océanie centrée sur le Japon et la Chine.

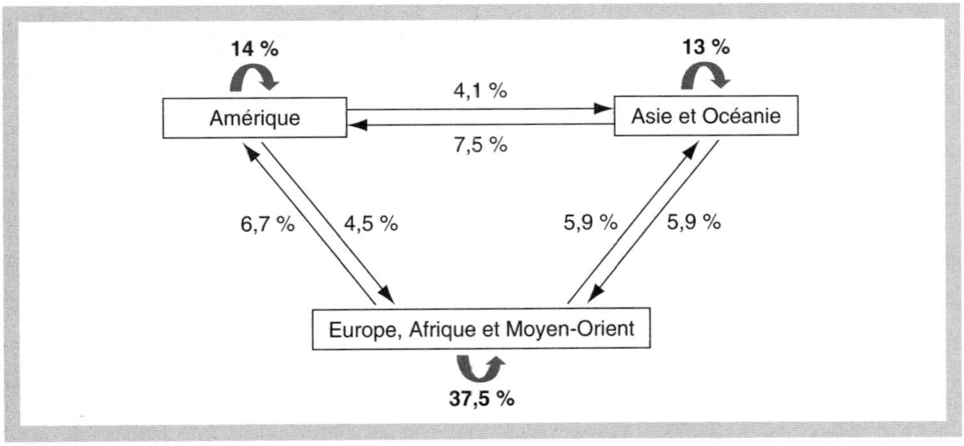


*Source : OCDE.*

**FIGURE 6.1**
Matrice mondiale des échanges (2000).

Les échanges entre ses zones sont relativement faibles, alors que les échanges entre pays européens par exemple représentent à eux seuls le tiers des échanges internationaux. La plupart des échanges internationaux sont en fait intra-zones, ce qui justifie cette structure de regroupement [1]. Cette régionalisation peut être en partie imputée aux différents accords économiques régionaux qui prévalent actuellement (Union européenne, ALENA, Mercosur…). La zone en pleine expansion est sans aucun doute la zone asiatique, avec notamment une percée des échanges chinois très importantes depuis la fin des années 1990.

Au niveau des économies nationales, les États-unis constituent l'exportateur et l'importateur principal du commerce mondial (environ un cinquième des échanges internationaux). Les pays les plus développés ont un fort contenu en services de leurs échanges internationaux, alors que les moins développés sont centrés sur les matières premières. On observe aussi une spécialisation internationale pour certains pays : les États-unis sont exportateurs nets de services essentiellement dus aux technologies de l'information et des communications (TIC). Le Japon est assez fortement spécialisé en produits manufacturés (transport, machines, téléphonie et automobile essentiellement). Pour l'Europe occidentale, le constat est plus flou, même si certains secteurs comme l'agriculture ou le secteur textile sont en forts déclins. Néanmoins, on observe une croissance des exportations de produits manufacturés (chimie, transport notamment aérien, télécommunication…).

Pour conclure, une photographie du commerce mondial nous incite à le qualifier de croissant, tri-polaire (Amérique, Europe et Asie) et global au sens où les États sont de moins en moins autonomes économiquement. Ce dernier point explique en partie les négociations commerciales de plus en plus fréquentes et de plus en plus dures entre les principaux acteurs internationaux.

## 6.2 ÉCONOMIE ET RELATIONS INTERNATIONALES

Avant de s'attacher à décrire, via les échanges, l'aspect dynamique des relations d'une économie avec le reste du monde, attardons-nous un instant sur l'aspect statique des relations internationales. Nous centrons l'analyse au point de vue économique uniquement. Quelles sont les caractéristiques économiques importantes dans les rapports entre états ? On en dénombre généralement trois :

- la démographie et le capital humain ;
- les ressources naturelles ;
- le capital et la technologie

1. En fait la zone euro-africaine est assez fragile car le poids des échanges africains est assez faible comparé à celui de l'Europe. Dans les faits, l'Afrique est pour l'heure marginalisée au sein du commerce international.

### 6.2.1 Démographie et capital humain

La démographie a pendant longtemps (disons jusqu'au $XVIII^e$ siècle) constitué le facteur déterminant de l'importance économique d'un pays. Les marchés nationaux étant en effet assez fermés, la taille démographique correspondait à la taille du marché permettant d'écouler la production nationale. En outre, la taille démographique indiquait souvent la puissance militaire du pays et donc sa capacité à s'approprier certaines ressources stratégiques.

À la fin du $XVIII^e$ siècle, Malthus a été le premier à concevoir une théorie de la croissance démographique. Son analyse reposait sur les angoisses démographiques de l'époque : les observateurs constatent une explosion de la croissance démographique due aux progrès de la médecine notamment (baisse forte de la mortalité) alors que dans le même temps l'industrialisation et les gains de productivité sous-jacents semblaient réduire la place de l'homme dans le processus productif. Pour Malthus, à l'époque, la croissance géométrique de la population conjuguée à une croissance arithmétique des subsistances n'était pas viable à long terme. Néanmoins, il s'appuyait sur des données peu fiables et sa théorie de la population était limitée par l'absence d'explication de la chute de la fécondité dans les pays développés, l'absence d'analyse de la structure par âge des populations et l'absence d'enseignements sur les mesures politiques à prendre dans les pays à forte croissance démographique. En outre, le consensus actuel indiquerait une stabilisation de la population mondiale autour de 10 à 11 milliards au cours du $XXII^e$ siècle, même si des projections à un horizon aussi lointain sont souvent fragiles. La vision pessimiste de l'époque est donc toute relative aujourd'hui.

Même si la démographie reste un élément de l'importance économique d'un pays, son rôle est moins prépondérant aujourd'hui de part l'importance relative qu'a pris le capital technologique. Ensuite, la nature de l'analyse démographique ne se restraint pas au nombre, mais aussi à la qualification des personnes, ou en d'autres termes, au **capital humain**. Enfin, certains enjeux démographiques sont nouveaux, notamment dans les pays développés qui font face au vieillissement de leur population.

La qualification de la main d'oeuvre est un enjeu important des pays en voie de développement. Elle est la condition essentielle du rattrapage des pays les plus développés et renvoie à l'éducation et à la formation. Plus le capital humain est important, plus le pays peut jouer un rôle dans l'innovation et dans l'implantation ou la préservation de productions à forte valeur ajoutée. L'enjeu démographique n'est donc pas seulement restraint au nombre (même si la taille d'un marché intérieur est un élément stratégique important pour les entreprises ou que la taille de la population reflète indirectement la quantité de facteur travail disponible pour la production), mais aussi à la qualité de la main d'oeuvre. Il ne suffit pas de former une main d'oeuvre très qualifiée, mais d'assurer que les conditions seront réunies pour que les plus qualifiés restent dans le pays. Les États-Unis bénéficient par exemple massivement du *brain drain* dans les secteurs des Technologies de l'Information et de Communication (**TIC**) non seulement de la part de pays en voie de développement comme l'Inde ou la Chine (plus de 50 % des travailleurs immigrés hautement qualifiés), mais aussi d'autres pays développés comme le Canada et les pays européens.

Dernier aspect démographique, le vieillissement de la population pose un problème de financement des systèmes de retraite et de santé pour les pays les plus développés. Le vieillissement a pour conséquence une forte augmentation des retraites versées, mais aussi des dépenses en soin des ménages. Dans le même temps, la diminution du nombre d'actifs tend à réduire les recettes fiscales des pays. Dans un cadre néo-classique, la croissance potentielle des pays développés risquent de souffrir du vieillissement de la population. Les enjeux sont donc importants en termes de croissance et de finances publiques.

### 6.2.2 *Les ressources naturelles*

Comme nous l'indiquions dans le premier chapitre, les ressources naturelles sont composées des ressources minérales, énergétiques mais aussi climatiques. En particulier, les ressources énergétiques jouent un rôle prépondérant parmi les ressources naturelles (charbon par le passé ; gaz, pétrole et uranium aujourd'hui). Pour un pays, il ne s'agit pas simplement de posséder ces ressources, mais surtout de les contrôler. Cette idée explique en partie la situation contradictoire de certains pays pauvres dotés de vastes ressources minières, forestières ou énergétiques. En effet, les ressources financières tirées de la vente de matières premières en termes de développement économique dépendent de différents facteurs :

- de la détention des ressources naturelles par le pays ou un groupe étranger, en d'autres termes de la part du prix de la matière première qui revient à l'économie domestique ;
- du niveau de corruption ;
- de la manière dont sont utilisées ces ressources.

Le prix des matières premières détermine l'importance des revenus tirés de l'exportation des ressources. Si le produit possède peu de substitut, une hausse de la demande mondiale se traduira par une hausse assez forte du prix : les utilisateurs du produit seront prêts à payer plus étant donné qu'il n'existe pas d'alternative pour eux. En d'autres termes, l'**élasticité-prix** de la demande mondiale pour le produit sera forte. C'est sans doute le cas du pétrole aujourd'hui. Toutefois, les ressources naturelles ont généralement au moins un substitut crédible. Le prix des ressources dépend aussi du degré de coopération entre les pays producteurs afin de maintenir les prix à un niveau assez élevé. L'exemple du pétrole est à ce titre enrichissant. L'entente au sein de l'OPEP peut permettre de limiter l'offre de pétrole afin de créer un excès de demande et de soutenir le cours du baril de pétrole. Bien sûr, cette politique est à double tranchant. D'une part, des prix trop élevés peuvent inciter les pays importateurs à investir dans des sources d'énergie concurrente. C'est le cas de la France qui a fait le choix du nucléaire, et ce d'autant plus après les chocs pétroliers des années 1970. D'autre part, cet équilibre coopératif est fragile et un pays peu avoir intérêt à ne pas respecter ses quotas. C'est l'essence du **dilemme du prisonnier** (voir encadré). En effet, si les pays s'entendent sur leur quota de production pour garantir un prix élevé, un pays peut avoir intérêt à augmenter légèrement sa production au dessus de ce quota pour bénéficier d'un prix élevé et d'augmenter sensiblement son revenu. Si chaque pays producteur tient le même raisonnement, la production est au final bien plus élevée et les prix moindres, ce qui n'est pas optimal pour les pays producteurs. Cela a été le cas de l'Iran et du Vénézuela au début des années 1980. En revanche, il peut exister une menace crédible d'une année sur l'autre, par exemple si un pays triche, les pays ne s'entendront plus par la suite. Dans ce cas, le gain à tricher une fois pour un pays peut être moins important que de respecter indéfiniment la coopération.

### Le dilemme du prisonnier

Considérons deux prisonniers qui viennent d'être capturés. On suppose qu'ils n'ont pas décidé *ex ante* de leur stratégie en cas d'emprisonnement et qu'ils n'ont aucun moyen de se parler avant et pendant l'audition avec la police. On suppose enfin que cette situation n'est pas répétée. Ils sont donc interrogés séparément et on leur propose le marché suivant :

1. Si les deux prisonniers avouent, ils encourent 5 ans de prison.
2. Si l'un seulement avoue, celui qui a avoué est relâché de prison et celui qui n'a pas avoué en encourt 10.
3. Si aucun n'avoue, ils encourent 1 an de prison.

La meilleure solution est d'atteindre l'équilibre où aucun n'avoue. C'est l'optimum de ce problème. Néanmoins, ce n'est pas l'équilibre atteint : supposons qu'un des prisonniers avoue, la meilleure réponse de l'autre prisonnier est d'avouer. De même, si l'un des prisonniers n'avoue pas, la meilleure réponse de l'autre prisonnier est d'avouer (il sera libérer au lieu d'être prisonnier pendant 1 an) ! Dans tous les cas, la meilleure solution est d'avouer pour un détenu. Comme chaque détenu tient le même raisonnement, l'équilibre stable de ce jeu est l'équilibre 1 où les deux prisonniers avouent.

En cas d'entente préalable, ou en cas de jeu répété il néanmoins est possible d'atteindre l'équilibre optimal 3.

Depuis 2004, les tensions géopolitiques affectant le Moyen-Orient ainsi que la très forte demande de la Chine en pétrole ont créé un déséquilibre durable entre l'offre et la demande : la forte hausse sur les prix du baril du pétrole semblent ainsi tout aussi durable à moyen terme.

### 6.2.3 *Le capital et la technologie*

Un pays fortement doté en capital productif a une capacité de créer de la richesse importante. L'accumulation du capital et son renouvellement sont des processus de longue durée et le déplacement de capital est difficile, si bien qu'un pays très bien doté a souvent un avantage assez durable sur les autres économies au niveau du capital.

L'avance technologique d'un pays est un autre facteur important. L'avance technologique peut concerner le produit lui-même (nouveaux matériaux, nouveaux produits), mais aussi son processus de production (Fordisme par exemple) ou son processus de commercialisation (e-commerce). Très récemment, l'avance technologique des États-Unis en matière de Technologies de l'Information et de Communication (**TIC**) a montré l'impact positif de l'innovation technologique :

- forte croissance de la productivité globale des facteurs américaine qui a conduit à une augmentation de la croissance potentielle ;
- forte hausse des actions qui ont permis une consommation plus forte des ménages via un effet richesse positif (cette augmentation est à mettre cependant en regard de l'explosion de la bulle qui a suivie dans les années 2000) ;
- la hausse de la rentabilité économique des entreprises à conduit à un afflux importants de capitaux étrangers dans le pays ;
- création de certains géants de l'informatique qui ont des capacités de quasi-monopôles sur certains marchés mondiaux.

## 6.3 LE COMMERCE INTERNATIONAL DE BIENS ET SERVICES

La première partie de cette section est consacrée à l'analyse des échanges de biens et services. La seconde s'intéresse aux conséquences des échanges commerciaux en analysant les éléments du débat entre protectionnisme et libre-échange.

### 6.3.1 *La spécialisation internationale*

Jusqu'à la fin du *XVIII*^e siècle, le commerce entre les nations était essentiellement expliqué par deux principaux motifs : d'une part l'indisponibilité des biens dans l'économie nationale pour les importations et d'autre part la recherche de débouchés pour les exportations dans une optique mercantiliste (voir chapitre 1).

Par la suite, cette optique a changé avec l'observation que deux pays échangent des biens de même catégorie. La France et l'Allemagne exportent et importent des voitures entre elles par exemple. L'échange international est en fait la conséquence d'une demande de différence : l'échange est inutile là où tout se révèle identique. La diversité est source d'échange. Par conséquent, la plupart des théories du commerce international sont fondées sur l'existence de différences entre les économies. Elles s'intéressent aux choix de productions nationales, et en particulier à ce qui poussent certains pays à concentrer leur activité sur certains produits, en d'autres termes elles s'intéressent à la **spécialisation internationale**. Elles diffèrent cependant sur la nature des différences considérées :

- les coûts de production ;
- le rythme d'innovations technologiques ;
- les différences de produits.

## A. Les différences de coûts

Adam Smith fut le premier à énoncer un principe de comparaison des coûts, celui de l'**avantage absolu** : si un pays est plus efficace dans la production d'un produit, il exporte ce pays dans les pays où il est produit moins efficacement. Le cas I tableau 6.1 illustre le cas d'un avantage absolu du Portugal pour les draps puisqu'il faut payer 100 heures de travail en Angleterre contre 90 au Portugal (les heures sont converties à un même salaire commun : cela revient à dire que les équivalents temps de travail en heure sont différents si un pays est moins efficace dans le processus de production ou si les salaires sont différents). De la même manière, l'Angleterre a un avantage absolu dans la production du vin. L'Angleterre se spécialiserait ainsi dans le vin et le Portugal dans la fabrication de drap [2].

**TABLEAU 6.1**
Nombre d'heures de travail pour produire une unité de drap ou de vin.

| | Avantage absolu (cas I) | | | Avantage comparatif (cas II) | | |
|---|---|---|---|---|---|---|
| **Produits** | Drap | Vin | Prix relatif du vin | Drap | Vin | Prix relatif du vin |
| **Angleterre** | 100 | 60 | 0,6 | 100 | 120 | 1,2 |
| **Portugal** | 90 | 80 | 0,88 | 90 | 80 | 0,88 |

Ce principe peut s'appliquer à la production de fruits exotiques dans les pays nordiques par exemple ! Mais en dehors de ce cas assez extrême, supposons que le Portugal produise à la fois le vin et le drap moins cher (cas II du tableau 6.1), le Portugal produirait-il tout ? Dans ce cas, les Anglais ne pourraient rien apporter puisqu'ils n'obtiennent aucun revenu et le Portugal serait en situation d'autarcie : on n'aurait juste la destruction de la production anglaise et aucun gain du commerce…

Dans le cas II, l'intérêt du Portugal est clairement d'exporter du vin en Angleterre. En effet, considérons les situations en autarcie : en Angleterre, avec 1 unité de vin, on peut acheter 1,2 unité de drap (prix relatif du vin) ; au Portugal, avec 1 unité

2. Notez que cet exemple créé par Ricardo n'a aucune validation à son époque car l'Angleterre ne produisait pas de vin : c'était un pur exemple arithmétique.

de vin, on peut acheter 0,88 unité de drap. Ainsi en exportant 1 unité de vin en Angleterre, le Portugal peut y acheter 1,2 unité de drap, alors qu'il n'en aurait obtenu que 0,88 unité en autarcie. De même, l'Angleterre a intérêt à se spécialiser dans la production de drap puisqu'elle obtient plus de vin venant du Portugal (90/80=1,125) en exportant une unité de drap alors qu'elle n'en aurait obtenu que 100/120=0,83 en Angleterre.

Ricardo énonça ainsi un principe plus subtil que l'avantage absolu basé sur l'**avantage comparatif** dont les conclusions s'opposent à celles de l'avantage absolu. L'idée est qu'un pays peut avoir intérêt à importer un produit même si il pourrait le produire à un coût inférieur. Pour Ricardo, la comparaison des coûts ne se porte pas sur les différences entre pays pour un bien donné, mais sur les différences de coûts de différents biens au sein des pays. C'est la structure de coûts relatifs qui détermine la spécialisation internationale du pays. Selon le principe de l'avantage comparatif, les pays se spécialisent dans la production des biens dont le coût relatif par rapport aux autres biens est le plus faible.

Cette spécialisation correspond à une baisse des coûts de production pour l'économie mondiale : en autarcie, il fallait 390 heures de travail pour que le Portugal et l'Angleterre produisent chacun 1 unité de vin et 1 unité de drap. Dans une situation d'échange, cette production globale de 2 unités de vin et de 2 unités de drap ne nécessite plus que 360 heures de travail.

L'intérêt de l'analyse de Ricardo est de montrer que les motivations qui sous-tendent les échanges internationaux sont complètement différentes de celles qui prévalent dans une économie nationale : si le Portugal et l'Angleterre constituaient deux régions d'un même pays, tout le capital et le travail se déplacerait au Portugal. La stabilité des facteurs de production est donc l'élément essentiel dans l'analyse de Ricardo. Néanmoins, si cette immobilité du capital et du travail n'est pas respectée, la théorie des avantages comparatifs n'est plus valable.

Reste un élément qui n'est pas préciser dans la théorie de Ricardo : comment les gains de l'échange international sont répartis entre les pays et comment sont déterminés les prix et les salaires internationaux ? En connaissant la forme de la demande des biens, il est possible de déterminer la répartition des gains de l'échange entre les pays. En revanche, la théorie des avantages comparatifs présente le désavantage de ne pas déterminer clairement les prix internationaux.

Si le Portugal a un avantage absolu à la fois dans la production de drap et dans celle de vin, le commerce avec l'Angleterre n'est possible que si le taux salarial horaire est supérieur au Portugal. Si le taux de salaire est le même entre les deux pays, le Portugal n'importera pas de drap car les Portugais peuvent acheter le drap à un meilleur prix chez eux. L'Angleterre va donc payer ses importations de vin jusqu'à ce que les salaires portugais augmentent suffisamment pour inciter les Portugais à importer des draps. En conséquence, le pays le plus efficace, est celui où les salaires sont les plus élevés et donc les prix des biens produits aussi.

## B. Les différences de dotations factorielles

Dans la sous-section précédente, les coûts relatifs permettaient de déterminer dans quel produit un pays avait un avantage comparatif. On peut transposer la théorie des avantages comparatifs à l'abondance relative des facteurs de production. Si on considère une fonction de production classique, les facteurs de production sont le capital et le travail. Comme pour la théorie ricardienne, l'hypothèse centrale est que ces facteurs de production sont immobiles. Soit deux pays *A* et *B* identiques sauf en ce qui concerne les dotations factorielles : le pays *A* a plus de capital que de travail relativement au pays *B*. Supposons enfin l'existence de deux biens produits dont l'un est intensif en travail et l'autre en capital.

Par un raisonnement semblable aux avantages comparatifs sur les coûts, le pays *A* va se spécialiser dans la production du bien qui nécessite une utilisation plus intensive de capital. En effet, le travail étant relativement plus rare, il est par conséquent relativement plus cher. Le pays *A* a donc intérêt à produire le bien intensif en capital et à importer le bien intensif en travail. Même si on revient à un argument de coût, c'est la différence en dotations factorielles qui est à la source de l'échange international.

Léontief s'est attaché à vérifier si la théorie des différences de dotations factorielles étaient cohérente avec la situation des États-Unis après la seconde guerre mondiale. À cetteépoque, les États-Unis étaient relativement bien dotés en capital par rapport au travail. Or les États-unis exportaient plutôt des biens intensifs en travail ! Néanmoins, Léontief a estimé qu'un travailleur américain était trois fois plus productif qu'un travailleur du reste du monde (organisation de l'entreprise, esprit d'entreprise...). C'est donc après prise en compte de la qualité des facteurs de production que les États-Unis apparaissaient plutôt bien dotés en travail. L'intérêt du paradoxe de Léontief est de montrer que ce sont les quantités efficaces (c'est-à-dire en tenant compte de leur productivité) des facteurs de production qu'il faut considérer dans les différences de dotations factorielles.

## C. Les différences d'innovations technologiques ou de produits

La théorie des avantages comparatifs ou des différences de dotations factorielles sont les principales théories du commerce international. On peut néanmoins trouver d'autres déterminants, notamment ceux basés sur l'avance technologique d'un pays. Nous allons nous appuyer sur la théorie du cycle de vie du produit de Vernon essentiellement inspirée des théories du marketing. Selon cette théorie la vie d'un produit est constituée de quatre étapes. Ces étapes vont déterminés le sens et le volume des échanges internationaux.

- **Étape 1 : introduction du nouveau produit.** Issu d'une innovation technologique, le nouveau produit apparaît d'abord comme un bien de luxe. La demande des consommateurs est peu sensible au prix. Le produit est fabriqué en petites quantités par un nombre restreint d'entreprises. Il n'est pas exporté mais vendu sur le marché national.

- **Étape 2 : production de masse.** La fabrication du produit change d'échelle et sa production de masse exacerbe la concurrence des entreprises ce qui contribue à une baisse des prix. Le bien est alors exporté et est notamment destiné aux consommateurs étrangers les plus aisés.
- **Étape 3 : maturation.** La forte concurrence conduit à une nouvelle baisse des prix et à une réduction du nombre d'entreprises produisant le bien. La concurrence se déplace notamment vers les pays étrangers qui produisent désormais le bien, ce qui conduit à une baisse des exportations.
- **Étape 4 : sénescence.** La production est progressivement abandonnée, notamment par le pays innovateur en avance technologique. Le pays innovateur devient importateur du produit qui est devenu beaucoup moins cher qu'au début de son cycle de vie.

Dans ce cadre, le déterminant des mouvements de bien est le rythme d'innovations technologiques et de transmission de ces innovations aux pays étrangers. Néanmoins cette approche ne peut être que partielle étant donné qu'elle ne peut s'appliquer à certains secteurs comme l'agriculture. En outre, elle ne permet pas d'expliquer la possibilité d'échanger les mêmes types de biens entre les pays.

En effet, on observe par exemple que l'Allemagne exporte des voitures en France, mais que la France exporte des voitures en Allemagne simultanément. Pour expliquer cet échange au sein d'un même secteur, deux arguments peuvent être donnés :

1. Lorsqu'on a plusieurs pays, il peut y avoir une hiérarchie des avantages comparatifs : les pays qui sont dans une situation intermédiaire exportent vers les pays qui les suivent, mais importent de ceux qui sont placés devant eux au niveau des coûts comparatifs.
2. Même au sein d'un secteur, les biens ne sont pas complètement identiques : ils se différencient par la qualité, par les marques, par les segments de marché qu'ils touchent…

### 6.3.2 *Le débat du libre-échange*

Les principaux arguments du libre-échange renvoient à la théorie internationale ou de la concurrence :

- les arguments théoriques s'appuient sur la théorie des avantages comparatifs et des différences de dotations factorielles ;
- les échanges internationaux permettent des économies d'échelle dans la production par la possibilité de nouveaux débouchés ;

- les échanges internationaux incitent à la modernisation, l'innovation et la rationalisation de la production par la plus forte concurrence due à l'ouverture internationale.

Les arguments contre le libre-échange se basent sur les imperfections des marchés ou le non-respect de certaines hypothèses des théories économiques :

- L'argument le plus important est celui de la protection des économies naissantes. L'industrialisation se fait alors par substitution des importations en protégeant l'industrie nationale. Globalement la plupart des pays industrialisés actuels ont protégé leur industrie naissante au moment de leur décollage industriel.
- Les théories du commerce internationale repose sur l'immobilité des facteurs de production qu'on n'observe pas forcément sur le long terme.
- Certaines politiques protectionnistes peuvent déformer la structure des prix à l'avantage de la production nationale, même si l'équilibre n'est alors pas optimal au niveau international.

Au final le débat sur le libre-échange dépasse largement le cadre économique tant par les implications politiques, stratégiques et sociales que les échanges internationaux peuvent avoir. Il est néanmoins important de connaître les principaux arguments qui alimentent le débat et qui permettent d'avoir une vision objective et clair des conséquences économiques des règles régissant les échanges internationaux.

## 6.4 LE COMPTE DE L'EXTÉRIEUR

Nous allons nous intéresser désormais à l'aspect dynamique comptable des relations économiques, c'est-à-dire aux échanges entre différentes zones économiques. Il s'agit du champ essentiel de l'analyse économique internationale. Dans cette section, nous définissons dans un premier temps les agrégats comptables permettant de mesurer les échanges.

### 6.4.1 *Les agrégats économiques*

#### A. La balance commerciale

La balance commerciale ($Bal.Com.$) est égale aux exportations ($X$), nettes des importations ($e.Z$), de biens et de services.

$$Bal.Com. = X - e.Z \tag{6.1}$$

avec $X$ les exportations exprimées en monnaie nationale, $e$ le taux de change, et $Z$ les importations exprimées en monnaies étrangères. Par souci de simplicité, nous supposerons que la monnaie étrangère est le dollar. Une balance commerciale positive traduit des exportations de biens et services plus importantes que les importations.

## B. Le compte courant

Le compte courant sur une période donnée est la variation des créances nettes (des dettes de l'économie domestique) détenues par les résidents sur le reste du monde. Il intègre non seulement les revenus issus du commerce internationale des biens et des services, mais aussi les rémunérations dues à la détention de capitaux. Une correction est effectuée pour tenir compte des revenus salariaux transitant entre pays. Le compte courant [3] ($CC$) est constitué :

- de la balance commerciale ;
- des flux attachés aux transferts de revenus ; il s'agit de la rémunération des capitaux investis à l'étranger nette de celle des capitaux investis dans le pays domestique, mais aussi des revenus salariaux transfrontaliers ;
- de transferts unilatéraux ; il s'agit cette fois :
  - de l'épargne respectivement reçue ou envoyée par les travailleurs d'origine domestique émigrés et donc résidents à l'étrangers, et les travailleurs immigrés résidents sur le territoire domestique ;
  - des aides publiques reçues et versées.

Ces transferts sont dits unilatéraux car ils n'ont pas de contrepartie économique : ce sont les devoirs des immigrés vis-à-vis de leur famille et les « créances » politiques et/ou historiques que certains pays (généralement des économies en développement ou en transition) acquièrent sur d'autres (les économies de marché).

Le compte courant s'écrit donc :

$$CC = Bal.Com. + i^*.e.F^* - i.F + \text{Solde des transferts unilatéraux} \qquad (6.2)$$

soit

$$CC = X - e.Z + i^*.e.F^* - i.F + \text{Solde des transferts unilatéraux} \qquad (6.3)$$

avec

- $i^*$ le taux d'intérêt de l'extérieur ;
- $i$ le taux d'intérêt domestique ;
- $F$ les titres domestiques détenus par le reste du monde ;
- $F^*$ les titres étrangers (libellés en dollar) détenus par les résidents.

Le compte courant fournit une approximation du besoin ou de la capacité de financement de l'économie nationale. En effet, l'équilibre sur le marché des biens et des services se traduit par l'égalité comptable :

$$PIB = C + I + G + CC + \Delta S - i^*.e.F^* + i.F - \text{Solde des transferts unilatéraux} \quad (6.4)$$

3. Nous parlerons de compte courant en référence aux conventions de la comptabilité nationale. Le compte courant peut aussi être appelé « solde de la **balance des opérations courantes** » ou plus abusivement « **balance des opérations courantes** ».

avec $C$ la consommation des ménages, $I$ l'investissement privé et public, $G$ les dépenses publiques de consommation finale et $\Delta S$ les variations de stock.

Le revenu national d'une économie est représentée par son **Produit National Brut** ($PNB$). Il s'agit de la somme de la production à l'intérieur du pays ($PIB$) et des revenus nets internationaux, c'est-à-dire des revenus de centre de production situé à l'extérieur des frontières du pays :

$$PNB = PIB + i^*.e.F^* - i.F + \text{Solde des transferts unilatéraux} \tag{6.5}$$

La différence entre le $PIB$ et le $PNB$ est la plupart du temps inférieur à 5 %. Cependant, pour quelques pays ayant accumulé un grand nombre d'actifs étrangers, la différence peut atteindre 30 %. Il s'agit essentiellement dans ce cas des pays exportateurs de pétrole tels que l'Arabie Saoudite ou les Émirats Arabes Unis.

Nous pouvons réécrire l'égalité (6.4) de la manière suivante :

$$CC = \underbrace{PNB + \Delta S - C - G}_{\text{Épargne nationale}} - I \tag{6.6}$$

En effet, $PNB + \Delta S - C - G$ constitue la partie des revenus nationaux non utilisés pendant la période considérée : cette expression correspond à l'épargne nationale $SN$.

Nous en déduisons alors que

$$CC = SN - I \tag{6.7}$$

Le compte courant traduit donc l'excès d'épargne nationale par rapport aux investissements public et privé. Lorsque le compte courant est négatif, cela signifie que l'économie nationale n'épargne pas suffisamment par rapport à ses besoins en investissements.

## C. La balance des capitaux (*BK*)

La balance des capitaux est la somme :

- des **investissements directs à l'étranger** (IDE) nets de ceux effectués dans le pays domestiques par le reste du monde ;
- des investissements en portefeuille à l'étranger ;
- des prêts à des firmes étrangères, des dépôts…

$$BK = \Delta F - e.\Delta F^* \tag{6.8}$$

Une balance des capitaux positive traduit des rentrées de capitaux supérieures aux sorties de capitaux. Au contraire, si la balance des capitaux est négative, l'économie nationale fournit plus de capitaux à des économies étrangères que ces dernières n'en apportent à l'économie domestique.

## D. La balance des paiements

Nous supposerons que les réserves de la banque centrale nationale sont en dollar. Nous les noterons $R^*$. La balance des paiements se résume pour finir à l'équation suivante :

$$e.\Delta R^* = \underbrace{CC + BK}_{\text{Balance globale}} \qquad (6.9)$$

La balance des paiements décrit l'équilibre entre d'une part l'augmentation des créances détenues en monnaie étrangères, et d'autre part les flux nets rentrants de revenus et de capitaux. $CC + BK$ est appelée balance globale.

## E. Interprétation possible

Si le compte courant est négatif, le pays consomme par exemple plus de biens et de services du reste du monde que ce dernier n'achète de produits nationaux (négligeons les termes autres que ceux de la balance commerciale dans cet exemple). Autrement dit, l'épargne nationale est insuffisante par rapport aux investissements public et privé : l'économie présente un besoin de financement. Pour combler l'insuffisance de l'épargne, le pays peut alors faire appel à l'épargne externe. C'est ce que traduit la balance des capitaux.

Par exemple, dans la deuxième moitié des années 1990, l'investissement a connu un boom aux États-Unis dans un contexte de consommation soutenue avec des taux d'épargne parfois négatifs. Le compte courant des États-Unis a été alors fortement négatif et des capitaux étrangers ont afflué afin de compenser l'insuffisance de l'épargne domestique. Quels pays ont « exporter » leur excès d'épargne ? D'une part, le Japon qui présente structurellement un compte courant positif dans la décennie 1990, et d'autre part, les pays de l'Europe de l'Ouest qui bénéficiaient d'investissements plus rentables aux États-unis.

Toutefois, si cette épargne externe est insuffisante (un solde de la balance des capitaux inférieur au solde de la balance courante, et donc une balance globale déficitaire), le pays domestique paie avec sa propre monnaie les capitaux étrangers. Encore faut-il que sa monnaie soit acceptée par les partenaires commerciaux. Hormis les États-Unis dont la monnaie a un statut de devise internationale, cela est rarement le cas. Mais plus fréquemment, les économies accumulent des réserves de monnaies internationales au cours des « années de vache grasse », lorsque la balance globale est excédentaire, et utilisent ces devises lorsque la balance globale est déficitaire. Des accords internationaux permettent cependant parfois de substituer au moins momentanément des aides financières des organisations financière internationales (le FMI pour l'essentiel) lorsque ces réserves s'avèrent insuffisantes.

### 6.4.2 *Le compte de l'Extérieur*

Finalement, nous pouvons construire un tableau emplois-ressources pour le reste du monde, tableau qui contient les différentes composantes de la balance des paiements (voir tableau 6.2). La première ligne correspond à la définition de la balance commerciale. Les trois premières lignes traduisent le compte courant. La ligne suivante définit la balance des capitaux. Enfin, le tableau dans son ensemble synthétise la balance des paiements.

**TABLEAU 6.2**
Tableau emplois-ressources pour le reste du monde

| Emplois | Ressources |
|---|---|
| $X$ | $e.Z$ |
| $i^*.e.F^*$ | $iF$ |
| *Solde des transferts unilatéreaux* | |
| $\Delta F$ | $e.\Delta F^*$ |
| | $e.\Delta R^*$ |
| Solde = 0 | |

## 6.5 LE COMPTE COURANT ET LE COMMERCE INTERTEMPOREL*

Cette section permet de comprendre plus en détail la propriété essentielle d'une économie ouverte : la capacité pour une économie d'échanger des biens et des ressources. Dans la sous-section 2.5.2, nous avons illustrer comment les ménages lissent leur consommation tout au long de leur vie. La possibilité d'épargner ou de s'endetter est alors nécessaire pour différer ou anticiper certaines dépenses. Mais que se passe-t-il si tous les agents d'un veulent emprunter en même temps ? Où trouveront-ils les créanciers ?

Dans une économie ouverte les agents vont pouvoir utiliser un excès ou une insuffisance d'épargne dans un autre pays… Par exemple, un pays ayant un excès d'épargne va pouvoir investir dans un pays en insuffisance d'épargne. Comme nous allons le voir, le compte courant intervient comme un concept central puisqu'il est attaché aux variations de créances internationales, contreparties des flux de revenus.

### 6.5.1 *La consommation et le commerce intertemporel*

Considérons une économie à deux périodes [4] avec un bien unique. Soient $C_1$ et $C_2$ la consommation respectivement en première période et en seconde période. L'utilité intertemporelle des individus est donnée par :

$$U = u(C_1) + \beta u(C_2) \tag{6.10}$$

$\beta$ est le facteur de préférence pour le futur : plus il est élevé, plus l'utilité de la consommation future est relativement importante par rapport à la consommation présente. Ce paramètre mesure l'impatience des consommateurs. La fonction d'utilité $u$ est supposée strictement croissante et strictement concave.

Le taux d'intérêt réel est noté $r$. L'économie étant supposée petite, la valeur du taux d'intérêt est imposée par le reste du monde. Cette hypothèse est valable pour un grand nombre de pays dans le monde. Il y a peu de pays, à l'instar des États-Unis, qui sont assez grands pour que leurs actions économiques aient un impact sur le taux d'intérêt réel mondial.

Pour l'instant, négligeons l'investissement, les dépenses publiques, les variations de stocks et les transferts unilatéraux : nous nous concentrons uniquement sur le comportement de consommation. Soient $PIB_1$ et $PIB_2$ les revenus de l'économie aux différentes périodes. Les anticipations des agents sont parfaites : il n'y a pas d'incertitude dans ce modèle.

Notons $W_t$ les créances détenus par les agents sur le reste du monde en début de période $t$, nettes des titres détenus par les étrangers. Nous supposons qu'en début de première période les créances $W_1$ des agents sur le reste du monde sont nulles :

$$W_1 = e_1 F_1^* - F_1 = 0 \tag{6.11}$$

Le compte courant s'écrit à chaque période :

$$CC_1 = PIB_1 - C_1 = W_2 - W_1 \tag{6.12}$$

$$CC_2 = PIB_2 - C_2 + rW_1 = W_3 - W_2 \tag{6.13}$$

En fin de deuxième période, les agents nationaux n'ont aucun intérêt à détenir de la richesse et les étrangers non plus ($W_3 = 0$) puisqu'il n'y a plus de consommation possible au delà de la seconde période. On en déduit donc en éliminant $W_2$ dans les deux équations précédentes :

$$CC_1 + CC_2 = 0 \tag{6.14}$$

$$CC_1 = PIB_1 - C_1 \tag{6.15}$$

$$CC_2 = PIB_2 - C_2 + rCC_1 \tag{6.16}$$

4. La généralisation à une infinité de période est possible, mais n'apporte rien aux enseignements que nous allons tirer.

Ces équations montrent clairement que le compte courant joue le rôle de l'épargne dans ce modèle. Nous pouvions nous y attendre étant donné que nous avons supposé l'investissement nul et que d'après l'équation (6.7) $CC = S - I$ avec $S$ l'épargne nationale. Un compte courant positif en première période indique que le pays a un excès d'épargne qu'il transfère afin de consommer davantage en seconde période.

L'élimination de $CC_1$ et $CC_2 = -CC_1$ entre les deux dernières équations donnent la **contrainte de budget intertemporelle** suivante :

$$C_1 + \frac{C_2}{1+r} = PIB_1 + \frac{PIB_2}{1+r} \tag{6.17}$$

Cette équation traduit l'égalité entre d'une part la somme des consommations présentes et futures actualisées, et d'autre part la somme des revenus présents et futurs actualisés de l'économie. Il s'agit en quelque sorte d'une contrainte de solvabilité de l'économie : elle ne peut consommer plus que l'ensemble des revenus actualisés qu'elle génère. L'agent représentatif de l'économie maximise sont utilité intertemporelle (6.10) sous la contrainte de budget intertemporelle (6.17) :

$$\max_{C_1} \{u\,(C_1) + \beta u\,[(1+r)(PIB_1 - C_1) + PIB_2]\} \tag{6.18}$$

La condition du premier ordre de ce problème de maximisation [5] est traditionnellement appelée l'***équation d'Euler***. Dans le cadre présenté, elle s'écrit :

$$u(C_1) = (1+r)\beta u(C_2) \tag{6.19}$$

L'interprétation de cette équation est assez simple : si les consommateurs réduisent leur consommation d'une unité, cela réduit leur utilité de première période de $u(C_1)$ au premier ordre. Cette unité de consommation est alors transformée via l'épargne en $1 + r$ unité de consommation en deuxième période. Le gain d'utilité en deuxième période est alors de $(1 + r)\beta u(C_2)$. L'équation d'Euler indique que ces deux quantités sont égales à l'optimum. Il s'agit d'une propriété d'arbitrage assez répandue en analyse économique. Si ce n'était pas le cas, le consommateur aurait intérêt à transférer une unité de consommation présente ou future et sa situation ne serait pas optimale. Par exemple, si $u(C_1) > (1+r)\beta u(C_2)$ les consommateurs ont intérêt à augmenter leur consommation présente qui leur apporte plus de bien-être que la perte engendrée par la baisse de leur consommation future.

L'équation d'Euler combinée à la contrainte de budget intertemporelle permet de résoudre complètement le problème en fournissant les niveaux de consommation au deux périodes. Il est alors simple d'illustrer les gains de l'économie ouverte qui permet un transfert de ressources entre pays (figure 6.2). Bien évidemment, nous supposons ici qu'il existe des pays au besoin d'épargne complémentaire afin d'assurer le transfert d'épargne : ce n'est pas toujours le cas…

5. Une manière alternative de résoudre ce problème consiste à utiliser le lagrangien.

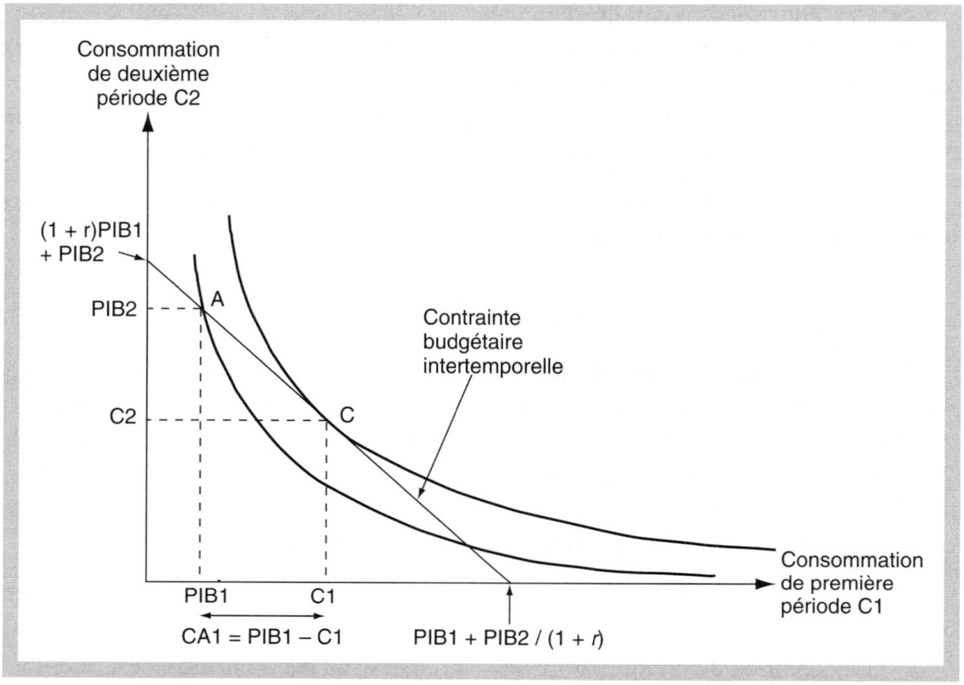


**FIGURE 6.2**
Consommation et compte courant.

Le point $C$ correspond à la résolution du programme de maximisation : la courbe d'indifférence est tangente en ce point à la contrainte de budget intertemporelle. L'équilibre en autarcie est représenté par le point $A$ : les agents consomment à chaque période le revenu courant. Ce point n'est pas optimal pour les agents (sauf dans le cas particulier où les points $A$ et $C$ sont confondus) : la courbe d'indifférence passant par $A$ n'est pas tangente à la contrainte budgétaire intertemporelle (elle correspond à une utilité inférieure à la courbe d'indifférence passant par $C$). Le compte courant en première période correspond à la différence entre l'origine des points $A$ et $C$. Dans le cadre de la figure, il est négatif : les agents importent de l'épargne en première période puis exportent de l'épargne en seconde période. L'ouverture de l'économie permet ainsi d'atteindre un point de consommation plus favorable pour les consommateurs.

La figure 6.2 permet aussi d'illustrer les principales causes de déficits ou d'excédents du compte courant. Considérons le taux d'intérêt réel $r_A$ qui prévaut dans une économie en autarcie. Étant donné que les consommations sont égales aux revenus de chaque période, la valeur du taux d'intérêt réel en autarcie est fournie par l'équation d'Euler (6.19) :

$$r_A = \frac{u(PIB_1)}{\beta u(PIB_2)} - 1 \qquad (6.20)$$

$u$ étant supposée strictement croissante et strictement concave, les niveaux de consommation au point $C$ découle d'un taux d'intérêt réel mondial inférieur à $r_A$ (utiliser l'équation d'Euler). Le prix relatif mondial du futur $(\frac{1}{1+r})$ est ainsi supérieur au prix relatif en autarcie du futur $(\frac{1}{1+r_A})$. La consommation future est moins cher dans le pays domestique alors que la consommation présente est moins cher dans le reste du monde. La figure 6.2 montre que dans ce cas, l'économie va importer de la consommation courante en première période et exporter de la consommation en deuxième période. Ce résultat est en accord avec le *principe des avantages comparatifs* de la théorie du commerce international : un pays exporte les biens dont le prix relatif avec l'étranger est grand et importe les biens dont le prix relatif avec l'étranger est faible.

### 6.5.2 *Impact des dépenses publiques sur le compte courant*

Nous nous sommes pour l'instant concentrés sur le lien entre consommation et compte courant sans se préoccuper de l'impact des dépenses publiques de consommation finale ou de l'investissement. Nous allons introduire successivement ces grandeurs afin de bien comprendre leurs influences respectives. Commençons par prendre en compte les dépenses publiques de consommation finale que nous notons $G$.

Afin de financer leurs dépenses, les administrations publiques taxent le revenu des consommateurs par un impôt $T = G$ sur leurs revenus. Les dépenses publiques profitent dans une certaine mesure aux ménages. Leur fonction d'utilité peut s'écrire sous une forme simple qui suffit cependant pour comprendre l'impact de l'introduction des dépenses publiques :

$$U = u(C_1) + v(G_1) + \beta\left[u(C_2) + v(G_2)\right] \tag{6.21}$$

Reprenons les mêmes conventions que dans la partie précédente. Le compte courant s'écrit à chaque période :

$$CC_1 = PIB_1 - G_1 - C_1 = W_2 - W_1 \tag{6.22}$$

$$CC_2 = PIB_2 - G_2 - C_2 + rW_1 = W_3 - W_2 \tag{6.23}$$

Par rapport à la partie précédente, il est assez simple de s'apercevoir que la contrainte de budget intertemporelle est simplement obtenu en remplaçant les revenus des agents ($PIB_1$ et $PIB_2$) par leurs revenus nets des impôts ($PIB_1 - G_1$ et $PIB_2 - G_2$) :

$$C_1 + \frac{C_2}{1+r} = PIB_1 - G_1 + \frac{PIB_2 - G_2}{1+r} \tag{6.24}$$

Comme la fonction d'utilité est séparable, la maximisation de l'utilité des consommateurs sous la contrainte de budget intertemporelle conduit de nouveau à l'équation d'Euler (6.19). Nous pouvons donc raisonner sur le même graphique que la figure 6.2 en remplaçant simplement les revenus des agents ($PIB_1$ et $PIB_2$) par leurs revenus nets des impôts ($PIB_1 - G_1$ et $PIB_2 - G_2$).

Afin de bien comprendre ce qui se passe, partons d'une situation d'équilibre où le revenu est constant à chaque période. $PIB_1 = PIB_2 = \overline{PIB}$ et où $\beta = \frac{1}{1+r}$. Dans ce cas, en l'absence de dépenses publiques de consommation, la consommation des ménages est égale à chaque période (reprendre l'équation d'Euler) et le compte courant est équilibré : $C_1 = C_2 = \overline{PIB}$.

Supposons dans un premier temps que les dépenses de consommation des administrations publiques sont constantes à chaque période ($G_1 = G_2 = G$). L'équation d'Euler indique toujours l'égalité des consommations aux deux périodes, ce qui implique que $C_1 = C_2 = \overline{PIB} - G$. Le compte courant reste équilibré. Les dépenses publiques ont simplement un effet d'éviction, c'est-à-dire que le revenu et la consommation des ménages sont réduits par le montant des dépenses publiques : les administrations publiques consomment désormais une partie de ce que les ménages consommaient dans la situation initiale. Le revenu des ménages restant constant, il n'y a pas d'ajustement par le compte courant.

La situation est résumée dans la figure 6.3 : la contrainte de budget intertemporelle se déplace à pente constante vers l'origine. La nouvelle courbe d'isoutilité passant par le nouveau point d'équilibre est tangente à la droite de budget au point où les consommations sont égales.

Supposons maintenant que les administrations publiques ne dépensent qu'en première période pour illustrer l'impact de dépenses publiques temporaires : $G_1 > 0$ et $G_2 = 0$. L'équation d'Euler indique de nouveau l'égalité des dépenses de consommation des ménages à chaque période. Un calcul rapide fournit les expressions des consommations et du compte courant (exercice) :

$$C = \overline{PIB} - \frac{1+r}{2+r} G_1 \tag{6.25}$$

$$CC_1 = -\frac{1}{2+r} G_1 \tag{6.26}$$

$$CC_2 = \frac{1}{2+r} G_1 \tag{6.27}$$

La consommation des ménages est donc réduite à chaque période, mais d'un montant inférieur à $G_1$. Les agents répartissent la perte de revenu sur les deux périodes. Le compte courant est donc négatif en première période et positif en deuxième période. La situation est résumée dans la figure 6.4.

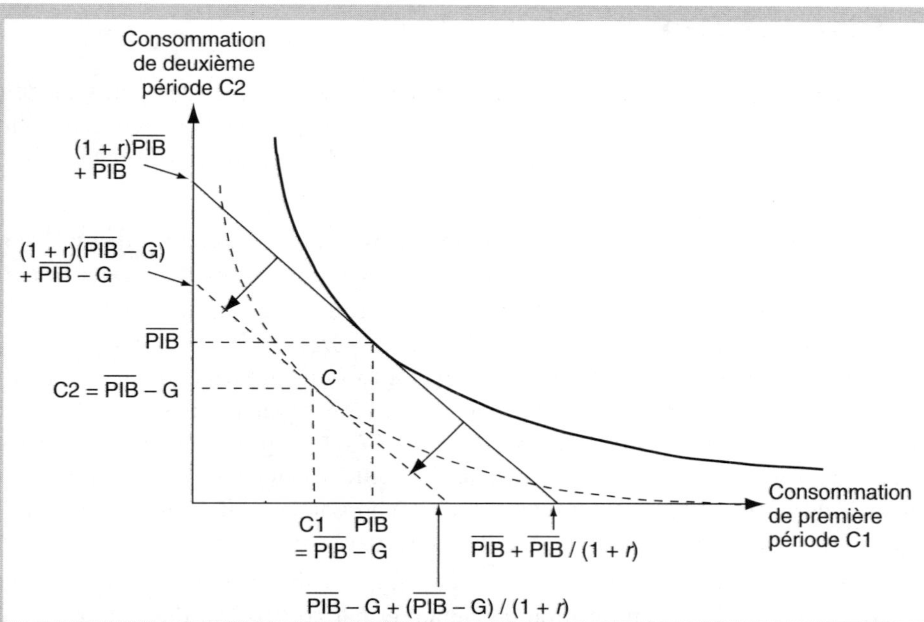


**FIGURE 6.3**
Impact d'un choc positif permanent de dépenses publiques sur le compte courant.

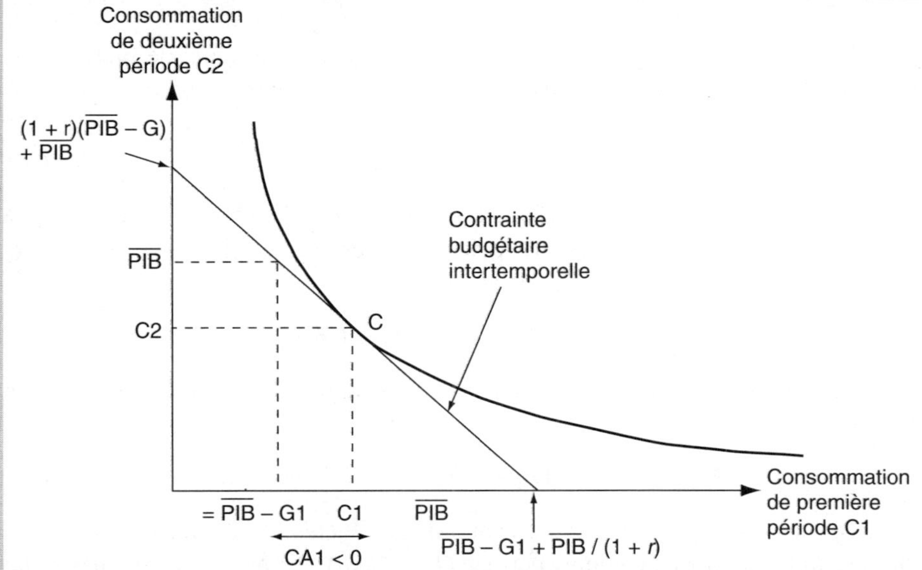


**FIGURE 6.4**
Impact d'un choc positif transitoire de dépenses publiques sur le compte courant.

### 6.5.3 *Investissement et compte courant*

Jusqu'à présent, nous avons ignoré l'investissement dans les petits modèles précédents, égalisant de ce fait le compte courant avec l'épargne nationale. L'équation (6.7) précise cependant que le compte courant est égal à l'épargne nationale nette de l'investissement national.

De nombreuses expériences historiques suggèrent que la volonté de réaliser un investissement difficile à financer est une des raisons principales de l'endettement à l'étranger. Les capitaux européens furent par exemple mis à contribution pour financer la construction des chemins de fer en Amérique au XIXe siècle. La Norvège dans les années 1970 ou plus récemment la Russie ont eu recours aux capitaux étrangers afin de développer leurs infrastructures pétrolières. Le développement des nouvelles technologies de l'information et de la communication (NTIC) a provoqué un afflux massif de capitaux aux États-Unis durant la deuxième moitié des années 1990. La forte volatilité de l'investissement par rapport aux autres composantes de la demande de biens et services confortent le rôle clef de l'investissement dans l'évolution du compte courant.

Afin d'introduire l'investissement dans notre petit modèle, nous devons tenir compte d'une part de l'accumulation de capital et par conséquent des possibilités de production. Soit $K_{t+1}$ le stock de capital accumulé en fin de période $t$. Le stock de capital initial $K_1$ dans notre économie à deux périodes est une donnée exogène. La fonction de production $PIB_t = F(K_t)$ est supposée uniforme dans le temps, strictement croissante et strictement concave. Il n'est pas possible de produire sans capital si bien que $F(0) = 0$.

Nous gardons l'hypothèse d'un bien homogène : une unité de bien peut soit être consommée, soit servir à l'investissement $I_t$. L'équation d'accumulation du capital s'écrit [6] :

$$K_{t+1} = K_t + I_t \tag{6.28}$$

La richesse nationale en début de période $t$ est désormais égale à $W_t + K_t$. L'épargne peut ainsi être constituée de créances ou de capital. Elle est égale à chaque période à la partie non consommée des revenus :

$$W_{t+1} + K_{t+1} - (W_t + K_t) = PIB_t + r.W_t - C_t - G_t \tag{6.29}$$

Le compte courant est alors obtenu en substituant la variation de capital par l'investissement :

$$CC_t = W_{t+1} - W_t = PIB_t + r.W_t - C_t - G_t - I_t = SN_t - I_t \tag{6.30}$$

Notons que $K_3$ est nécessairement nul : les agents n'ont aucun intérêt à accumuler du capital en fin de deuxième période ($I_2 = -K_2$). Par un raisonnement similaire

6. Pour des raisons de simplicité, nous ignorons la dépréciation du capital dans cette équation. En outre, rien n'interdit un investissement négatif.

aux sous-sections précédentes, la contrainte de budget intertemporelle de l'économie s'écrit :

$$C_1 + I_1 + \frac{C_2 + I_2}{1 + r} = PIB_1 - G_1 + \frac{PIB_2 - G_2}{1 + r} \tag{6.31}$$

Soit encore,

$$C_1 + I_1 + \frac{C_2 + I_2}{1 + r} = F(K_1) - G_1 + \frac{F(I_1 + K_1) - G_2}{1 + r} \tag{6.32}$$

Le problème d'optimisation correspond à la maximisation de l'utilité intertemporelle des agents sous la contrainte (6.31), ce qui revient à résoudre le problème suivant [7] :

$$\max_{(C_1, I_1)} \{u(C_1) + \beta u\left((1 + r)\left[F(K_1) - C_1 - G_1 - I_1\right] + F(I_1 + K_1) - G_2 + I_1 + K_1\right)\} \tag{6.33}$$

Les deux conditions du premier ordre sont d'une part l'équation d'Euler (6.19) et d'autre part l'équation :

$$F'(K_2) = F'(K_1 + I_1) = r \tag{6.34}$$

Cette équation constitue de nouveau une relation d'arbitrage : à l'optimum, le rendement de l'investissement doit être égal à celui d'un placement à l'étranger. Dans notre cadre simple, l'investissement est indépendant de la préférence des agents pour le présent (paramètre $\beta$). Lorsque les marchés internationaux des capitaux sont parfaits, un investissement dont le rendement est supérieur à $r$ sera toujours réalisé, même dans un pays où les consommateurs sont plus impatients. Les trois hypothèses centrales engendrant cette propriété sont :

- l'économie est petite si bien que les décisions d'épargne n'ont pas d'impact sur le taux d'intérêt réel mondial $r$ ;
- il y a un seul bien homogène échangeable ;
- les marchés internationaux des capitaux sont parfaits (pas de contrainte d'emprunt à l'étranger par exemple).

Afin d'analyser séparément l'effet de l'investissement de celui des dépenses publiques, annulons temporairement ces dernières. En autarcie, le compte courant est nul à chaque période. Le lien entre les consommations des deux périodes est constitué par l'accumulation de capital :

$$PIB_1 = F(K_1) = C_1 + I_1 \tag{6.35}$$

$$PIB_2 = F(K_1 + I_1) = C_2 + I_2 = C_2 - (I_1 + K_1) \tag{6.36}$$

7. Rappelons que $K_1$ est donné.

L'élimination de $I_1$ conduit à la frontière des possibilités de production intertemporelle (FPPI), c'est-à-dire à l'équation définissant l'ensemble des points de production possibles à l'équilibre en autarcie :

$$C_2 = F(K_1 + F(K_1) - C_1) + K_1 + F(K_1) - C_1 \qquad (6.37)$$

La figure 6.5 montre l'influence de l'investissement sur le compte courant. Les hypothèses sur la forme de la fonction de production assure que la FPPI est concave. L'équilibre autarcique se situe au point A, où la FPPI est tangente à la courbe d'indifférence dont l'utilité implicite est la plus grande que l'on puisse atteindre sans échanges extérieurs. Le taux d'intérêt réel en autarcie $r_A$ est toujours obtenu par l'équation d'Euler (6.20). Dans la figure 6.5, le taux d'intérêt réel mondial $r$ est inférieur à $r_A$. Le pays en autarcie a donc des rendements de l'investissement supérieurs à celui des emprunts mondiaux. Le passage au point B où passe la contrainte budgétaire intertemporelle permet ainsi d'investir plus fortement dans le pays. La consommation est alors donnée au point C où la nouvelle courbe d'utilité est tangente à la droite de budget. L'ouverture du pays apporte non seulement un gain de lissage de la consommation (passage de B à C), mais aussi un gain productif en permettant un investissement plus important (passage de A à B). Le pays a un déficit de compte courant en première période puis un surplus en deuxième période.

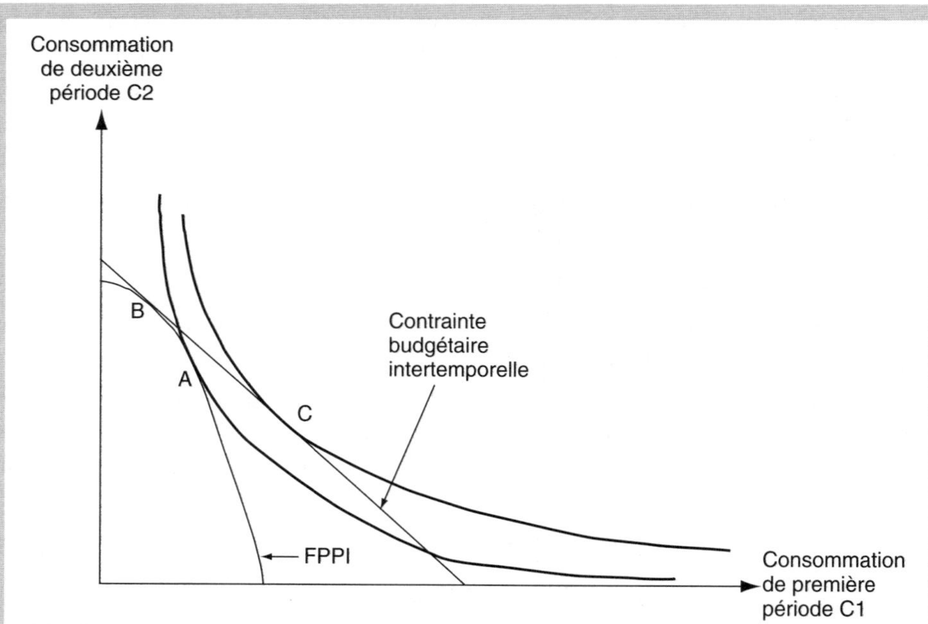


**FIGURE 6.5**
Investissement et compte courant.

### 6.5.4 La détermination du taux d'intérêt réel mondial

Jusqu'à présent, nous avons focalisé notre attention sur une « petite » économie, c'est-à-dire une économie de taille trop modeste pour affecter le taux d'intérêt réel mondial. Ce dernier a donc été considéré *de facto* comme exogène, imposé par les conditions du marché mondial des capitaux.

Nous allons désormais relâcher cette hypothèse afin d'examiner dans un premier temps comment se forme le taux d'intérêt réel mondial, et dans un second temps, comment les chocs de régions économiques importantes ont un impact à l'étranger. Cette sous-section s'applique donc à de grandes zones économiques comme les États-Unis ou la Zone euro.

Considérons que l'espace économique mondial est divisée en deux zones de tailles importantes : une première zone dite domestique et une seconde dite étrangère indicée par un asterisk. L'équilibre sur le marché mondial des biens et services s'écrit avec les notations usuelles :

$$PIB_t + PIB_t^* = C_t + C_t^* + G_t + G_t^* + I_t + I_t^* \tag{6.38}$$

Soit avec $SN$ pour représenter l'épargne nationale,

$$SN_t + SN_t^* = I_t + I_t^* \tag{6.39}$$

Comme $CA_t = SN_t - I_t$ et $CA_t^* = SN_t^* - I_t^*$, l'équilibre sur le marché mondial des biens et services se traduit par la relation :

$$CA_t + CA_t^* = 0 \tag{6.40}$$

Il est possible et commode de représenter graphiquement cet équilibre. Nous supposerons que l'épargne nationale est croissante par rapport au taux d'intérêt réel [8] noté $r$. L'investissement est en revanche une fonction décroissante de $r$. Il suffit pour cela de reprendre la condition du premier ordre 6.34 avec une fonction de production $F$ telle que $F_t(K_t) = A_t f(K_t)$. $A_t$ représente de manière générale la productivité globale des facteur de production. Plus $A_t$ est grand, plus la production est efficace. L'équation du premier ordre s'écrit alors à l'aide de l'équation d'accumulation du capital :

$$A_{t+1} f(K_t + I_t) = r \tag{6.41}$$

D'après nos hypothèses initiales, $f > 0$ et $f < 0$. Dans ce cadre, il y a bien une relation négative entre l'investissement et le taux d'intérêt réel.

La figure 6.6 illustre simplement la détermination du taux d'intérêt réel mondial. $r^A$ et $r^{A*}$ représentent les taux d'intérêt réel en autarcie respectivement dans le pays domestique et à l'étranger. Ces taux sont issus de l'équilibre sur le marché des biens et services en l'absence d'échanges internationaux.

8. Pour une discussion sur ce point, voir Obstfeld et Rogoff dans « *Foundations of International Macroeconomics* ».

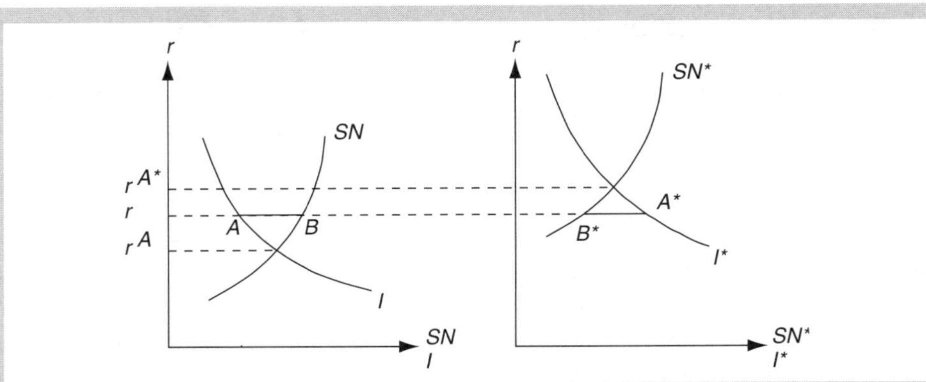


**FIGURE 6.6**
Équilibre mondial des échanges.

Le taux d'intérêt réel mondial $r$ est intermédiaire entre $r^A$ et $r^{A*}$. Il permet la cohérence des comptes courants des deux zones ($AB = B^*A^*$). Dans le cas présent, la région sans asterisque dégage une capacité de financement utilisée par l'autre zone au taux réel d'équilibre.

Reprenons dès lors un raisonnement dans un monde économique à deux périodes. Supposons que l'économie domestique bénéficie d'un choc de productivité en première période ($\Delta A_1 > 0$). La production domestique étant supérieure en première période, à taux d'intérêt réel donné, les individus vont désirer lisser leur consommation : la courbe d'épargne (S) se déplace vers la droite. Dès lors le taux d'intérêt réel décroît et l'investissement réagit à la hausse dans les deux régions. En quelque sorte, l'offre de financement accru permet des conditions d'investissement meilleures.

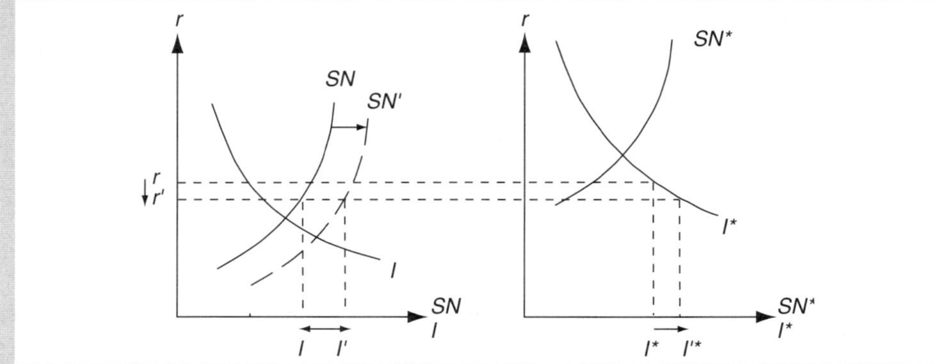


**FIGURE 6.7**
Impact d'un choc de productivité en première période.

Considérons maintenant un choc de productivité positif en seconde période ($\Delta A_2 > 0$). La condition d'optimalité 6.41 implique par différenciation que :

$$\left.\frac{dI_1}{dA_2}\right|_r = -\frac{f(K_2)}{A_2 f(K_2)} > 0 \tag{6.42}$$

Cette fois-ci, non seulement la courbe d'épargne (S) est translatée vers la gauche, mais la courbe d'investissement (I) réagit à ce choc de productivité en se déplaçant vers la droite. L'impact de ce choc sur le taux d'intérêt réel est positif et cela sans ambiguïté. Il est en revanche difficile de conclure sur les mouvements de l'investissement d'équilibre. Tout dépend des pentes des courbes d'épargne et d'investissement. Plusieurs effets jouent sont en effet à l'œuvre : le choc de productivité rend l'investissement plus productif en seconde période, ce qui tend à augmenter l'investissement. En revanche la monté du taux d'intérêt réel et la volonté des ménages à lisser leur consommation joue négativement sur l'investissement en première période.

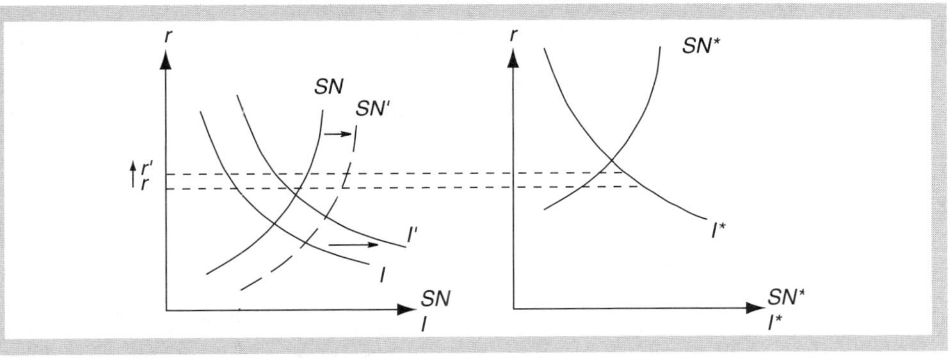


**FIGURE 6.8**
Impact d'un choc de productivité en seconde période.

## 6.6 LES DIFFÉRENTS RÉGIMES DE CHANGE

Le choix d'un régime de change pour un pays constitue un problème crucial. Nous ne rentrons pas dans cette section sur les raisons du choix de tel ou tel régime de change. Nous gardons un point de vue descriptif. Les régimes de change peuvent être classés selon leur flexibilité (ou de manière équivalente, selon leur rigidité). La figure 6.9 illustre un tel classement.

Avant de décrire les régimes de change, rappelons tout de même l'égalité décrivant le compte du système financier (tableau 5.2). Elle est donnée par l'équation (6.43) où $M$, $e$, $R^*$ et $D$ représentent respectivement la masse monétaire, le taux de change, les réserves de la banque centrale et les dettes des agents économiques.

$$\Delta M = e\Delta R^* + \Delta D \tag{6.43}$$

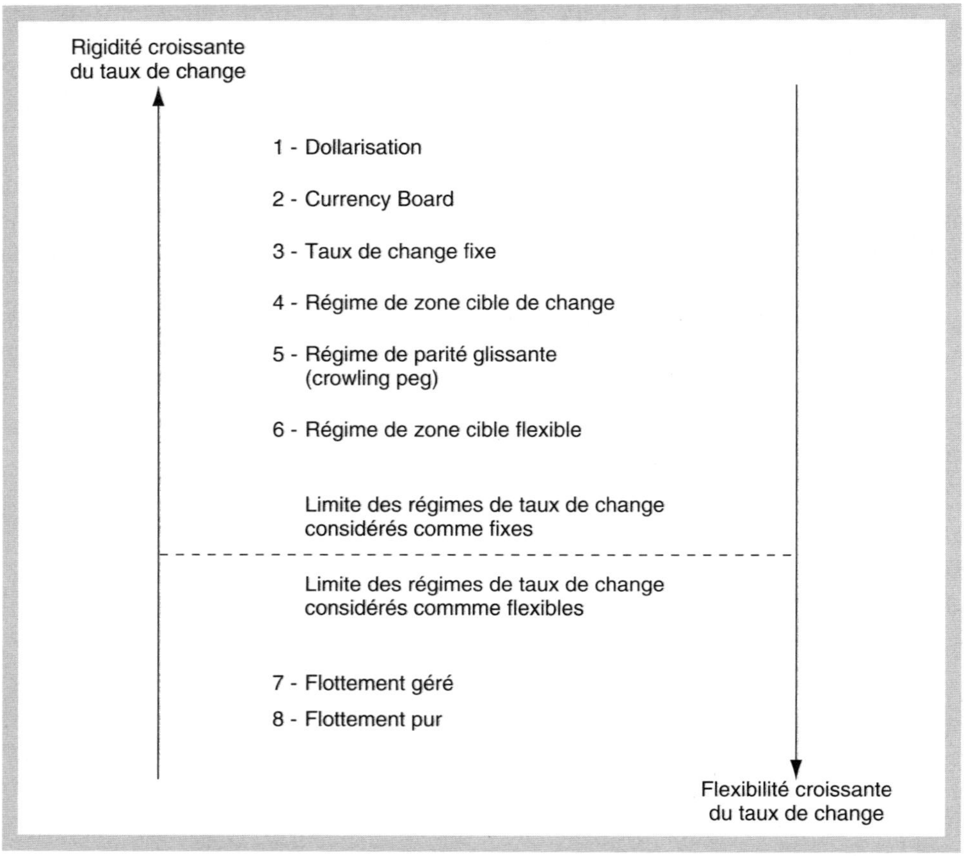


**FIGURE 6.9**
Les différents régimes de change.

Les dettes des ménages, des entreprises ou du reste du monde étant des crédits $C$ que le système financier octroie, l'équilibre (6.43) conduit à la nouvelle égalité 6.44.

$$e\Delta R^* = \Delta M + \Delta C \tag{6.44}$$

Les régimes numérotés de 1 à 6 sont considérés comme des régimes de change fixe. Le système de change le plus rigide est la dollarisation. Ce régime conduit le pays à adopter la monnaie d'un pays étranger. Il fut à l'étude en Argentine au milieu des années 1990. Un tel régime de change permet d'importer la crédibilité de la monnaie d'un pays. Cependant, des problèmes demeurent : en cas de besoin des banques commerciales, qui jouera le rôle de prêteur en dernier ressort puisque le pays n'a plus la maîtrise de la création monétaire ? En outre, le pays adoptant un système de dollarisation n'est plus maître de la politique monétaire et subit celle du pays dont la monnaie est utilisée. Il prend donc le risque de subir des politiques monétaires contracycliques.

Le currency board est le régime qui se rapproche le plus de la dollarisation. La banque centrale ajuste ses réserves de change afin de contrôler l'évolution de la masse monétaire, à crédit constant. Cela lui permet de maintenir la fixité de son taux de change. En reprenant l'égalité (6.44), cela revient au système :

$$\begin{cases} e\Delta R^* = \Delta M \\ \Delta C = 0 \end{cases} \tag{6.45}$$

L'idée dans le cas du currency board, est que la valeur de la monnaie est cautionnée par les réserves de change de la banque centrale. Plusieurs pays ont connu un tel régime de change : Hong-Kong et l'Argentine vis-à-vis du dollar à la fin des années 1990 ; l'Estonie, la Lituanie ou la Bulgarie vis-à-vis de l'euro à la fin des années 1990. L'inconvénient d'un tel régime est que l'État ne peut plus financer son déficit budgétaire par la politique monétaire et les banques ne peuvent plus emprunter sans compter. Le cas dramatique de l'Argentine au début des années 2000 ont montré qu'un système aussi rigide pouvait être dangereux. En règle général, mieux vaut être un petit pays présentant un excédent courant chronique et commerçant essentiellement avec un seul pays pour adopté un currency board.

Le régime de taux de change fixe consiste à défendre la monnaie via une gestion active des réserves de change. Par exemple, dès qu'il y a augmentation du crédit ou augmentation de la masse monétaire, il y a achat de devises étrangères à partir de monnaie nationale :

$$\Delta M + \Delta C > 0 \Rightarrow \Delta R^* = \left(\frac{\Delta M + \Delta C}{e}\right) > 0 \tag{6.46}$$

Ce régime n'est néanmoins pas fréquente dans la réalité : en cas de croissance importante et continue de la masse monétaire par exemple, la banque centrale doit sans cesse acheter des devises étrangères... Encore faut-il que la monnaie nationale soit acceptée indéfiniment par les agents ! C'est le cas de pays possédant un compte courant très positif et qui ont accumulé une quantité très importante de réserves de change.

Le régime de zone cible de change consiste à avoir un taux de change cible et d'autoriser la fluctuation du change autour de cette parité centrale comme dans le cas de la figure 6.10. Ce régime a été très utilisé depuis le XIX<sup>e</sup> siècle. L'inconvénient de ce régime est qu'il n'existe pas forcément de force de rappel au voisinage des bornes de fluctuation, si bien qu'au fur et à mesure, les bandes de fluctuations s'élargissent jusqu'à ne plus forcément avoir de sens (tableau 6.3).

Le régime de parité glissante s'appuie sur celui de zone cible de change, à la différence près que la cible de change évolue dans le temps. Chaque mois, la banque centrale annonce la cible de change pour le mois suivant. Il s'agit d'un système qui a très bien fonctionné dans le cas de pays connaissant de l'hyperinflation car il permet de faire converger progressivement les anticipations de change des agents tout en pouvant mener une politique de change crédible. La Pologne utilisa dans ce cas précis ce système lors de son passage à l'économie de marché.

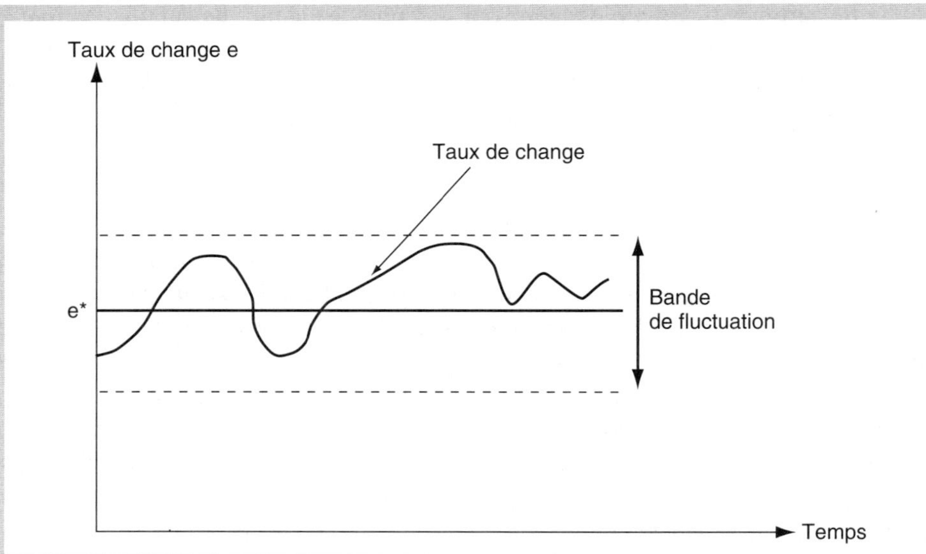


**FIGURE 6.10**
Le régime de zone cible de change.

**TABLEAU 6.3**
Différents régime de zone cible de change

| Système | Période | Largeur de la bande |
|---|---|---|
| Étalon-Or | 1870-1914 | 1 % |
| Bretton-Woods | 1944-1973 | 2 % |
| SME | 1979-1998 | de 5 % à 30 % entre 1993 et 1998 |

Le régime de change flexible est un mixte entre les deux régimes de change précédents : le taux de change est annoncé pour la période suivante, mais avec une bande de fluctuation autorisée.

Les deux derniers régimes de change sont considérés comme des régimes de change flexibles. Le flottement géré correspond à la situation où le taux de change varie, déterminé par le marché des changes. Les autorités monétaires interviennent de temps en temps. Beaucoup de pays ont adopté un tel régime de change depuis le début de années 1980. Quant au régime de flexibilité totale du change, il est inexistant : un pays ne peut se désintéresser durablement de la parité de sa monnaie. Si le flottement géré constitue le seul régime flexible utilisé, il est cependant utilisé par une large majorité de pays.

## 6.7 TAUX DE CHANGE ET TAUX D'INTÉRÊT*

Lorsqu'une économie est soumise à un régime de change flottant, la question qui se pose naturellement est de savoir comment est déterminé le taux de change de cette économie ? À cettequestion simple, la réponse est en fait compliquée. Les fluctuations des taux de change sont en effet difficiles à modéliser. Néanmoins, il est possible d'analyser un des mécanismes explicatifs possibles qui fait intervenir un raisonnement d'arbitrage auquel ce manuel a déjà maintes fois fait référence.

Notons $E_t$ le taux de change par rapport au reste du monde d'une économie à la date $t$. **Soit** $i_t$ et $i_t^*$ le taux d'intérêt moyen dans le pays et dans le reste du monde. Ils correspondent à la rémunération du capital dans les deux régions considérées. Par analogie, le taux de change représente le prix du capital étranger par rapport au capital domestique. Plus le taux de change augmente, et plus la devise domestique se déprécie : plus le capital étranger coûte cher relativement au capital domestique…

Supposons d'une part que les agents puissent investir librement et d'autre part qu'ils sont prêts à assumer les risques dus à un investissement. Ces deux propriétés correspondent d'une part à la libre circulation des capitaux et d'autre part à la neutralité des agents à l'égard du risque. Dans ce cadre, un agent qui investit 1 unités de monnaie nationale à l'instant $t$ dans du capital domestique reçoit la période suivante $1 + i_t$ unités monétaires. Il peut aussi choisir d'investir cette unité monétaire à l'étranger : il peut alors investir $\frac{1}{E_t}$ unité de capital étranger, ce qui lui rapportera $\frac{1 + i_t^*}{E_t}$ en unités étrangères. Si $E_{t+1}^a$ est le taux de change anticipé par l'agent en $t$ pour la période $t + 1$, il aura ainsi $\frac{(1 + i_t^*)E_{t+1}^a}{E_t}$ la période suivante en unité monétaire domestique. Puisque l'agent est neutre au risque de fluctuation de change et qu'il peut librement investir où il veut, ces deux opérations doivent être équivalentes pour lui. Dans le cas contraire, si l'opération domestique est plus intéressante, tout le monde (y compris les agents étrangers) a intérêt à investir dans le pays domestique et à ne rien investir ailleurs. Cette situation extrême n'est pas envisageable : pour attirer les capitaux les demandeurs de capitaux étranger peuvent augmenter leur rémunération en dépréciant le change à la période suivante, alors que les demandeurs de capitaux domestiques peuvent réduire le coût de leur capital en supposant que l'épargne du monde dépasse largement leurs besoins !

Cette relation d'arbitrage se traduit par l'équation…

$$1 + i_t = \frac{(1 + i_t^*)E_{t+1}^a}{E_t} \tag{6.47}$$

En supposant les taux d'intérêt raisonnable et en prenant le logarithme $e$ du taux de change $E$, on obtient :

$$i_t = i_t^* + \left(e_t - e_{t+1}^a\right) \tag{6.48}$$

Cette équation traduit la parité des taux d'intérêt non couverts. Elle signifie qu'une meilleure rémunération des capitaux dans l'économie domestique conduit à un afflux de capitaux vers cette économie. Dans un raisonnement d'offre et de demande, le prix des capitaux domestiques doit augmenter. Ce prix correspond au taux de change : la monnaie se déprécie… Cette parité des taux d'intérêt est dite « non couverte » car l'agent prend le risque que son anticipation du taux de change à la période suivante soit mauvaise !

Il est néanmoins possible pour l'agent de se prémunir contre le risque de change. Il lui suffit d'acheter ou de vendre des devises étrangères à terme : supposons qu'il investisse une unité de monnaie nationale. Placé à l'étranger, cet investissement vaudra $\dfrac{1+i_t^*}{E_t}$ en unité étrangère la période suivante de manière certaine. Pour éviter le risque de fluctuation de change dans le futur, l'investisseur peut vendre dès la date $t$ cette somme au taux de change à terme $E_{t+1}^c$ connu à la date $t$. Il achète donc un contrat qui lui garantit le taux de change $E_{t+1}^c$ en période $t+1$. Le taux d'intérêt $i_t$ est dit couvert puisque l'agent ne subit plus aucun risque de change et par un même raisonnement d'arbitrage, il correspond au taux d'intérêt étranger $i_t^*$ corrigé de l'écart entre le logarithme du taux de change à terme et celui du taux de change effectif à la date $t$ :

$$i_t = i_t^* + e_{t+1}^c - e_t \tag{6.49}$$

Si les anticipations sont parfaites, on a bien sûr $e_{t+1}^c = e_{t+1}^a = e_{t+1}$.

Ces deux relations pourraient permettre d'expliquer les variations des taux de change. Dans la réalité, la validité de telles relations est sujette à caution : d'une part, les capitaux ne sont pas forcément complètement mobiles. D'autre part, il existe des primes de risques qui traduisent l'aversion des agents à investir dans un pays particulier qu'ils jugent plus risqué. Enfin, le plus dur est de mesurer ce que sont exactement les anticipations des agents : comme ils font souvent des erreurs, le taux de change futur ne correspond pas forcément à leurs anticipations. Pour mesurer la validité de telles relations, il faudrait mesurer les anticipations des agents, ce qui n'est pas forcément facile !

### Mots clés :

- Balance des paiements
- Balance commerciale
- Balance des capitaux
- Système de change
- Spécialisation internationale
- Avantages comparatifs.

### Des questions pour mieux retenir

**1.** Pourquoi peut-on parler de monde tripolaire ?

**2.** Quelles sont les trois caractéristiques qui fondent les rapports de puissance économique entre États ?

3. Pour quelles raisons observe-t-on la spécialisation internationale ?
4. Qu'est-ce que la théorie des avantages comparatifs ? Dans quel cadre est-elle valide ?
5. Qu'est-ce que la balance commerciale ? Le compte courant ? La balance des paiements ?
6. Comment interpréter le compte courant ?
7. Comment est déterminé le taux d'intérêt mondiale ?
8. Quels sont les différents régimes de change ?
9. Qu'est-ce que la parité des taux d'intérêt non couverte ?

## Résumé du chapitre

Les échanges commerciaux ont connu des phases d'accélération marquée chaque fois que les moyens de transports ont connu une amélioration notable ou que les barrières douanières se sont assouplies. Aujourd'hui, le monde est tripolaire, les échanges se concentrant dans trois zones (Amérique, Europe et Asie). Afin de rendre compte des échanges entre pays, différentes mesures sont disponibles : la balance commerciale (pour les flux de biens et services), le compte courant (pour l'ensemble des flux de revenus) ou la balance des paiements qui incorpore les mouvements de capitaux. La balance commercial intervient dans l'approche demande du PIB. Un compte courant positif signifie un excès d'épargne nationale par rapport à l'investissement de l'économie domestique. Le balance des paiements indique comment l'ensemble des échanges se traduit en flux de devise ou en variation du taux de change.

# 7

# CONCLUSION : LE CADRE D'ANALYSE BOUCLÉ

*Les bonnes questions ne se satisfont pas de réponses faciles.*

Paul Samuelson

**SOMMAIRE**


**7.1** Marchés et opérations économiques agrégées

**7.2** Opérations courantes et accumulation de richesse : le TEE

**7.3** Production et répartition des revenus : le TES

**7.4** Les modèles structurels économétriques

Ce chapitre constitue une synthèse des chapitres précédents. À travers différents outils, nous allons imbriquer les différents cadres comptables développés dans les chapitres précédents. Ainsi sera défini le cadre comptable global d'une économie. Bien sûr, ce cadre n'est qu'un départ dans une construction personnel d'un cadre d'analyse des questions économiques. En intégrant les premières bases de théorie économique de ce manuel et les développements théoriques des cours plus avancé, ce cadre d'analyse pourra s'enrichir progressivement. La dernière section de ce chapitre conclusif sur les modèles macroéconomiques illustre cette construction intellectuel que tout économiste confirmé s'est forgée.

## 7.1 MARCHÉS ET OPÉRATIONS ÉCONOMIQUES AGRÉGÉES

Les opérations effectuées par les agents économiques ont permis de définir les catégories d'agents dans les chapitres précédents. Un autre moyen de répertorier ces opérations est de définir l'espace (logique) où elles s'effectuent : le marché.

Chaque transaction a une contrepartie : par exemple, une vente de bien a pour contrepartie l'obtention d'un autre bien, ou de monnaie, ou de tout autre actif. Les deux opérations peuvent se dérouler sur un même marché : c'est le cas du troc au cours duquel on échange un bien ou un service contre un autre bien ou un autre service. Elles peuvent aussi se dérouler simultanément sur deux marchés. L'achat d'un bien contre de la monnaie peut ainsi s'analyser :

- pour le premier agent comme l'offre d'un bien sur le marché des biens et services, et la demande de monnaie sur le marché monétaire ;
- pour le second comme de la demande d'un bien sur le marché des biens et services contre de l'offre de monnaie sur le marché monétaire.

Lors de la vente d'un bien, l'agent obtient ainsi implicitement une créance sur son acheteur, créance qu'il va alors échanger contre de la monnaie auprès du même agent. L'opération symétrique consiste en une vente de monnaie contre une créance échangée dans un second temps contre une certaine quantité de bien.

Cette désagrégation apparaît un peu abstraite. Elle l'est moins lorsque l'opération s'effectue à crédit : ainsi une vente à crédit peut s'analyser comme la vente d'un bien contre une créance. Le propriétaire de cette créance (le vendeur du bien) va ensuite échanger cette créance contre de la monnaie au terme indiqué sur le contrat. Il y a là deux opérations séparées par une période plus ou moins longue : une opération immédiate, et une opération à terme. L'opération à terme (le remboursement de la dette) est certes liée à l'opération immédiate (la vente du bien contre une créance), dite au comptant. Mais ce sont deux opérations indépendantes au sens où une fois qu'un agent détient une créance sur un autre agent, les raisons qui ont présidé à la création de cette créance sont indifférentes.

Les deux opérations apparaîtront d'ailleurs dans des comptes de flux de dates totalement différentes : le compte de variation d'actif et de passif de la période au cours de laquelle la dette a été contractée, et celui de la période de remboursement. Le modèle a donc une dimension dynamique (i.e. que la situation d'une période dépend de ce qui a été exécuté lors d'une période précédente).

Pour finir, avant de présenter les différents marchés, rappelons qu'ils peuvent être désagrégés en fonction du degré de détail que l'on veut atteindre. Les principaux marchés que nous analysons dans ce manuel sont les suivants :

1. **le marché des biens et services**, sur lequel s'effectuent les transactions portant sur un « bien à tout faire », à la fois bien de consommation finale, consommation intermédiaire, capital technique…
2. **le marché du travail** dont le prix est le salaire. On peut différencier les marchés en fonction des types de qualification, du sexe du salarié, de son âge, de son origine ethnique…
3. **le marché de la monnaie domestique** dont le prix est le taux d'intérêt auquel les agents renoncent en ne plaçant pas leurs actifs sous forme financière.
4. **le marché des titres** (créances non monétaires domestiques) dont le prix est fonction de la rémunération relative de ces titres par comparaison avec la rémunération qu'offrent d'autres actifs.
5. **le marché des devises** (créances monétaires et non monétaires étrangères) où marché des changes dont le prix est le taux de change et dépend du pouvoir d'achat relatif de ces créances sur l'étranger.

Les agents économiques se livrent à des opérations qui, pour l'essentiel, se résument à des transactions - offres et demandes de biens et services, de monnaie, de titres… Les administrations publiques sont comme nous l'avons vu la source d'opérations monétaires qui ne s'effectuent pas forcément sur un marché [1]. Les transferts sociaux en particulier constituent une opération de répartition non marchande, sans contrepartie réelle.

Nous avons défini les agents, les fonctions qu'ils exercent dans le modèle, les lieux où ils se rencontrent, les transactions et autres opérations qu'ils effectuent. Reste a donner une représentation des effets conjugués de leur activité. Nous proposerons pour cela un compte agrégé, le compte de l'économie domestique, regroupant les comptes des différents agents domestiques.

## 7.2 OPÉRATIONS COURANTES ET ACCUMULATION DE RICHESSE : LE TEE

**le Tableau Economique d'Ensemble (TEE)** est composé de deux parties : un tableau regroupant opérations courantes et investissements réels (que nous avions inté-

1. Certains parlent de transactions spécifiques s'effectuant sur un marché « politique », mais celui-ci, s'il existe, fonctionne d'une toute autre manière.

grés au compte de variation d'actifs) et un **Tableau des Opérations Financières (TOF)** qui comptabilise l'ensemble des autres opérations modifiant le niveau et la structure du portefeuille d'actifs monétaires et financiers détenus. Ce type de tableau est élaboré dans chaque pays par les comptables nationaux pour présenter les statistiques macroéconomiques dans un cadre cohérent, et ce avec une périodicité généralement annuelle.

La présentation des chapitres précédents soldait les comptes d'opérations courantes des agents par l'épargne. Cette fois, le solde du compte des opérations réelles du Tableau Economique d'Ensemble sera la capacité (ou le besoin) de financement, i.e. ce qui reste de l'épargne lorsque les agents ont procédé à leurs propres investissements non financiers. Le tableau des opérations financières nous montre sous quelle forme, c'est-à-dire avec quels instruments financiers, les agents ayant des capacités de financement vont placer ces dernières, et ainsi satisfaire la demande des agents caractérisés par une insuffisance d'épargne (besoins de financement) par rapport à leur projet d'investissement.

À titre illustratif, la capacité de financement de la nation est égale à la Balance des Opérations Courantes de la Balance des Paiements, ce que l'on peut encore écrire en négligeant les variations de stock :

*Épargne des Ménages + Épargne Publique – Investissements = Solde de la balance des Opérations courantes*

Soit :

$$(Y - T - C_m) + (T - C_g) - I = X - Z + RFNE$$

avec $RFNE$ le revenu factoriel net en provenance de l'étranger, $Y$ le PIB, $I$ l'investissement total de l'économie, $T$ l'ensemble des taxes, $C_m$ et $C_g$ les consommations des ménages et de l'État. $X$ et $Z$ désignent respectivement les exportations et les importations de biens et services.

Rappelons que l'excès d'épargne d'un pays, c'est-à-dire sa capacité de financement provient d'un excès de ressources domestiques par rapport aux emplois domestiques, et donc à un excès d'exportations de biens et services non factoriels et de services factoriels par rapport aux importations des mêmes biens et services.

Pour que le Reste du Monde puisse se procurer ces biens et services, il faut donc lui prêter des moyens de paiements, ou plus exactement lui octroyer temporairement du crédit. On peut donc écrire l'équilibre de la balance des paiements évoquée antérieurement :

$$X - Z + RFNE = \textit{Variation Nette de Créances sur l'Extérieur}$$

### 7.2.1 *Les hypothèses de construction pour les tableaux synthétiques*

Nos tableaux sont construits pour l'essentiel à partir des comptes des agents. Nous rappelons les principales hypothèses de construction, certaines opérations pouvant être simplifiées, d'autres ajoutées pour mémoire.

## A. Les ménages

Les ménages ont pour principale activité la consommation. Les revenus dont ils disposent (ou plus précisément ressources primaires) proviennent de la fourniture de services factoriels – travail et capital – au système productif, à l'administration, et éventuellement au Reste du Monde. Ils reçoivent donc

- des salaires : le total des salaires versés est aussi appelé **masse salariale**. Nous noterons $w_f L_f$ et $w_g L_g$ l'ensemble des salaires versés respectivement par les firmes et par l'État.
- des revenus de la propriété, sous forme de dividendes et d'intérêts de titres à revenu fixe domestiques (émis par les firmes et l'administration) ou étrangers. Nous les noterons respectivement $Div_m$, $i.(B_f + B_g)$ et $i^*.e^*.F^*$.
- des revenus mixtes $YM_m$ qui concernent les entrepreneurs individuels.
- des transferts de la part de l'État que nous noterons $Sub_m$.

Pour obtenir le revenu disponible des ménages, il faut déduire de ces ressources l'ensemble des prélèvements des administrations publiques, soit $T_m$. Le solde des dépenses courantes moins les recettes définit alors l'épargne des ménages $S_m$.

Cette épargne va accroître le patrimoine des ménages. Sous quelle forme ? C'est ce que décrivait notre compte d'accumulation des ménages (voir le tableau 2.12 de la partie I), exprimé en termes de variations d'actif et de passif. Les ménages peuvent ainsi acheter des actifs réels (logements...), monétaires ou financiers (titres domestiques émis par les entreprises, les Intermédiaires financiers, l'État ou le Reste du Monde.). Il est possible que l'épargne dégagée ne suffise pas pour compenser les achats d'actifs. Dans ce cas, les ménages peuvent eux-mêmes recourir à des emprunts. Nous nous limiterons aux emprunts auprès des intermédiaires financiers domestiques. Pourquoi prêter et emprunter simultanément ? Un ménage rationnel peut tout d'abord lisser son revenu à court terme par des emprunts à court terme, tout en continuant d'accumuler des actifs, en bénéficiant ainsi des opportunités de placement les plus favorables à chaque moment. Il faut également se rappeler que le cadre temporel de la comptabilité peut être suffisamment long pour qu'un ménage, ayant fait un placement en début de période, se retrouve avec des ressources momentanément insuffisantes pour faire face aux dépenses courantes, en raison d'une erreur de calcul, ou d'un « choc » défavorable sur ses revenus ou ses dépenses. Nous pouvons également noter que le développement des marchés financiers (en particulier anglo-saxons), a encouragé une fièvre spéculative chez des ménages prêts à se surendetter pour bénéficier d'opportunités de gains financiers réels... ou imaginaires [2].

2. En effet, même si la valeur de l'ensemble des actifs augmente fortement, si tout le monde décide de vendre ses actifs en même temps, les prix s'effondreront...

## B. Les entreprises

L'entreprise représentative produit un bien composite, c'est-à-dire un ensemble de biens dont la structure sera supposée immuable. Ces biens sont exprimés en terme monétaire (en valeur) mais les prix sont considérés comme constants : ainsi, une unité de monnaie permet de se procurer la même quantité de biens au cours du temps. Notre bien composite est à la fois un bien de consommation finale des ménages ou des administrations, un bien de consommation intermédiaire, un bien de production, et un bien échangeable (il n'y a donc pas de différence entre les biens domestiques destinés au marché interne et ceux destinés au marché externe, et pas de différence non plus entre biens domestiques et biens étrangers : on dira que ces biens sont infiniment substituables).

Après paiement d'un impôt forfaitaire à l'État, la totalité de la valeur ajoutée nette des entreprises est distribuée aux ménages, sous forme de revenus du travail, du capital ou de revenus mixtes. Rappelons que la Valeur Ajoutée Nette est égale à la Valeur Ajoutée Brute (égale elle même au produit de la vente de la production, moins la valeur des consommations intermédiaire) dont on soustrait l'amortissement économique des moyens de production, c'est-à-dire la valeur du capital technique qui est détruite ou déclassée en raison de son usure au cours du processus productif et de son obsolescence technique au cours du temps.

Par ailleurs, les entreprises ne conservent par-devers elles que le capital non usé : l'ensemble des bénéfices est distribué, et ce sont les ménages qui décident ensuite de refinancer ou non l'accumulation du capital de la firme, en souscrivant de nouveau à des titres de créances émis par l'entreprise. Cette convention rappelle que l'entreprise n'est qu'une structure juridique écran, et que ses organes de direction ne sont que les représentant des ménages propriétaires.

Le solde du compte courant s'appelle Epargne Brute des firmes ou encore **Excèdent Brut d'Exploitation (EBE)**. Pourquoi est-il dit « brut » ? Nous considérerons que les entreprises distribuent la Valeur Ajoutée Nette aux ménages. Cela signifie qu'elles prévoient préalablement de couvrir les coûts d'amortissement et de déclassement du capital : puisque les firmes distribuent la valeur ajoutée nette aux ménages, elles conservent donc par-devers elles les sommes nécessaires au maintien en l'état du capital des firmes. L'épargne brute est donc en premier lieu constituée des « dotations aux amortissements » en terme de comptabilité nationale. Cependant, l'entreprise peut, et doit même normalement, proposer aux ménages actionnaires un plan de développement, c'est-à-dire un programme d'investissements nécessitant des apports de capitaux nouveaux. Ces capitaux peuvent d'ailleurs être souscrits par les actuels propriétaires comme par d'autres ménages, ou même plus généralement d'autres agents. Le montant des investissements dépassera donc les seuls amortissements, et ils nécessiteront des émissions de titres supplémentaires (actions et titres à revenus fixes souscrits par les ménages ou le Reste du Monde), ou du crédit bancaire. Le crédit bancaire est également nécessaire pour financer ce que l'on appelle le **fonds de roulement**. Ce fonds de roulement est composé de la trésorerie nécessaire pour faire face aux coûts variables de production (consommation intermédiaires, salaires...) avant que la production ne soit vendue. Cette contrainte de financement des coûts variables sur fonds d'emprunt peut d'ailleurs expliquer une épargne nulle ou négative des firmes. Dans la réalité, le fonds de roulement est souvent financé également par crédit inter-entreprise (les fournisseurs ne sont payés qu'avec un délai de deux ou trois mois). Mais pour notre entreprise représentative regroupant l'ensemble des firmes, ces transactions « internes » à la catégorie ne sont pas prises en compte.

## C. Remarque

Contrairement aux usages et par souci de simplicité, nous considérons ici que les importations sont achetées par les firmes et s'ajoute à l'offre domestique pour satisfaire la demande interne et externe. Cette convention n'est pas nécessaire à la construction du Tableau Economique d'Ensemble : on peut explicitement écrire la somme de la production domestique et des importations comme offre globale qui est répartie entre les différents usages internes et externes (consommations des ménages et de l'administration, investissements, et exportations). La Matrice de Comptabilité Sociale simplifiée implique par contre une convention plus précise puisque comme nous le verrons, les importations, ressources d'un agent, doivent obligatoirement être emplois d'un autre ! Par la suite, nous adopterons une convention plus complexe, mais il n'est de toute manière pas absurde de considérer que ces importations sont le fait de firmes qui les achètent à l'extérieur et les vendent sur le marché domestique, au lieu de considérer ces biens comme atteignant directement leurs destinataires finaux sans subir aucune transformation de la part des entreprises domestiques.

## D. L'administration publique

Dans notre modèle, l'État n'a pour ressources que les impôts. Ses dépenses agrègent les salaires de fonctionnaires, les transferts aux ménages (on pourrait naturellement rajouter des transferts en faveur des autres agents), les intérêts de la dette publique auprès des ménages ayant souscrit des titres publics, et des intermédiaires financiers ayant ouvert des lignes de crédit en faveur des administrations. Le solde avant paiement des intérêts s'appelle **solde (déficit ou excédent) primaire**. Le solde global du compte courant est le **solde budgétaire**. Ce solde est l'épargne des administrations. Puisque dans notre modèle, les administrations ne produisent pas de biens et services, elles n'investissent que dans de l'immobilier. Un déficit budgétaire, ou un excédent insuffisant pour faire face aux investissements nécessitent naturellement de nouveaux emprunts.

## E. Les intermédiaires financiers

Nos intermédiaires financiers ont été largement décrit dans la partie précédente. Rappelons simplement ici que selon la convention faite dans la première partie, les Institutions Financières ne produisent pas de valeur ajoutée, et ne sont pas non plus des consommateurs de biens de consommation finale. Elles n'ont donc pas de compte d'opérations courantes. Certes ménages, firmes, administration, empruntent auprès des intermédiaires financiers. Mais nous considérerons que ces emprunts ne sont pas rémunérés. Si ces emprunts étaient rémunérés, il suffirait alors de faire l'hypothèse que les intérêts perçus couvrent la rémunération du capital et du travail des institutions financières. Cette activité financière créerait donc de la valeur ajoutée comme toute autre entreprise productrice de biens et services. Naturellement, ces institutions apparaissent dans le tableau des opérations d'accumulation patrimoniale, mais uniquement au niveau des opérations financières puisqu'il n'y a pas accumulation de capital productif (investissements).

#### F. Le Reste du Monde

Les opérations recensées dans cette catégories sont symétriques aux opérations domestiques. Rappelons que les ressources du compte des opérations courantes sont constituées par nos importations, par la rémunération des travailleurs non résidents, et par celle des créances émises par les pays étrangers et souscrites par les résidents. Ces deux derniers postes ne seront pas évoqués dans nos tableaux.

Les dépenses sont constituées des exportations de biens et services, de la rémunération des travailleurs résidents et de celle des créances détenues par les résidents. On peut également y ajouter si il y a lieu également les transferts unilatéraux (ce sont les dons et aides publiques, et les transferts d'épargne des travailleurs immigrés « résidents »).

### 7.2.2 *Un premier modèle comptable conventionnel : le Tableau Economique d'Ensemble*

Le tableau économique d'ensemble que nous allons considérer est donné par les tableaux 7.1 et 7.2.

#### A. La partie réelle du TEE

Le Tableau Economique d'Ensemble se lit comme un ensemble d'équilibres simultanés sur les différents marchés.

L'équilibre des Opérations sur Biens et Services est particulièrement significative :

$$PIB + eZ = (I_f + I_g) + (C_m + C_g) + X \tag{7.1}$$

L'offre globale est donc la somme des valeurs ajoutées des firmes (PIB) et des importations $eZ$. Elle est égale à la demande globale domestique et étrangère. De là, on peut en déduire :

$$PIB - C - I = X - eZ \tag{7.2}$$

**TABLEAU 7.1**
Le tableau des opérations réelles de notre économie.

| Emplois | | | | Opérations « réelles » | Ressources | | | |
|---|---|---|---|---|---|---|---|---|
| **Entreprises** | **Ménages** | **Admin.** | **Reste Monde** | | **Entreprises** | **Ménages** | **Admin.** | **Reste Monde** |
| $I_f$ | $C_m + I_m$ | $C_g + I_g$ | $X$ | Opérations sur biens et services | $PIB$ | | | $e.Z$ |
| $w_f L_f$ | | $w_g L_g$ | | Rémunération du travail | | $w_f L_f +$ $w_g L_g$ | | |
| $iB_f^m +$ $iB_f^{RdM} +$ $Div_f^m +$ $Div_f^{RdM}$ | | $iB_g^m +$ $iB_g^{RdM}$ | $i^* eF_g^*$ | Rémunération du capital | | $iB_f^m +$ $iB_g^m +$ $Div_f^m$ | $i^* eF_g^*$ | $iB_f^{RdM} +$ $iB_g^{RdM} +$ $Div_f^{RdM}$ |
| $YM_m$ | | | | Revenus mixtes | | $YM_m$ | | |
| $T_f$ | $T_m$ | $Sub_m^g +$ *Transf. unilat.* | | Impôts et transferts | | $Sub_m^g$ | $T_f + T_m$ | *Transf. unilat.* |
| $CBF_f$ | $CBF_m$ | $CBF_g$ | $S_{RdM}$ | **Solde** | | | | |

**TABLEAU 7.2**
Le tableau des opérations financières de notre économie.

| Variations de créances | | | | | Op. fin. | Variations de dettes | | | | |
|---|---|---|---|---|---|---|---|---|---|---|
| **Ent.** | **Mén.** | **Adm.** | **Interm. fin.** | **Reste Monde** | | **Entreprises** | **Mén.** | **Adm.** | **Interm. fin.** | **Reste Monde** |
| | | | | | CBF | $CBF_f$ | $CBF_m$ | $CBF_g$ | | $CBF_{RdM}$ |
| | | | $e\Delta R^*$ | | Réserves | | | | | $e\Delta R^*$ |
| | $\Delta M$ | | | | Monnaie | | | | $\Delta M$ | |
| | | | $\Delta R$ | | Monnaie | $\Delta D_f$ | $\Delta D_m$ | $\Delta D_g$ | | |
| | $\Delta B_f^m +$ $\Delta K_f^m$ | | | $\Delta B_f^{RdM} +$ $\Delta K_f^{RdM}$ | Titres privés | $\Delta B_f^{RdM} +$ $\Delta B_f^m +$ $\Delta K_f^m +$ $\Delta K_f^{RdM}$ | | | | |
| | $\Delta B_g^m$ | $e\Delta F_g^*$ | | $\Delta B_g^{RdM}$ | Titres publics | | | $\Delta B_g$ | | $e\Delta F_g^*$ |

**TABLEAU 7.3**
Liste des variables.

| | |
|---|---|
| $PIB$ | Produit intérieur brut |
| $I_f$ | Investissement brut des entreprises |
| $e$ | Taux de change |
| $Z$ | Importtations en monnaie étrangère |
| $C_m$ | Consommation des ménage |
| $I_m$ | Investissements bruts des ménages |
| $C_g$ | Dépenses publiques |
| $I_g$ | Investissement brut public |
| $X$ | Exportations en monnaie domestique |
| $w_f$ | Salaires versés par les entreprises |
| $L_f$ | Emploi du secteur privé |
| $L_g$ | Emploi du secteur public |
| $w_g$ | Salaires versés dans l'administration |
| $i$ | Taux d'intérêt domestique |
| $B_x^y$ | Titres à revenus fixes émis par $x$ et détenus par $y$ |
| $F_g^*$ | Titres étrangers déteenus par l'État |
| $Div_f^m$ | Dividendes versés par les entreprises aux ménages |
| $Sub_m^g$ | Transfert vers les ménages |
| $T_x$ | Impôts payés par $x$ |
| $S_x$ | Épargne de la catégorie $x$ |
| $R^*$ | Actifs étrangers |
| $D_x$ | Dette de la catégorie $x$ |
| $M$ | Encaisses monétaires |
| $K_x^y$ | Capital de $x$ détenu par $y$ |
| $CBF_x$ | Capacité ou besoin de financement de $x$ |

L'équation signifie que l'excès de ressources domestiques $PIB$ (ou excès d'offre de biens et services) sur l'absorption domestique $I + C$ (ou demande de biens et services) est égal à l'excèdent de la balance des opérations courantes.

La ligne suivante du tableau des peut être également comprise comme un équilibre offre-demande sur le marché du travail : $L_g + L_f$ côté « ressources » est une offre de travail et côté « emplois » une demande de travail. Multipliées par les salaires d'équilibre sur le marché, $w_g$ et $w_f$, ces écritures comptables rendent compte des flux de revenus distribués par les employeurs vers leurs employés. La même analyse peut être faite pour les lignes suivantes qui rendent compte des équilibres comptables entre flux de revenus du capital versés et/ou reçus, mais également du niveau d'équilibre (de stock) entre offre et demande d'actifs financiers, en fonction des rémunérations d'équilibre.

La dernière ligne de la partie réelle du TEE est celle des transferts et subventions.

## B. La partie financière du TEE

Les cellules du tableau financier rendent compte des ajustements de stocks (stocks d'actifs désirés par rapport aux stocks d'actifs possédés). L'équilibre de flux (égalité des variations de créances et de dettes) ne signifie cependant pas que les agents atteignent immédiatement le niveau et la structure du patrimoine financier désiré. Les agents peuvent en effet n'ajuster leur portefeuille à la structure désirée que lentement, sur plusieurs périodes. Tout au plus cette égalité rend-elle compte d'un équilibre sur « le marché des fonds prêtables ».

On peut déduire de l'équilibre une première relation opérationnelle pour la politique microéconomique connue sous le nom de multiplicateur :

Appelons $Y$ la somme des valeurs ajoutée (le PIB) soit $Y = Q - eZ$, et faisons les hypothèses suivantes :

1. La consommation de ménages constitue une part constante (à court terme) du PIB, i.e. des revenus factoriels de l'ensemble des ménages tirés de l'activité domestique (au solde net de revenus factoriels payés au Reste du Monde que nous négligerons ici), d'où $C_m = c.Y$.
2. Les importations représentent également une part constante du PIB, $e.Z. = z.Y$. Et appelons $I$ la somme des investissements domestiques, dont la valeur, comme celles de la consommation publique $C_g$ et des exportations $X$ est considérée comme exogène.

   Nous pouvons alors écrire :

$$Y = \frac{I + X + C_g}{1 - c + z} \tag{7.3}$$

En différenciant l'équation précédente autour d'un état d'équilibre, nous obtenons :

$$\Delta Y = \frac{\Delta I + \Delta X + \Delta C_g}{1 - c + z} \tag{7.4}$$

Ainsi, pour une valeur stable des paramètres $c$ et $z$, il est possible de déduire l'évolution du PIB lorsque les exportations, les investissements ou la consommation publiques varient. Puisque $c$ est de l'ordre de 0.8 à 0.9 et, selon les pays et les époques, $z$ de l'ordre de 0.05 à 0.06 (ce chiffre dépend du degré d'ouverture du pays) le dénominateur est inférieur à 1 et le coefficient multiplicateur $\mu$ supérieur à 1 :

$$\mu = \frac{1}{1 - c + z} \tag{7.5}$$

Une dépense exogène volontaire (accroissement des dépenses publiques, ou politique d'encouragement aux investissements ou aux exportations) ou involontaire (anticipations des entrepreneurs sur l'accroissement des ventes futures stimulant les investissements, accroissement de la demande extérieure d'exportations) accroîtra le PIB dans une proportion généralement plus importante que l'accroissement initiale de la dépense. Comment expliquer ce phénomène ? Le raisonnement est assez simple : l'accroissement initial de la valeur ajoutée provoquée par l'accroissement de la demande va générer de nouvelles dépenses de consommation de la part des ménages, et donc un phénomène de demande auto-entretenue. Cette effet auto-entretenu est cependant amorti : l'accroissement de la demande est en partie satisfait par des producteurs étrangers (importations) et les ménages ne consomment qu'une part $c$ des nouveaux revenus qui leur sont distribués, et donc épargnent $s = 1 - c$. Autrement dit, le multiplicateur $\mu$ est d'autant plus élevé que la propension à consommer $c$ est élevée et la propension à importer $z$ faible.

Nous verrons que l'on peut déduire d'autres **effets multiplicateurs** des tableaux qui vont suivre.

## 7.3 PRODUCTION ET RÉPARTITION DES REVENUS : LE TES

**Le Tableau Entrées-Sorties (TES)** reprend les conventions de son équivalent en Comptabilité Nationale, le « tableau entrées-sorties » (en anglais *input-output*) : ce document permet en effet de mettre en évidence les équilibres emplois-ressources par produit et la structure de la valeur ajoutée. Il constitue donc un moyen d'analyse, d'une part de toutes les activités de production selon leur origine et leur destination, et d'autre part de la répartition de la richesse créée.

Le tableau entrées-sorties constitue ainsi une synthèse des comptes de production, et une désagrégation de l'équilibre des opérations sur biens et services. La comptabilité de la production, évoquée lorsque nous avons expliqué le concept de valeur ajoutée, permet de détailler, entreprise par entreprise, ou branche par branche [3], les inputs nécessaires à la production – consommations intermédiaires, quantité de travail et de capital – évalués en une unité (monétaire) commune. La désagrégation des opérations sur biens et services offre une description de l'origine et de la destination des différents biens (regroupés en catégories plus ou moins agrégées).

Ce tableau permet de calculer ce que l'on appelle des multiplicateurs sectoriels à partir de l'idée suivante : si une augmentation de la demande adressée à une branche peut être satisfaite par une augmentation de l'offre de cette branche, celle-ci sera amenée à utiliser à court terme plus de biens de consommation intermédiaire, et plus de facteur de production (travail et capital). La production de ce supplément de consommation intermédiaire aura à son tour le même effet (il s'agit également d'un accroissement de demande, adressée cette fois à différentes branches fabriquant les consommations intermédiaires). Quant à l'accroissement de la demande de facteurs,

3. Les branches agrègent les unités de production fabriquant les mêmes biens et services.

elle aura deux conséquences. D'une part, l'accroissement de l'utilisation du capital provoquera une augmentation de la production des biens d'équipement. D'autre part, l'accroissement des revenus du travail et du capital stimulera encore une fois les dépenses – cette fois celle des ménages – et par là-même la demande de biens et services.

Il va sans dire que ces multiplicateurs de branches ont été utilisés comme outils d'analyse et de prédiction pour l'élaboration de politiques économiques.

Supposons une économie ouverte à trois branches (ou activités) A1, A2, et A3, fabricants trois biens ou services B1, B2, B3, produits en quantités Q1, Q2, Q3. La première branche représente ce que l'on appelle le « secteur primaire », i.e. l'agriculture et les activités annexes (exploitation forestière, pêche...), la seconde branche le « secteur secondaire », i.e. encore une fois une conception assez large de l'industrie, incluant l'extraction minière, les Bâtiments et Travaux Publics, et la troisième branche « le secteur tertiaire », i.e. les services, dont le commerce, les activités financières, l'administration publique.

Nous remarquerons que si les différentes branches utilisent des matières premières provenant de l'ensemble des secteurs, certains postes de la demande finale – comme les investissements – ne s'adressent qu'à l'industrie. La part des consommations intermédiaires de chaque bien $i$ dans la fabrication d'un bien $j$ est notée $a_{ij}$ [4], tandis que $b_j$ et $k_j$ représentent respectivement les quantités de travail et de capital nécessaire à la production d'une unité du même bien $j$. Notons que ces coefficients sont respectivement égaux à l'inverse de la productivité du travail $Q_j/L_j$ et du capital $Q_j/K_j$. $w$ et $p$ symbolisent respectivement le taux de salaire nominal et la rémunération unitaire du capital.

Toutes les variables de quantité de biens et services, sont exprimés en termes nominaux, aux prix domestiques, la valeur en monnaie étrangère des importations étant convertie en monnaie domestique au taux de change nominal $e$.

On retrouve pour chaque branche l'égalité entre la somme de la valeur ajoutée et des consommations intermédiaires. Contrairement aux tableaux précédents, nous n'avons pas fait l'hypothèse que les firmes (désagrégées ici au sein des branches) achetaient des importations inclus ensuite dans leur offre Q1. L'offre globale $OG_j$ est donc égale la somme de la production domestique et des importations, soit pour chaque branche $OG_j = Q_j + e.Z_j$.

La demande globale $DG_i$ de bien $i$ est quant à elle égale à la demande de consommation intermédiaire par l'ensemble des branches $j$ soit $\sum_j a_{ij} Q_j$ à laquelle s'ajoute la demande finale de bien $i$ (agrégeant consommations des ménages et des administrations, investissements, et exportations).

4. Ces coefficients sont appelés « coefficients techniques » ou encore « coefficients de Leontieff » du nom de l'économiste (prix Nobel) d'origine russe qui en a proposer l'usage dans le calcul économique.

**TABLEAU 7.4**
Le tableau entrées-sorties.

| | A1 | A2 | A3 | ΣCI | Conso. des ménages | Conso. des admin. | Invest. (FBCF) | Export. | Dem. Finale | Dem. Globale |
|---|---|---|---|---|---|---|---|---|---|---|
| B1 | | $a_{12}Q_2$ | $a_{13}Q_3$ | $\sum_{j=1}^{3} a_{1j}Q_j$ | $C_{m1}$ | $C_{g1}$ | $I_1$ | $X_1$ | $DF_1$ | $DG_1$ |
| B2 | $a_{21}Q_1$ | | $a_{23}Q_3$ | $\sum_{j=1}^{3} a_{2j}Q_j$ | $C_{m2}$ | $C_{g2}$ | $I_2$ | $X_2$ | $DF_2$ | $DG_2$ |
| B3 | $a_{31}Q_1$ | $a_{32}Q_2$ | | $\sum_{j=1}^{3} a_{3j}Q_j$ | $C_{m3}$ | $C_{g3}$ | $I_3$ | $X_3$ | $DF_3$ | $DG_3$ |
| ΣCI | $\sum_i a_{i1}Q_1$ | $\sum_i a_{i2}Q_2$ | $\sum_i a_{i3}Q_3$ | $\sum_{j=1}^{3} a_{ij}Q_j$ | $\sum_{i=1}^{3} C_{mi}$ | $\sum_{i=1}^{3} C_{gi}$ | $\sum_{i=1}^{3} I_i$ | $\sum_{i=1}^{3} X_1$ | $\sum_i^3 DF_i$ | $\sum_i^3 DG_i$ |
| Rém. du Travail | $w.b_1Q_1$ | $w.b_2Q_2$ | $w.b_3Q_3$ | $w.\sum_{j=1}^{3} b_jQ_j$ | | | | | | |
| Rém. du Capital | $\pi.k_1Q_1$ | $\pi.k_2Q_2$ | $\pi.k_3Q_3$ | $\pi.\sum_{j=1}^{3} k_jQ_j$ | | | | | | |
| VA | VA1 | VA2 | VA3 | PIB | | | | | | |
| Prod. | $Q_1$ | $Q_2$ | $Q_3$ | | | | | | | |
| Import. | $eZ_1$ | $eZ_2$ | $eZ_3$ | | | | | | | |
| Offre Globale | $OG_1$ | $OG_2$ | $OG_3$ | | | | | | | |

*N.B.* L'ensemble des sommes dont les bornes ne sont pas indiquées par souci de présentation vont de 1 à 3. *Dem.* signifie « demande ».

Sur le modèle de l'équilibre sur le marché des biens et services qui nous avait permis de dégager le multiplicateur macroéconomique, il est possible de calculer des multiplicateurs sectoriels à partir du modèle linéaire multisectoriel suivant :

Partons de l'équilibre entre offres et demandes globales sur chaque marché exprimé sous forme vectorielle (et en supposant que la part de la valeur ajoutée $i$ dans la valeur de la production d'un bien $Qi$ s'exprime par un coefficient constant à court terme/moyen terme) :

$$\begin{pmatrix} OG_1 \\ OG_2 \\ OG_3 \end{pmatrix} = \begin{pmatrix} DG_1 \\ DG_2 \\ DG_3 \end{pmatrix} \Rightarrow \begin{pmatrix} e.Z_1 + Q_1 \\ e.Z_2 + Q_2 \\ e.Z_3 + Q_3 \end{pmatrix} = \begin{pmatrix} \sum_j a_{1j} Q_j + DF_1 \\ \sum_j a_{2j} Q_j + DF_2 \\ \sum_j a_{3j} Q_j + DF_3 \end{pmatrix} \tag{7.6}$$

On peut déduire la valeur des productions $Q_1$, $Q_2$, $Q_3$, (nous les appellerons variables dépendantes, ou **endogènes** du système) connaissant l'ensemble des autres variables (dites **exogènes**). Il suffit de résoudre le système matriciel suivant :

$$\begin{pmatrix} 1 & -a_{12} & -a_{13} \\ -a_{21} & 1 & -a_{23} \\ -a_{31} & -a_{32} & 1 \end{pmatrix} \begin{pmatrix} Q_1 \\ Q_2 \\ Q_3 \end{pmatrix} = \begin{pmatrix} DF_1 - e.Z_1 \\ DF_2 - e.Z_2 \\ DF_3 - e.Z_3 \end{pmatrix} \tag{7.7}$$

Soit

$$\begin{pmatrix} Q_1 \\ Q_2 \\ Q_3 \end{pmatrix} = \begin{pmatrix} 1 & -a_{12} & -a_{13} \\ -a_{21} & 1 & -a_{23} \\ -a_{31} & -a_{32} & 1 \end{pmatrix}^{-1} \begin{pmatrix} DF_1 - e.Z_1 \\ DF_2 - e.Z_2 \\ DF_3 - e.Z_3 \end{pmatrix} \tag{7.8}$$

En supposant l'ensemble des paramètres inchangés, on peut alors poser à ce système une question similaire à celle que nous posions à l'équation d'équilibre sur le marché des biens et services : quel serait l'impact sur l'ensemble de l'économie, c'est-à-dire ici sur la production de chacun des secteurs (et ainsi, sur le PIB) d'une variation de l'une des variables exogènes représentatives de la demande finale nette des importations [5] ?

$$\begin{pmatrix} \Delta Q_1 \\ \Delta Q_2 \\ \Delta Q_3 \end{pmatrix} = \begin{pmatrix} 1 & -a_{12} & -a_{13} \\ -a_{21} & 1 & -a_{23} \\ -a_{31} & -a_{32} & 1 \end{pmatrix}^{-1} \begin{pmatrix} \Delta DF_1 \\ \Delta DF_2 \\ \Delta DF_3 \end{pmatrix} \tag{7.9}$$

Cette équation peut se réécrire sous la forme simplifiée suivante :

$$\Delta Q = (I - A)^{-1} \Delta DF \tag{7.10}$$

Nous en déduisons un ensemble de multiplicateurs sectoriels nécessaires à la réponse. Il n'est pas difficile de vérifier que lorsque que les coefficients $a_{ij}$ ne sont pas nuls, la variation de la production de chaque secteur entraîne un accroissement de la

5. les importations n'étant pas produites par l'appareil productif domestique, et étant exogènes contrairement au modèle macroéconomique précédent, elles n'auront pas d'impact sur l'appareil productif

demande de consommation intermédiaire auprès des autres secteurs. Et l'accroissement de la production de ces autres secteurs provoque elle même un effet auto entretenu de l'impulsion initiale.

Ces coefficients multiplicateurs sont cependant relativement grossiers, n'incluant pas les effets de répartitions de la valeur ajoutée entre revenus du capital et du travail, et la participation de la demande des ménages à l'auto-entretien de l'effet initial.

## 7.4 LES MODÈLES STRUCTURELS ÉCONOMÉTRIQUES

Dans les chapitres précédents, l'information économique a été classée par catégories d'agents et par opérations, tout en observant un lien étroit entre la définition des catégories et celle des opérations. Nous avons parallèlement développé les principaux raisonnements économiques de base. Cette démarche nous a conduit à expliciter des relations non comptables entre, par exemple, la consommation des ménages, leur richesse et leurs revenus. Ces relations de comportement sont complémentaires au cadre comptable développé dans ce manuel, mais plus généralement dans la comptabilité nationale. Une extension naturelle à notre travail de classification de l'information économique consiste à utiliser un cadre comptable et à développer l'ensemble des relations de comportement qui définissent comment les variables économiques du cadre comptable sont reliées les unes aux autres.

Il s'agit là du travail de tout économiste qui désire comprendre la logique complexe des interactions simultanées du monde économique – c'est la raison principale pour laquelle ce chapitre vient clore ce manuel. Au niveau agrégé, les modèles macroéconomiques sont les outils privilégiés dans ce type d'analyse. Ces modèles sont essentiellement utilisés pour l'évaluation des politiques économiques ou de la réponse d'une économie à un choc (hausse du prix du pétrole par exemple). Ils peuvent aussi être riches d'enseignements dans les exercices de prévision.

Les modèles trouvent leur origine avec le premier prix Nobel d'économie (1969), le Néerlandais Nikolaas Tinbergen. Il construit et utilise le premier modèle macroéconomique en 1936 afin d'étudier comment il était possible de relancer la demande intérieure des Pays-Bas sans détériorer la balance commerciale. Ce modèle comportait 24 équations : il visait à reproduire de manière chiffrée les coefficients de ces équations afin de reproduire le plus fidèlement possible le comportement de l'économie néerlandaise. La période d'après-guerre fut alors propice au développement de modèles macroéconomiques car les gouvernements souhaitaient avoir les outils nécessaires pour juger des effets des nombreuses politiques économiques menées à cette époque.

Un **modèle macroéconomique** constitue une représentation simplifiée de la réalité économique. Il est macroéconomique car il résume des relations économiques à un niveau agrégé. On parle aussi de **modèle macroéconométrique** lorsque les équations du modèle sont estimées par des méthodes économétriques. Ces méthodes sont des outils statistiques plus ou moins complexes afin d'estimer au mieux les coefficients d'une relation économique. Parce qu'ils cherchent à répliquer au mieux la réalité, les modèles sont sans cesse confrontés à la validation empirique de leurs résultats.

Les modèles macroéconométriques sont construits à partir de relations théoriques si bien qu'on les dit « **structurels** ». Ces modèles présentent l'avantage de confronter les modèles théoriques aux données et de donner un sens économique aux relations estimées dans ces modèles. Il existe cependant une autre forme de modèles, les modèles VAR (Vecteur autorégressif) qui sont des modèles purement statistiques. La suite s'intéresse plutôt aux modèles économétriques qui ont un intérêt pédagogique plus grand dans le cadre de ce manuel.

En tant que vision simplifiée de l'économie, les modèles nécessitent le choix des relations pertinentes et importantes pour transcrire la réalité. Mais ce travail de spécification leur fournit un pouvoir d'explication puissant puisqu'ils permettent de décrire dans un cadre simultané la complexité des relations entre agents et ainsi de dégager les conséquences importantes des ces interactions. Les modèles peuvent permettre de différencier le court terme et le long terme : on peut supposer que la consommation suive la théorie du cycle de vie à long terme, mais on peut aussi supposer qu'à court terme, les comportements de consommation peuvent s'écarter de la relation de long terme. Les modèles permettent de traduire un processus d'ajustement progressif à une situation de long terme (c'est notamment le cas des modèles dits à correction d'erreur). Généralement le court terme est jugé comme keynésien car il existe des rigidités à court terme qui empêche l'économie de s'ajuster immédiatement à un choc. À long terme, les modèles macroéconomiques supposent globalement que les ajustements ont eu lieu ce qui est conformes à l'approche classique de l'économie.

Construire un modèle macroéconomique consiste à partir d'un cadre comptable global tel que défini par exemple, le TEE et le TES. Typiquement, l'équation résumant l'approche demande du PIB est une **équation comptable** centrale en économie. Cette relation assure la cohérence entre l'offre de biens et services des entreprises et la demande de biens et services de la part des agents économiques. Les relations comptables n'ont pas de paramètres : elles assurent la cohérence du modèle.

Le modèle va néanmoins au-delà d'un cadre comptable au sens où certaines variables de ce cadre comptable vont être liées. Reprenons typiquement le cadre comptable des ménages. La détermination de l'épargne est comptable : $S = RD - C$. Néanmoins, nous avons vu que la consommation des ménages pouvait obéir à certaines règles. Si on considère une fonction de consommation keynésienne, la consommation $C$ devient une fonction du revenu disponible des ménages $RD$. Cette relation traduit le processus de modélisation des comportements dans un modèle macroéconomique. La consommation n'est plus alors une variable libre pouvant évoluer n'importe comment, mais obéit à une certaine logique, conformément à la théorie économique et à l'expérience empirique. On parle alors d'**équation de comportement**. Ces relations de comportement sont inspirés de la théorie économique, et sont souvent traitées par l'économétrie afin d'estimer quantitativement leurs paramètres.

La complexité des modèles macroéconomiques tient au fait d'une part qu'ils peuvent prendre une taille conséquente plus on modélise des comportements, et d'autre part que la résolution du système global d'équations s'effectuent dans un cadre simultané et dynamique. Comprendre le fonctionnement d'un modèle macroéconomique implique donc d'avoir certains repères au niveau des relations les plus importantes du modèle selon l'horizon d'analyse (court terme ou long terme). En cela, les modèles nous renvoient à notre propre démarche pour comprendre le monde économique : cette compréhension se fait par l'organisation des connaissances économiques, par un cadre d'analyse clair et par une mise en avant des arguments les plus importants.

S'ils constituent un puissant outil de synthèse et permettent de réduire la complexité des interactions économiques, les modèles sont limités par ce qu'on y met ! Ils ne nous apprennent pas de nouvelles théories, mais sont au contraire contraints par les choix de modélisation, qu'ils soient théoriques ou économétriques. Il est essentiel de garder cette limite à l'esprit : les résultats des modèles sont le reflet du travail de modélisation de la réalité économique, mais pas la réalité économique elle-même. Leur cadre simplificateur n'épouse d'ailleurs pas la complexité du monde économique : leur objectif principal reste la compréhension des interactions entre les relations économiques que l'on juge pertinentes.

Alors pourquoi parler des modèles en conclusion ? Simplement parce que ce manuel a justement pour objectif que chacun puisse construire intellectuellement son modèle, c'est-à-dire se définir un cadre comptable clair et cohérent, et articuler au sein de ce cadre la théorie économique traduisant les comportements économiques des agents. Nous avons esquissé quelques raisonnement économiques de base, mais en approfondissant la théorie économique, chacun pourra positionner ses connaissances ultérieures de manière cohérente et structurée grâce à ce manuel. Plus la théorie économique sera approfondie, plus vous serez à même de comprendre des raisonnements économiques de plus en plus complexes, de jauger les tenants et les aboutissants d'une question économique.

L'essentiel, par la suite, est de ne pas oublier deux principes fondamentaux : la vérification et la synthèse. La vérification car il faut toujours confronté la théorie économique aux faits empiriques : seule cette confrontation avec la réalité permet de jauger sa validité ; la synthèse, car elle permet d'avoir une vue globale.

# BIBLIOGRAPHIE


M. Aglietta, *Macro-économie internationale*, Edition Montchrestien, 1997.

P. Artus et P. Monrin, *Mécanismes économiques*, Economica, 1987.

A. Ando et F. Modigliani, *The « Life Cycle « Hypothesis of Saving : Aggregate Implications and Tests*, The American Economic Review, 1963.

P. Artus et M. Debonneuil, *Crises, recherche de rendement et comportements financiers : l'interaction des mécanismes microéconomiques et macroéconomiques*, La documentation française, 1999.

L. Batsch, *Le diagnostique financier*, Economica, 1995.

P-O. Beffy et N. Fourcade *Comment expliquer l'enrichissement de la croissance en emploi dans les années 1990*, Document de travail de l'INSEE, 2003.

P-O. Beffy et B. Monfort *Patrimoine des ménages, dynamique d'allocation et comportement de consommation*, Economie et Statistique, 2003.

B. Bernier et Y. Simon, *Initiation à la macroéconomie*, Dunod, avril 2001.

M. Blaug, *La pensée économique*, Economica, 1996.

R. Brumberg et F. Modigliani, *Utility analysis and the consumption fonction : an interpretation of cross-section data*, N.J. Rutgers University Press, 1954.

A. Deaton, *Understanding Consumption*, Oxford University Press, 1992.

S. Diatkine, *Institutions et mécanismes monétaire*, Colin Cursus, 1992.

R. Dornbush et S. Fisher, *Macroeconomics*, Mc GrawHill, 1984.

J.-M. Grandmont, *Introduction à l'analyse économique – Microéconomie*, polycopié de l'ƒcole Polytechnique, 1999.

D. Guellec et P. Ralle, *Les nouvelles théories de la croissance*, La Découverte, 1997.

P.Y. Hénin, *L'équilibre macroéconmique*, Economica, 1995.

K.-I. Inada, *On a two sector model of economic growth : comments and a generalization*, Review of Economic Studies vol. 30, 1963.

E. Jolivet-Roche, *Problèmes économiques contemporains*, Edition Montchrestien, octobre 1995.

D.W. Jorgenson, *Capital theory and investement behavior*, Economic Review, 1963.

J.M. Keynes, *Théorie générale de l'emploi, de l'intérêt et de la monnaie*, Payot, 1969.

P.R. Krugman et M. Obtsfeld, *Economie internationale*, De Boeck Université, 1998.

Finn Kydland et Edward Prescott, *Rules rather than discretion : the inconsistency of optimal plans*, Journal of Political Economy, Juin 1977, *85*, pages 473 à 493.

A. Maddison, *L'économie mondiale : une perspective millénaire*, OCDE, 2001.

A. Marshall, *Money, credit and commerce*, Mac Millan, 1923.

P. Maunder, D. Myers, N. Wall et R. L. Miller, *Economics explained*, Collins, 1987.

F. Modigliani et M.H. Miller, *The cost of capital, corporation finance and the theory of investment*, American Economic Review, 1961.

F. Modigliani, *La théorie du cycle de vie*, Revue française d'économie, automne 1986.

F. Modigliani, *Recent declines in the savings rate : a life-cycle perspective*, sixième congrès mondial de l'Economic Society, 1990.

P.-A. Muet, *Théories et modèles de la macroéconomie*, Economica, 1992.

P.-A. Muet, *Croissance et cycles*, La découverte, Collection Repères, 1993.

M. Obtsfeld et K. Rogoff, *Foundations of International Macroeconomics*, MIT Press, 1996.

J. Muth, *Rational expectations and the theory of price movements*, Econometrica 29, 1961.

J.-P. Piriou, *La comptabilité nationale*, Collection Repères, novembre 1999.

D. Romer, *Advanced macroeconomics*, Mc Graw-Hill, 1996.

B. Snowdon, H. Vane et P. Wynarczyk, *La Pensée Economique Moderne*, Ediscience Internationale, 1997.

R.M. Solow, *A Contribution to the Theory of Economic Growth*, The Quarterly Journal of Economics, vol. 70 n∞1, février 1956.

J. Stiglitz, *Principes d'économie moderne*, De Boeck Université, Paris, 2000.

L. Walras, *Eléments d'économie pure*, LGDJ, 1962.

# LISTE DES TABLEAUX


**Tableau 1.1** Une matrice emplois-ressources. ........ 21

**Tableau 1.2** Une matrice emplois-ressources à quatre agents en euros. ........ 22

**Tableau 1.3** Agent 1 et 2 agrégés. ........ 22

**Tableau 1.4** Les catégories d'agents que nous étudions. ........ 23

**Tableau 1.5** Les secteurs institutionnels de la comptabilité nationale en France. ........ 24

**Tableau 2.1** Distribution des salaires annuels nets de tout prélèvement en France en 2005. ........ 30

**Tableau 2.2** Montant brut du SMIC. ........ 30

**Tableau 2.3** Tableau emplois-ressources pour détermination du revenu disponible. ........ 31

**Tableau 2.4** Revenu disponible brut annuel des ménages par habitants en 2005 dans certains pays de la zone euro. ........ 32

**Tableau 2.5** Répartition de la consommation des ménages suivant la durabilité des biens et les services en France en 2002. ........ 33

**Tableau 2.6** Les dépenses de consommation des ménages en 2002. ........ 34

**Tableau 2.7** Répartition de la consommation finale des ménages par catégories de produits en France en 2006. ........ 36

**Tableau 2.8** Tableau emplois-ressources pour la détermination de l'épargne. ........ 36

**Tableau 2.9** Tableau emplois-ressources pour la détermination du revenu disponible. ........ 36

**Tableau 2.10** Tableau emplois-ressources pour la détermination de l'épargne. ........ 37

**Tableau 2.11** Tableau emplois-ressources agrégé pour la détermination de l'épargne à partir du revenu total des ménages. ........ 37

**Tableau 2.12** Tableau de variation d'actif et de passif recensant l'utilisation de l'épargne des ménages. ........ 44

**Tableau 2.13** Tableau emplois-ressources pour la détermination de l'épargne. ........ 45

**Tableau 2.14** Tableau emplois-ressources recensant l'utilisation de l'épargne des ménages. .46
**Tableau 2.15** Liste des variables. ....46
**Tableau 2.16** Utilité marginale et utilité totale. ....50
**Tableau 2.17** L'utilisation de son revenu pour un individu. ....63
**Tableau 2.18** Le lissage de la consommation lorsqu'un individu prend en compte les ressources totales tout au long de sa vie. ....66
**Tableau 2.19** Le lissage de la consommation avec un gain anticipé de richesse. ....67
**Tableau 3.1** Le chiffre d'affaire et les effectifs des principaux groupes français en 2000. ...74
**Tableau 3.2** Tableau emplois-ressources pour la détermination de la VA des entreprises. ...83
**Tableau 3.3** Tableau emplois-ressources pour la détermination de l'EBE. ....84
**Tableau 3.4** Tableau emplois-ressources pour la détermination de l'épargne des entreprises. ....84
**Tableau 3.5** Tableau emplois-ressources général pour la détermination de l'épargne des entreprises. ....84
**Tableau 3.6** Tableau d'utilisation de l'épargne des entreprises.. ....85
**Tableau 3.7** Des inventions qui ont accéléré le progrès technique. ....102
**Tableau 4.1** Structure des dépenses publiques de la France en 1999. ....117
**Tableau 4.2** Part des dépenses publiques dans le PIB en 1996. ....117
**Tableau 4.3** Structure des recettes de l'État en France en 1999. ....117
**Tableau 4.4** La loi de Finance 2000. ....118
**Tableau 4.5** Dépenses et recettes des administrations publiques en pourcentage du PIB....119
**Tableau 4.6** Tableau emplois-ressources pour l'État. ....121
**Tableau 4.7** Tableau emplois-ressources recensant l'utilisation de l'épargne publique. ....121
**Tableau 5.1** La monnaie et l'histoire. ....132
**Tableau 5.2** Tableau emplois-ressources du système bancaire agrégé. ....141
**Tableau 5.3** Liste des variables. ....142
**Tableau 6.1** Nombre d'heures de travail pour produire une unité de drap ou de vin. ....167
**Tableau 6.2** Tableau emplois-ressources pour le reste du monde. ....175
**Tableau 6.3** Différents régime de zone cible de change ....190
**Tableau 7.1** Le tableau des opérations réelles de notre économie. ....203
**Tableau 7.2** Le tableau des opérations financières de notre économie. ....203
**Tableau 7.3** Liste des variables. ....204
**Tableau 7.4** Le tableau entrées-sorties. ....208

# LISTE DES FIGURES

**Figure 1.1** Gravure de l'Èdition de Wealth of Nations par Chapman (1805). .................16
**Figure 2.1** La dépense de consommation finale des ménages et leur consommation finale effective en France en milliard d'euros. ...............................................35
**Figure 2.2** Évolution du patrimoine nominal des ménages (y.c. entreprises individuelles) entre 1978 et 2001 (base 100 pour la richesse totale en 1978). ...................41
**Figure 2.3** Variation de l'encours du patrimoine des ménages (y.c. entreprises individuelles) entre 1978 et 2001 (milliards d'euros). ............42
**Figure 2.4** Ventilation du patrimoine des ménages (y.c. entreprises individuelles) entre grandes catégories d'actifs..............................................................43
**Figure 2.5** Un ensemble de consommation possible.....................................................48
**Figure 2.6** Les courbes d'indifférence. .......................................................................49
**Figure 2.7** Le taux marginal de substitution..................................................................51
**Figure 2.8** Substituabilité parfaite entre deux biens. ....................................................52
**Figure 2.9** Complémentarité parfaite entre deux biens..................................................53
**Figure 2.10** L'ensemble défini par la contrainte budgétaire. .............................................54
**Figure 2.11** Des solutions non pertinentes......................................................................55
**Figure 2.12** La solution intérieure avec contrainte saturée. ...............................................56
**Figure 2.13** Des solutions en coin..................................................................................57
**Figure 2.14** La fonction de consommation keynésienne.....................................................60
**Figure 2.15** Le taux d'épargne en France et aux États-Unis de 1978 à 2001.....................62
**Figure 2.16** Le Dow Jones de 1970 à 2002.......................................................................62
**Figure 2.17** Épargne et richesse dans un cadre continu. ..................................................64
**Figure 3.1** L'entreprise et ses liens avec l'extérieur. .......................................................73
**Figure 3.2** L'entreprise et ses liens avec l'extérieur (suite). ..............................................75
**Figure 3.3** L'entreprise et ses liens avec l'extérieur (fin). .................................................76
**Figure 3.4** Équilibre sur le marché d'un bien....................................................................80

**Figure 3.5** Une petite économie à trois agents. 86

**Figure 3.6** La valeur ajoutée des entreprises non financières en France en glissement annuel 91

**Figure 3.7** Le taux de marge des entreprises non financières en France. 92

**Figure 3.8** Évolution de l'endettement rapporté à la valeur ajoutée. 93

**Figure 3.9** Ratio d'insolvabilité des entreprises non financières en France. 94

**Figure 3.10** La répartition de la valeur ajoutée dans l'entreprise : schéma récapitulatif. 96

**Figure 3.11** La part de l'investissement de catégories d'agents dans l'investissement total en France. 100

**Figure 3.12** Glissement annuel du PIB et de l'investissement en France. 100

**Figure 3.13** La croissance en moyenne annuelle en France depuis 1946 103

**Figure 3.14** Une fonction de production à facteurs complémentaires. 105

**Figure 3.15** Une fonction de production à facteurs substituables. 106

**Figure 3.16** Une vision graphique de la résolution du programme de l'entreprise. 108

**Figure 3.17** La demande de biens dans un diagramme prix-quantités. 109

**Figure 4.1** Les déficits structurels et conjoncturels. 120

**Figure 4.2** Une politique expansionniste sans inflation. 125

**Figure 4.3** Les effets inflationnistes d'une politique expansionniste. 125

**Figure 4.4** Les stabilisateurs automatiques. 128

**Figure 5.1** La monnaie et les échanges. 135

**Figure 5.2** Les taux à 10 ans et à 3 mois en France. 146

**Figure 5.3** Les taux longs de plusieurs pays européens. 147

**Figure 5.4** L'effet revenu et l'effet substitution. 151

**Figure 5.5** Le taux d'investissement et le taux long réel en France. 153

**Figure 5.6** La courbe des taux dans la zone euro (septembre 2004). 157

**Figure 6.1** Matrice mondiale des échanges (2000). 161

**Figure 6.2** Consommation et compte courant. 178

**Figure 6.3** Impact d'un choc positif permanent de dépenses publiques sur le compte courant. 181

**Figure 6.4** Impact d'un choc positif transitoire de dépenses publiques sur le compte courant. 181

**Figure 6.5** Investissement et compte courant. 184

**Figure 6.6** Équilibre mondial des échanges. 186

**Figure 6.7** Impact d'un choc de productivité en première période. 186

**Figure 6.8** Impact d'un choc de productivité en seconde période. 187

**Figure 6.9** Les différents régimes de change. 188

**Figure 6.10** Le régime de zone cible de change. 190

# INDEX


## A

Autofinancement 96, 111

## C

Capital humain 17, 25, 65, 66
Concurrence imparfaite 108, 111
Concurrence pure et parfaite 72, 78, 108, 109, 110, 111
Consommation, dépenses de 34, 69, 123, 206
Consommation finale 69
Consommation finale effective 34, 69
Consommation intermédiaire 32, 82, 200, 206, 207, 210
Contrainte budgetaire 23, 28, 44, 45, 53, 54, 55, 56, 57, 58, 69
Cycle de vie 59, 61, 65, 66, 68, 69

## D

Déficit conjoncturel 119, 120, 129
Déficit public 118
Déficit structurel 119

## E

Effet de levier 95, 111
Effet ricardien 127

## F

Facteur de production 17, 25, 72, 79, 102, 104, 105, 106, 107, 108, 110, 206
Fonction de production 102, 105, 110

## G

Goodwill 92, 111

## I

Intermédiation 138, 140

## K

Keynes 59, 60, 61, 64, 66, 68, 122, 123, 124

## L

Liquidité 40, 69, 139, 157

## M

Macroéconomie 18, 19, 20, 25, 47, 77
Microéconomie 18, 19, 20, 25, 47, 53 077
Monnaie demande de... 143, 196
Monnaie fiduciaire 133
Monnaie offre de... 134, 142, 196
Monnaie scripturale 133, 157
Multiplicateur budgétaire 124, 126, 127
Multiplicateur fiscal 124, 126, 129

## P

PIB 72, 81, 82, 85, 86, 87, 88, 89, 99, 101, 111, 114, 116, 118, 119, 123, 124, 126, 127, 205, 206
PNB 81, 111

## R

Rareté 15, 17, 18, 25, 47
Rentabilité économique 93, 95, 96, 111

Rentabilité financière 95, 111

## S

Solvabilité 94, 96, 111, 139, 157

## T

Taux de marge 91, 92, 111
Taux de prélèvement obligatoire 123, 129
Théorie quantitative de la monnaie 142, 143, 144
Transfert 30, 31, 37, 114, 116, 122, 123, 126, 128, 129, 197, 199, 201, 202, 205

## U

Utilité 28, 39, 40, 47, 48, 49, 50, 51, 52, 54, 55, 56, 57, 58, 69

## V

valeur ajoutée 72, 73, 79, 80, 81, 83, 86, 89, 90, 91, 111, 115, 140, 200, 202, 206, 207, 209

# TABLE DES MATIÈRES

**Remerciements** ........ 5

**Avant-propos** ........ 7

**Préface** ........ 9

**Sommaire** ........ 11

CHAPITRE 1
**Introduction** ........ 13

1.1 Qu'est-ce que l'économie ? ........ 14

1.2 Microéconomie, Macroéconomie ........ 18

1.3 Agents individuels, agents agrégés ........ 20

1.4 Principes de construction d'un cadre comptable agrégé ........ 22

1.5 Plan du manuel ........ 24

CHAPITRE 2
**Les ménages** ........ 27

2.1 Les ressources des ménages ........ 28

2.1.1 *Le revenu des ménages* ........ 28

2.1.2 *Le revenu disponible des ménages* ........ 30

2.2 La consommation et l'épargne ........ 32

2.2.1 *La consommation* ........ 32

2.2.2 *Épargne et accumulation des richesses* ........ 38

2.3 La contrainte budgétaire des ménages ..... 44
2.4 Consommation : analyse microéconomique* ..... 47
2.4.1 *Le concept d'utilité* ..... 47
2.4.2 *L'utilité marginale* ..... 49
2.4.3 *Le taux marginal de substitution* ..... 50
2.4.4 *Un exemple simple de choix de consommation* ..... 52
A. Le programme du consommateur ..... 53
B. La résolution du programme du consommateur ..... 54
C. Des solutions en coin ..... 56
2.5 Consommation : analyse macroéconomique* ..... 58
2.5.1 *La fonction de consommation keynésienne* ..... 59
2.5.2 *La théorie du cycle de vie* ..... 61
2.5.3 *Les anticipations et la théorie du cycle de vie* ..... 66
2.5.4 *D'autres déterminants possibles ?* ..... 68

**CHAPITRE 3**
**Les entreprises et la production de biens et services** ..... 71
3.1 Qu'est-ce qu'une entreprise ? ..... 72
3.1.1 *L'entreprise : la maximisation du profit* ..... 72
3.1.2 *La répartition du produit de l'activité de l'entreprise* ..... 77
A. La rémunération des propriétaires du capital. ..... 77
B. La rémunération de l'entrepreneur. ..... 78
C. Deux rémunérations ? ..... 78
3.2 Emplois et ressources des entreprises ..... 79
3.2.1 *L'équilibre de marché* ..... 79
3.2.2 *La valeur ajoutée* ..... 80
3.2.3 *Les actifs accumulés par l'entreprise* ..... 82
3.2.4 *Le Compte des entreprises* ..... 83
3.3 Les trois approches du PIB ..... 85
3.3.1 *Un petit exemple* ..... 86
3.3.2 *L'approche revenu* ..... 87
3.3.3 *L'approche production* ..... 87
3.3.4 *L'approche demande* ..... 88
3.4 Les critères d'efficacité et de rentabilité* ..... 89
3.4.1 *Les critères de la comptabilité d'entreprise* ..... 90
3.4.2 *La valorisation boursière des entreprises* ..... 97
3.5. L'investissement et la croissance ..... 99
3.5.1 *L'investissement* ..... 99
3.5.2 *La croissance* ..... 101

3.6 Les choix de l'entreprise* ..... 104
3.6.1 *Facteurs de production, à objectif de production donné* ..... 104
3.6.2 *L'entreprise en concurrence parfaite* ..... 108

**Chapitre 4**
**Les administrations publiques** ..... 113
4.1 Les activités des administrations publiques ..... 114
4.2 Dépenses publiques, budget de l'État et déficits publics ..... 116
A. Les dépenses publiques ..... 116
B. L'État : son budget ..... 116
C. Le déficit public ..... 118
4.3 Les comptes de l'administration ..... 121
4.4 La politique budgétaire ..... 122
4.4.1 *Les effets de la politique budgétaire* ..... 122
4.4.2 *Les limites de la politique budgétaire* ..... 124
4.4.3 *Les stabilisateurs automatiques* ..... 127

**Chapitre 5**
**Le système monétaire et financier** ..... 131
5.1 La monnaie ..... 132
5.1.1 *Les formes de la monnaie* ..... 132
5.1.2 *Les trois fonctions de la monnaie* ..... 133
5.2 Le fonctionnement d'une économie dotée d'un stock de monnaie 134
5.3 La création monétaire ..... 137
5.3.1 *Le seigneuriage* ..... 137
5.3.2 *Intermédiation, transformation de l'épargne, et gestion des moyens de paiement* ..... 138
A. L'intermédiation financière et la transformation de l'épargne ..... 138
B. La gestion des moyens de paiement ..... 139
C. L'équilibre macroéconomique ..... 140
D. Conclusion ..... 140
5.4 Les comptes du système bancaire agrégés ..... 140
5.5 La théorie quantitative de la monnaie* ..... 142
5.6 Temps et taux d'intérêt : un approfondissement* ..... 144
5.6.1 *« Les » taux d'intérêt* ..... 144
5.6.2 *Les arbitrages intertemporels* ..... 147
A. L'arbitrage consommation/épargne ..... 148
B. L'arbitrage investissement/placement financier ..... 152
C. L'arbitrage déficit/excédent budgétaire ..... 153
5.6.3 *La politique monétaire* ..... 156

**CHAPITRE 6**

**Les échanges extérieurs** ........ 159

6.1 L'économie mondiale ........ 160

6.1.1 *Le développement de l'économie mondiale* ........ 160

6.1.2 *L'économie mondiale aujourd'hui* ........ 161

6.2 Économie et relations internationales ........ 162

6.2.1 *Démographie et capital humain* ........ 163

6.2.2 *Les ressources naturelles* ........ 164

6.2.3 *Le capital et la technologie* ........ 166

6.3 Le commerce international de biens et services ........ 166

6.3.1 *La spécialisation internationale* ........ 166

A. Les différences de coûts ........ 167

B. Les différences de dotations factorielles ........ 169

C. Les différences d'innovations technologiques ou de produits ........ 169

6.3.2 *Le débat du libre-échange* ........ 170

6.4 Le compte de l'extérieur ........ 171

6.4.1 *Les agrégats économiques* ........ 171

A. La balance commerciale ........ 171

B. Le compte courant ........ 172

C. La balance des capitaux (BK) ........ 173

D. La balance des paiements ........ 174

E. Interprétation possible ........ 174

6.4.2 *Le compte de l'Extérieur* ........ 175

6.5 Le compte courant et le commerce intertemporel* ........ 175

6.5.1 *La consommation et le commerce intertemporel* ........ 176

6.5.2 *Impact des dépenses publiques sur le compte courant* ........ 179

6.5.3 *Investissement et compte courant* ........ 182

6.5.4 *La détermination du taux d'intérêt réel mondial* ........ 185

6.6 Les différents régimes de change ........ 187

6.7 Taux de change et taux d'intérêt* ........ 191

**CHAPITRE 7**

**Conclusion : le cadre d'analyse bouclé** ........ 195

7.1 Marchés et opérations économiques agrégées ........ 196

7.2 Opérations courantes et accumulation de richesse : le TEE ........ 197

7.2.1 *Les hypothèses de construction pour les tableaux synthétiques* ........ 198

A. Les ménages ........ 199

B. Les entreprises ........ 200

C. Remarque ........ 201

D. L'administration publique ........................................................ 201
E. Les intermédiaires financiers ........................................................ 201
F. Le Reste du Monde ........................................................ 202
7.2.2 *Un premier modèle comptable conventionnel : le Tableau Economique d'Ensemble* ........ 202
A. La partie réelle du TEE ........................................................ 202
B. La partie financière du TEE ........................................................ 205
7.3 Production et répartition des revenus : le TES ........................................ 206
7.4 Les modèles structurels économétriques ........................................ 210
**Bibliographie** ........................................................ 213
**Liste des tableaux** ........................................................ 215
**Liste des figures** ........................................................ 217
**Index** ........................................................ 219

# Ouvertures Économiques

Barbier-Gauchard Amélie, *Intégration budgétaire européenne.*
Enjeux et perspectives pour les finances publiques européennes.

Beffy Pierre-Olivier, *Initiation à l'économie.*
Compléments en ligne : QCM - exercices.

Burgenmeier Beat, *Politiques économiques du développement durable.*

Tazdaït Tarik, *L'analyse économique de la confiance.*